SCT
（精研式 文章完成法テスト）
活用ガイド

伊藤隆一 編著

産業・心理臨床・福祉・教育の包括的手引

金子書房

まえがき

　本書は精研式文章完成法テスト（SCT）に関する活用手引です。
　SCTがどんなところでどのように利用されているかをまとめたガイドブックであり，かつ，SCTのケースブックを兼ねています。
　これまでSCTは，「産業・組織場面」での活用と「臨床・教育場面」での活用が，また「成人用」「中学生用」「小学生用」が，それぞれ半独立的に取り扱われてきたきらいがありますが，本書ではそれらを可能なかぎり統合的に取り扱い，解説するよう心がけました。
　本書は，SCTの活用例を，私どもが組織・運営している「槇田パーソナリティ研究所」と「SCTフローアップ研修会」に所属している，おもに若手の，しかし経験あるSCT実践家に書いてもらうハンドブック形式にしましたが，最終的には，編者がすべてに目を通し，形式と内容を可能な限り統一してあります。SCT活用に関する内容については編者がその責任をすべて負う立場にあります。

　第1章では，SCTについて概観したい内容，細かな役立ち情報などについてまとめました。手もとに置いておくと便利なサブテキストと考えていただければと思います。また，SCTに関する専門用語については，第1章で網羅的に説明してあります。したがって，第2章以下を読み込んでいただくためには，第1章の専門用語の理解がぜひ必要になります。

　第2章以下は，

　① 企業・組織，心理臨床，福祉，教育などの実際の現場で具体的にどのような仕事がなされているのか
　② その中で，SCTがどのように活用されているのか
　③ 各現場の生き生きとしたケースをできるだけ網羅的に集めてみたらどうなるのか
　④ 評価方法を定式化してみよう。同時に，許容できる範囲の評価方法を例示してみたらどうなるのか

という視点で，まとめてみました。
　章立ては，まず「企業・組織現場」と「教育・臨床現場」に分けました。さらに，母集団全体の傾向を検討した「横断的研究（数量的・統計的研究）」と，「ケース検討」に分けました。
　ケースは，それぞれの現場でSCT評価に際して重要なポイントとなる特徴をもっている事例を網羅するように，21人（25ケース）分載せました。

SCT 関連の文献は，巻末に載せました。それぞれの章のみに関係する文献は，各章末に掲載することにしました。

また，テスト・検査，アセスメント・査定・評価・判定など，この種の文献を執筆する際にどうしても統一が難しい同じ意味の述語に関しては，原則として各章の執筆者に任せることにしました。

本書は，書き下ろしである第4章と第17章を除いて，以下の紀要論文の内容をもとにしていますが，いずれの場合も大幅な加筆・改訂を行っています。

- 伊藤隆一・伯井隆義・田邊満彦・櫃田紋子・菅野陽子・川島　眞・小林和久・神木直子・伊藤ひろみ・槇田　仁　2004　SCT ノート(1)　法政大学「小金井論集」，創刊号，85-108.（第1章，SCT 文献）
- 伊藤隆一・田邊満彦・三浦有紀・小林和久・伊藤ひろみ　2005　SCT ノート(2)　法政大学「小金井論集」，2，121-150.（第6章，第10章）
- 伊藤隆一・伊藤ひろみ・久保寺美佐・三枝将史・柴田崇浩・田邊満彦・三浦有紀　2006　SCT ノート(3)　法政大学「小金井論集」，3，127-170.（第12章，第13章，第15章）
- 伊藤隆一・小林和久・松尾江奈・田名網尚・川島　眞・藤原真一・林　敦子・田邊満彦・久保寺美佐・三枝将史・伊藤ひろみ　2007　SCT ノート(4)　法政大学「小金井論集」，4，107-138.（第7章，第9章，第14章）
- 伊藤隆一・菅野陽子・河村裕之・田名網尚・松尾江奈・小林和久・三枝将史・藤原真一・保阪玲子・鯵坂登志雄・伊藤ひろみ　2008　SCT ノート(5)　法政大学「小金井論集」，5，71-106.（第8章，第16章）
- 伊藤隆一・鯵坂登志雄・伊藤ひろみ・森　美栄子・和泉博明・河村裕之・菅野陽子・田邊満彦・三枝将史　2009　SCT ノート(6)　法政大学「小金井論集」，6，21-74.（第2章，第3章，第11章）
- 伊藤隆一・伊藤ひろみ・鯵坂登志雄・荒田芳幸　2012　人事アセスメントノート―人事アセスメントの4つのレベル―　法政大学「小金井論集」，8，35-52.（第5章）

本書には，「成人用」「中学生用」「小学生用」の3種のSCT ケースが掲載されています。特に断っていない場合は成人用のケースです。また，ケースの表記の仕方が「NM-21君」「NF-8さん」のようになっています。ケースをこのように表示することには，編者自身抵抗感があります。ケースはロボットや囚われ人ではないのですから。本当は，「Aさん」「B君」のようにしたかったのですが，ケース番号を二重につけることは煩雑さを増すだけだと思い，あきらめました。どうぞ，お許しください。

法令遵守や個人情報管理が厳しく求められるこの時代に，SCT ケースを掲載することをお認めくださった事例提供者・保護責任者の方々に衷心よりお礼申しあげます。各章でいちいち謝辞を述

べることは煩雑になりますので，ここでまとめてご挨拶申しあげます。

本書に掲載されたSCTは，すべて，個人を特定できないよう内容の一部に改変を加えたり，抜粋にとどめたりしてあります。特に，児童相談所をはじめとするいくつかの現場のケースでは複数の事例を1つにまとめた架空のケースにしてあることを，読者のみなさまにお伝えしておきます。

『小金井論集』を刊行し，本書執筆の土台となる紀要論文群の執筆の機会を与えてくださった法政大学理工学部の川成洋教授に感謝申しあげます。

本書の出版企画の刊行にあたり，ご快諾くださった金子書房の金子紀子社長，小林進専務，渡邊一久心理検査部長，また，執筆・編集の過程で長い間我慢強くご対応くださった井上誠編集部長，外部編集協力の古友孝兒様にお礼申しあげます。

SCTをともに勉強している槇田パーソナリティ研究所所員各位，SCTフォローアップ研修会会員各位，SCT同好の士のみなさまにも，改めて，ご協力に感謝申しあげます。

最後の最後に，仕事を始めようとするとα波を，一息つこうとするとβ波を出させてくれた，わが家のコンパニオン・アニマル三毛猫パンジーにも，愛と感謝の気持ちを表したいと思います。

2012年春

伊藤 隆一

※私どもはSCT用紙の著作権者ではなく，単なる活用者ですが，SCTの適正な使い方をさらに世に知らしめるために，2020年3月20日，以下のようなアピールを出しました。

SCTは，目的を持ち，訓練を受けた検査者が，検査者にも被検査者にも利得が得られる適切な時期に，目的を共有する可能性が高い被検査者に施行し評価することで，良い成果を得られる，プロユースの技法です。

改めて，SCTの検査者の方に申し上げます。

法令やコンプライアンス・人権等を守り，被検査者の年齢や心身の状態，置かれている状況等を考慮しながら，SCTを実施する趣旨をよく説明し，また，SCTは，「何を書いても良いこと，書きたくないことは書かなくても良いこと，書かなくてもそれだけで当人の不利益にはならないこと」をきちんと話して，被検査者の同意を得てください。

新たにSCTの導入を考えている組織の方は，ぜひ，「日本SCT学会」(http://jscta.tokyo/) にご相談ください。知識とノウハウなしの導入は困難です。場合によっては，出版社との協議も必要になりますが，お手伝いをいたします。

目　次

まえがき［伊藤隆一］……………………………………………………………………… i

第Ⅰ部　SCT によるパーソナリティ把握技法——1

第1章　SCT ノート―SCT によるパーソナリティ把握技法―［伊藤隆一］………3
は じ め に………………………………………………………………………………… 3
第1節　SCT の概要……………………………………………………………………… 3
第2節　トータル・パーソナリティの把握・評価…………………………………… 4
第3節　精研式 SCT の概要…………………………………………………………… 6
第4節　SCT 評価の実際………………………………………………………………… 11
　　1．「diff.」「SZEHN」「指向」／2．符　号　評　価／3．評価用紙の書き方
第5節　SCT 評価における留意点……………………………………………………… 20
第6節　産業分野における SCT の活用……………………………………………… 23
第7節　臨床・教育分野における SCT の活用……………………………………… 24

第Ⅱ部　企業・人事組織現場における活用⑴　横断的研究——25

第2章　管理職登用における活用―人材評価研修における SCT の位置づけ―
　　　　　　　　　　　　　　　　　　　　　　　　　　　　　　　　［鯵坂登志雄］………27
は じ め に………………………………………………………………………………… 27
第1節　人材の見極めと育成…………………………………………………………… 28
　　1．人材評価の目的と方法／2．求める人材の条件／
　　3．人材評価研修の実態（A 社の事例）／4．人材評価研修の結果の妥当性／
　　5．「人材条件」と SCT 符号評価項目との関連性・有効性の検証
第2節　人材評価研修における SCT の活用………………………………………… 36
第3節　SCT 結果に関する個別の事例………………………………………………… 36
　　1．ケース A／2．ケース B／3．ケース C
お わ り に………………………………………………………………………………… 39

第3章　新卒採用における活用—SCTからみた早期離職者の3タイプ—

[伊藤ひろみ・伊藤隆一・和泉博明・河村裕之・原　裕視] ………………41

第1節　新卒者をめぐる状況……………………………………………………41
　1．社会的背景／2．学生の就業意識／3．離職行動に関する調査研究／
　4．SCT・適性検査を用いる意義

第2節　研究方法………………………………………………………………47
　1．調査対象／2．調査内容と時期／3．SCT評価者／4．SCT評価の項目／
　5．管理職用適性検査の概要／6．知能検査について／7．分析方法概要

第3節　分析結果………………………………………………………………48
　1．離職者の人数と性別／2．分析内容とその結果

第4節　考察……………………………………………………………………52
　1．性差／2．離職者の特徴／3．離職者の分類

第5節　総合考察………………………………………………………………53

第4章　SCT活用の可能性—大企業と中小企業の比較— [大林純子] ……57

第1節　SCTの魅力……………………………………………………………57
　1．面接やSCTから得られる情報の共通点／2．認識のプロセスのあり方

第2節　人事現場でのSCTの活用状況………………………………………58
　1．採用／2．昇進・昇格／3．適材適所の配置／4．能力開発
　5．メンタルヘルス

第3節　SCT活用の可能性……………………………………………………60
　1．人事担当者の育成ツールとしての活用／2．経営戦略との連携／
　3．現場マネジメントに対する支援／4．自己啓発に対する支援／
　5．組織開発への活用

第4節　中小企業での活用……………………………………………………63
　1．IQ偏重からの脱却／2．採用時の対話活動の支援／
　3．キャリアイメージの形成／
　4．家族的経営を下支えするパーソナリティの理解

第5節　SCT活用の前提となる価値観…………………………………………65

おわりに…………………………………………………………………………66

第5章　人事アセスメントノート
　—人事アセスメントの4つのレベル— [伊藤隆一] …………………67

はじめに…………………………………………………………………………67

第1節　人事アセスメントの要点………………………………………………67

第2節　人事アセスメントの4つのレベル……………………………………68

vi 目　次

　第3節　オルポートの"人間のことがよくわかる人"の適性要件……………………70
　第4節　正確なアセスメントを妨げる要因……………………………………………71
　第5節　アセスメントの実際……………………………………………………………73
　　　1．SCT, HAの活用データ／2．インバスケット・ゲーム（テスト）とは／
　　　3．インバスケット・ゲーム（テスト）を用いた活用データ
　おわりに……………………………………………………………………………………76

第Ⅲ部　企業・人事組織現場における活用(2)　ケース分析——79

第6章　管理職登用における活用—ケースからみたSCT評価とヒューマン・アセスメント評価の比較—［田邊満彦・伊藤隆一］……81
　第1節　ヒューマン・アセスメントの変遷………………………………………………81
　第2節　C社におけるSCTとヒューマン・アセスメント（HA）の活用……………83
　第3節　HA評価とSCT評価で差異のみられた3事例…………………………………83
　　　1．事例：NM-1さん／2．事例：NM-2さん／3．事例：NM-3さん
　おわりに……………………………………………………………………………………92

第7章　採用における活用—面接結果と齟齬のあるSCT—［田名網尚］……95
　はじめに……………………………………………………………………………………95
　第1節　企業をめぐる経営環境の変化……………………………………………………95
　第2節　企業の人材採用の現状と課題……………………………………………………96
　第3節　キャリア採用候補者NM-4さんの事例…………………………………………97
　第4節　企業の人材採用におけるSCT活用の実務……………………………………101
　おわりに……………………………………………………………………………………103

第8章　採用における活用—適性検査結果とSCT評価の関係—［河村裕之］……105
　第1節　企業における人事管理の意義…………………………………………………105
　第2節　日本企業の人事管理の基本……………………………………………………105
　第3節　日本企業の採用業務について…………………………………………………106
　第4節　E社の事例………………………………………………………………………107
　　　1．E社の事業概要／2．E社における新卒採用について／
　　　3．新卒採用の事例：NF-1さんとNF-2さん
　第5節　事例からの考察…………………………………………………………………112
　　　1．質問紙による限界／2．統計分析の限界／3．人間に対する認識
　第6節　課　　題…………………………………………………………………………114
　　　1．SCTの課題／2．人事部側の認識の問題

第IV部　臨床・教育現場における活用(1)　横断的研究——117

第9章　インターンシップ評価とSCT評価の関連性
　　　　―病院実習評価とSCT評価の関連性に関する予備的研究―［小林和久］……………119
　第1節　問題の所在……………………………………………………………………………119
　第2節　研究方法………………………………………………………………………………119
　　1．心理的特性の測定／2．病院実習評価
　第3節　評価結果………………………………………………………………………………121
　第4節　考　察…………………………………………………………………………………122
　第5節　SCT事例………………………………………………………………………………123
　　1．NF-3さん／2．NF-4さん

第V部　臨床・教育現場における活用(2)　ケース分析——129

第10章　精神科クリニックにおける活用―SCTは3回読む―［三浦有紀］……………131
　はじめに…………………………………………………………………………………………131
　第1節　Gクリニックにおける心理テストの枠組み…………………………………………131
　第2節　事　例：NF-5さん……………………………………………………………………132
　第3節　SCT評価の留意点：SCTは3回読む…………………………………………………133
　　1．1回目の評価／2．2回目の評価／3．3回目の評価／
　　4．テスト・バッテリーのなかでのSCTの位置づけ
　第4節　内容に信頼性を欠くSCT………………………………………………………………140
　おわりに…………………………………………………………………………………………140

第11章　精神科病院における活用
　　　　―複雑なケースと「うつ」ケースへの適用―［森　美栄子］……………………141
　第1節　精神科病院における心理検査…………………………………………………………141
　　1．心理検査が実施される精神科病院の背景／
　　2．F精神科病院における心理検査／3．F精神科病院におけるSCTの活用法
　第2節　事　例……………………………………………………………………………………142
　　1．NM-5さん／2．NM-6さん／3．NM-7さん／4．NM-8さん
　第3節　SCTのさまざまな活用法………………………………………………………………154
　　1．SCTの利用法／2．精神科医療における心理検査の役割

第12章　大学学生相談室における活用
　　　　　―4年間の縦断研究―［伊藤ひろみ・伊藤隆一］ ………………………………… 157
　　第1節　学生相談におけるSCT活用の意味 ……………………………………………… 157
　　第2節　H大学学生相談室の概要 ………………………………………………………… 157
　　第3節　対人関係を主訴とするケース …………………………………………………… 159
　　　　1．事例：NM-9さん／2．事例：NM-10さん／3．事例：NM-11さん／
　　　　4．事例：NM-12さん／5．ま と め

第13章　高等学校における活用―教師による教育支援―［久保寺美佐］ ……………… 175
　　は じ め に ……………………………………………………………………………………… 175
　　第1節　高等学校の現状 …………………………………………………………………… 175
　　第2節　高等学校におけるSCTの実践 ………………………………………………… 176
　　　　1．SCTの実施／2．SCTの分析
　　第3節　事例：NF-6さん ………………………………………………………………… 182
　　第4節　生徒の感想から …………………………………………………………………… 184
　　お わ り に ……………………………………………………………………………………… 185

第14章　発達障害者支援センターにおける活用
　　　　　―発達障がい者の就労支援―［松尾江奈］ …………………………………………… 187
　　は じ め に ……………………………………………………………………………………… 187
　　第1節　横浜市発達障害者支援センターにおける就労相談と
　　　　　　心理アセスメントについて …………………………………………………………… 187
　　第2節　発達障がい者の職業上の課題 …………………………………………………… 188
　　　　1．就職活動における課題／2．職場適応における課題／
　　　　3．コミュニケーションと社会性における課題
　　第3節　事例：NM-13さん ……………………………………………………………… 190
　　　　1．来 談 経 緯／2．NM-13さんの職歴／3．横浜市支援センターでの相談概要／
　　　　4．Ｓ Ｃ Ｔ／5．SCT評価とその他のアセスメント結果について
　　　　6．NM-13さんの今後について
　　お わ り に ……………………………………………………………………………………… 195

第Ⅵ部　臨床・教育現場における活用(3)　子どものケース分析 ── 197

第15章　児童相談所における活用―SCT小学生用・中学生用の
　　　　　評価方法についての一考察―［三枝将史］ ………………………………………… 199
　　は じ め に ……………………………………………………………………………………… 199

第1節　児童相談所における処遇の流れと心理判定のもつ意味合い……………………199
　第2節　児童の感情・情緒分化とSCT……………………………………………………201
　第3節　事　　　例…………………………………………………………………………202
　　　　1．NM-14君／2．NM-15君／3．NM-16君
　第4節　SCT小学生用・中学生用を整理・解釈するにあたり
　　　　　　　　有効と思われる視点………………………………………………………209
　　　　1．知的能力とSCTの記述の関係／2．発達障がいの鑑別とSCT／
　　　　3．被虐待児・非行児にみられるSCTの特徴
　お わ り に…………………………………………………………………………………211

第16章　中学校における活用―スクール・カウンセラーによる
　　　　　　支援困難な中学生への適用―［菅野陽子］……………………………213
　は じ め に…………………………………………………………………………………213
　第1節　学校現場の臨床心理士と心理テスト……………………………………………213
　　　　1．臨床心理士とは／2．スクール・カウンセラーによる学校現場におけるSCTの施行
　第2節　不登校生徒の事例：NM-17君のケース…………………………………………218
　　　　1．NM-17君の紹介／2．NM-17君のSCT／3．考　　　察
　お わ り に（NM-18君）……………………………………………………………………224

第17章　教育相談所における活用
　　　　　　―発達障がいのある子どもの療育―［藤原真一・中村智成］……………229
　は じ め に…………………………………………………………………………………229
　第1節　教育相談所とは……………………………………………………………………229
　　　　1．教育相談所の位置づけ／2．相談の対象と主訴／3．相談の形態
　第2節　教育相談所におけるSCTの活用…………………………………………………231
　　　　1．どのようなときに検査を実施するか／2．教育相談所で行う心理検査の種類／
　　　　3．SCTを実施することのメリット／4．教育相談におけるSCTの活用
　第3節　事例：NM-19君……………………………………………………………………235
　　　　1．Ｓ　Ｃ　Ｔ／2．所　　　見

SCT文献［伊藤隆一］………………………………………………………………………239

あ と が き［伊藤隆一］………………………………………………………………………243
　執筆者紹介……………………………………………………………………………………246

本書を，本書執筆・編集中の 2010 年 10 月 23 日に亡くなられた，精研式文章完成法テスト（SCT）の開発者の一人にして，私どもの師匠である，故槙田仁慶應義塾大学名誉教授に捧げます。

第Ⅰ部
SCTによるパーソナリティ把握技法

第1章　SCTノート
―SCTによるパーソナリティ把握技法―

はじめに

われわれは1967年より現在まで，慶應義塾大学産業研究所関連の活動（ホームページURL：http://www.sanken.keio.ac.jp/index_i.html）として45年あまり，槇田パーソナリティ研究所関連の活動（ホームページURL：http://homepage1.nifty.com/makita-personality/）として15年あまり，企業人事担当者や心理臨床・教育関係者らを対象にSCTセミナーJやSCTセミナーK（SCT入門講座），SCTフォローアップ研修会（慶應パーソナリティ研究会）を開催してきた。そこで使用しているテキスト類については「SCT文献」に編年式で掲載してあるが，もっとも新しいものは以下の3冊である。

・槇田　仁・小林ポオル・岩熊史朗　1997　文章完成法（SCT）によるパーソナリティの診断　手引　金子書房
・槇田　仁（編著）・伊藤隆一・岩熊史朗・小林ポオル・菅野陽子・西村麻由美・櫃田紋子　2001　パーソナリティの診断　総説　手引　金子書房
・槇田　仁（編著）・伊藤隆一・岩熊史朗・菅野陽子・西村麻由美　1999　精研式文章完成法テスト（SCT）新・事例集　金子書房

しかし，われわれは，セミナーなどのなかで必要に迫られて，上記の書籍類のすき間を埋める資料やパンフレットを作成し，使用してきた。第1章はそれらをまとめ，加筆・修正を加えた，精研式SCT（文章完成法テスト：Sentence Completion Test）によるパーソナリティ把握のためのサブ・テキストである。ただし，上記の書籍類の内容は，第1章をはじめとして，本書では随所で引用しているので，ご承知おき願いたい。

第1節　SCTの概要

SCTは，「子供の頃，私は」といった文章の比較的短い書き出し（刺激文）を提示し，その後に，思いつくことを自由に記述してもらう（反応文）形式の投影法心理テストである。

SCTは，19世紀末頃，エビングハウス（Ebbinghaus, H）によって知的統合能力を測定する道具として開発されたものといわれている。その後，アメリカで，1920年代よりペイン（Payne, A.F），テンドラー（Tendler, A.D.）らによって開発が進められた。第二次世界大戦中のビージオウ（Bijou, S.W.），ロッター（Rotter, J.B.），スタイン（Stein, M.I.）らによるアメリカ空軍，ア

メリカ戦略事務局（OSS）関連の業績は顕著で，戦後それらが民間に公開され，その後のサックス（Sacks, J.M.），フォーラー（Forer, B.R.）らの研究に続いている。

わが国にはじめてSCTが紹介されたのは1950年頃のことである。

わが国におけるSCT研究には，精研式SCTのほか，神高雄によるサックス式SCTを用いた非行性の早期発見研究（神，1964），法務省式文章完成法（MJSCT）（法務省矯正局，1965），片口安史らによる構成的文章完成法（K-SCT）（片口・早川，1989），阪大式SCT（村瀬，1992），小林哲郎のSCT-B（小林，2007）などがある。神の研究はすでに終了している。MJSCTは，精研式SCTを参考にしたものであるが，ほぼ法務省矯正局の内部（矯正機関や少年鑑別所）での活動に使用が限定されている。K-SCT以下は，おもに反応語を標準化し，数量的に形式分析することでパーソナリティを把握しようとするものである。

SCTは，①産業・心理臨床・教育などの領域でパーソナリティの全体像や個々の諸側面，適性，パーソナリティの問題点などを把握するための道具として，②産業・教育などの領域における教育・訓練プログラムの評価技法として，③母集団全体の心理・社会的特徴を測定するための道具として，発展してきた。また，われわれは，④テスト・バッテリーや面接結果，人事データなどの妥当性を検証する道具として，⑤面接の展開を容易ならしめるための道具として，⑥筆跡によるパーソナリティ把握のための道具としても使用している（槙田ほか，1982，1992，1997，1999）。

SCTは，①刺激文の数，②刺激文の長さ，③把握するパーソナリティの幅広さや内容，④解釈技法（形式分析か内容分析）などを基準として分類ができる。

一般に，刺激文が長い（長文式）ほどパーソナリティの比較的狭い特定の側面をより深く把握する道具となり，形式分析による数量化がある程度可能にもなる。逆に短い刺激文（短文式）を比較的数多く提示すると，内容分析によってパーソナリティの全体像を幅広く把握することが可能になるが，形式（数量的）分析は難しくなる。

本書は精研式SCTの活用本である。これ以降は，精研式SCTと，SCTを用いたトータル・パーソナリティの把握の方法について，解説していくことにする。

第2節　トータル・パーソナリティの把握・評価

パーソナリティはさまざまな領域と環境や時間をも包括した全体的なものである。したがって，一側面，あるいは一部分だけをとらえてパーソナリティ全体をみることは危険なことである。それは，「木を見て森を見ず」の例えどおり，人間そのものを無視することにほかならない。人間のパーソナリティはとても多面的・重層的で，また，加齢とともに発達・変化していくものである。われわれは多年にわたってパーソナリティの複雑な構造を研究してきた。そして，図1-1にあるように，最終的にパーソナリティの全体像，すなわちトータル・パーソナリティは，「環境」「身体」「能力」「性格」「指向」という5つの側面から把握されるという結論を得ることができた。したがって，これらの側面を押さえることで，その人のトータル・パーソナリティが把握できるはずである。

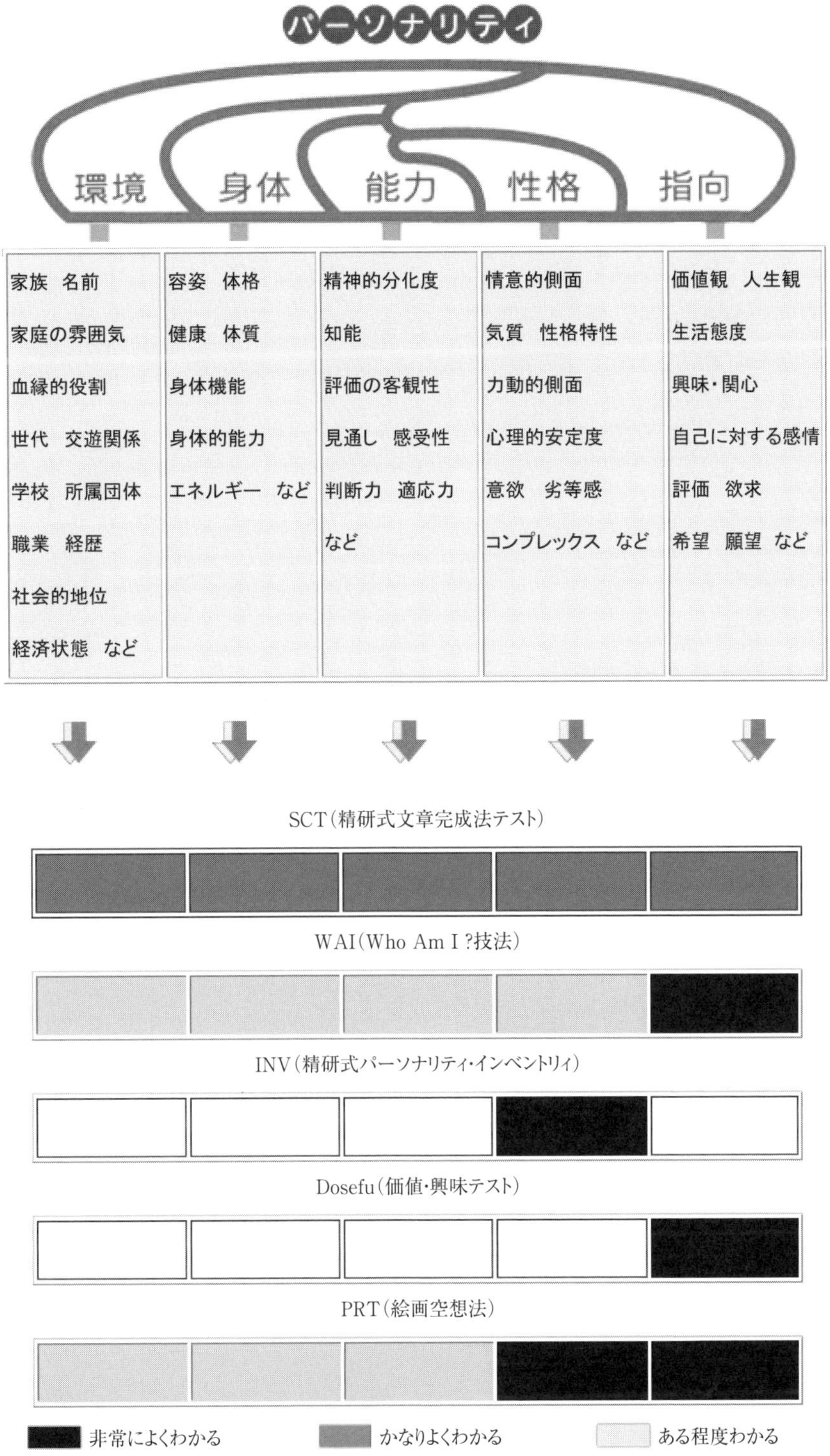

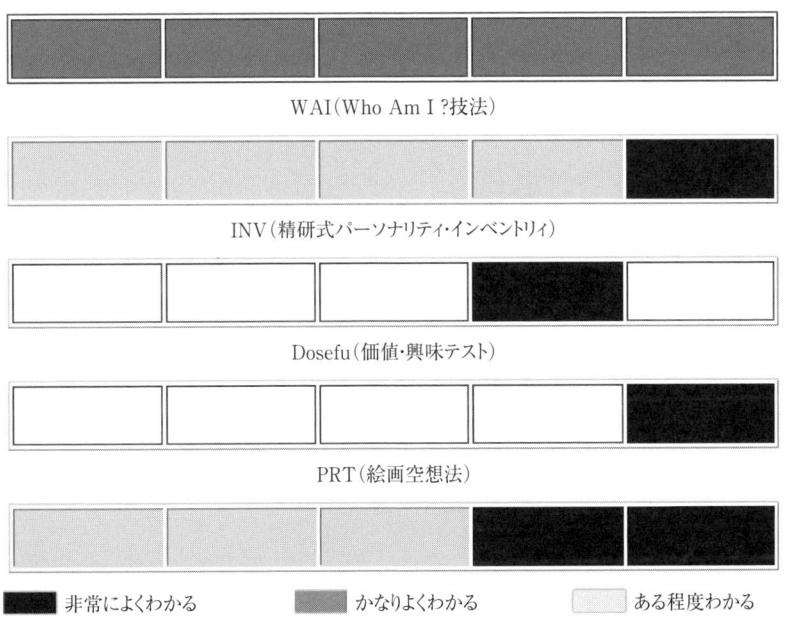

図1-1　トータル・パーソナリティの諸側面と各パーソナリティ・テストの概要

パーソナリティ・テストのなかには，質問紙法に代表されるように，単純に数値を集計するだけで簡単に診断結果が得られるもの，パーソナリティの比較的狭い範囲をとらえることをねらうあまりその人の一面にしか光が当たらないものがたくさんある。しかし残念ながら，人間のトータル・パーソナリティはそれほど単純なものではない。パーソナリティとは，一人の人間を包括する全体的なものであるから，それぞれの側面からスポットを当てることができると同時に，その統合性・連関性をも考慮に入れることが重要になってくる。人間には一人ひとり個性があるが，何か１つの基準だけでとらえ，その全体像を無視してしまっては，人間を尊重したことにはならない。トータル・パーソナリティを究明し，個性を発見することによって，自分や他者の生き様が理解でき，また，他人と自分との違いもみえてくるはずである。そのためにも，トータル・パーソナリティをとらえることが大切になってくる。

図１-１には，われわれが開発した５つのパーソナリティ・テストも紹介されている。各テストは上記の各側面のいずれかに焦点を当てて作られており，これらを組み合わせてテスト・バッテリーを組むことで，トータル・パーソナリティが，幅広く，より深くとらえられるようになっている。

第３節　精研式 SCT の概要

精研式 SCT は，1960 年に佐野勝男・槇田仁（ともに慶應義塾大名誉教授）によって刊行され，成人用，中学生用，小学生用の３種類がある。刺激文は，一人称の短文式で，成人用は 60 項目（Part Ⅰ，Part Ⅱ各 30 問），小学生用・中学生用は 50 項目（Part Ⅰ，Part Ⅱ各 25 問）あり，パーソナリティの全体像を広くカバーするように工夫されている。

表１-１に精研式 SCT（成人用）の刺激文の側面別の配置を，表１-２に精研式 SCT（中学生用）の刺激文の側面別の配置を，表１-３に精研式 SCT（小学生用）の刺激文の側面別の配置をそれぞれ示す。

ただし，SCT はいくら刺激文の配置をコントロールしても，ねらいどおりの答えが返ってくるわけではない。反応文のすべてが「書き手」のパーソナリティに依存している。例えば，「私の服」という刺激文に「私の服　　部半蔵」と反応してくる人もいる。

SCT は，投影法のなかでは，施行・評価ともに比較的短時間で済ますことのできるテストで，企業・医療・学校・福祉現場など，さまざまな領域で広く活用されている。このような実績が，テストの有効性を物語っているといえるであろう。小川俊樹らの日本の心理臨床家を対象とした調査（小川ほか，2011）によれば，パーソナリティ・テストのなかで，使用頻度では第３位を占めている（バウム，WISC，SCT，WAIS，TEG，ロールシャッハ・テスト，HTP，風景構成法，ビネー式，P-F スタディの順）。

精研式 SCT は，いくつかのユニークな特徴をもっている。

① その第一は，一般的な心理テストがパーソナリティの特定の領域（例えば，知能，不安傾

表1-1 精研式SCT（成人用）の刺激文

側面	スキーム	刺激文 Part I	刺激文 Part II	合計
環境	社会	1 子供の頃，私は 13 人々 18 仕事 20 世の中 26 職場では 29 女	3 友だち 8 男 10 学校では 11 恋愛 16 金	11
	家庭	3 家の暮し 5 家の人は私を 9 私の父 17 もし私の母が 21 夫 25 私の兄弟（姉妹）	1 家では 6 私の母 12 もし私の父が 18 妻 23 結婚 26 家の人は	12
身体		15 運動 27 私の顔	9 私の眠り 20 私の健康	4
能力		14 私のできないことは	15 私の頭脳	2
性格	気質	2 私はよく人から 22 時々私は	4 私はよく 22 大部分の時間を	4
	力動	4 私の失敗 6 私が得意になるのは 7 争い 24 私の不平は 30 私が思いだすのは	2 私を不安にするのは 19 私の気持 21 私が残念なのは 24 調子のよい時 25 どうしても私は 30 私が忘れられないのは	11
指向		8 私が知りたいことは 10 私がきらいなのは 11 私の服 12 死 16 将来 19 私がひそかに 23 私が心ひかれるのは 28 今までは	5 もし私が 7 もう一度やり直せるなら 13 自殺 14 私が好きなのは 17 私の野心 27 私が羨ましいのは 28 年をとった時 29 私が努力しているのは	16

※ 『槇田ほか，1997』p.65の図表3・1を改変したもの

向，達成動機など）に焦点を当ててつくられているのに対し，より幅広いパーソナリティの全体像の把握をめざしている点である。1990年代に槇田仁を中心とするグループが新たに提示した「環境・生活史」「身体」「知的能力」「性格・心の安定性」「指向・意欲・興味・関心・態度・人生観・生活態度」というパーソナリティを構成する5つの側面全体が把握できる。

② 第二の特徴は，パーソナリティのよいところも悪いところも等しく把握できる点である。

表 1-2 精研式 SCT（中学生用）の刺激文

側面	スキーム	刺激文 Part I	刺激文 Part II	合計
環境	社会	1 小さい時，私は 17 男の友だち　女の友だち 24 大人 25 大きくなったら私は	3 先生は 17 友だち 19 学校では	7
	家庭	2 御飯のとき 3 弟は　妹は 4 学校から帰って私は 14 お父さん 16 友だちの家庭にくらべて私の家庭は	1 家の人は 6 お兄さんは　お姉さんは 10 お母さん 13 家では 21 私の父の仕事	10
身体		6 運動		1
能力		11 学校の成績	24 勉強	2
性格	気質		2 私はよく 9 時々私は	2
	力動	5 どうしても私は 8 私の空想 9 私がはずかしいと思うことは 12 もしも私が 13 私の失敗は 15 私のできないことは 19 けんか 22 私が皆より劣っていることは	5 私がこわいのは 12 うれしかったとき 14 私の不平は 16 時々気になるのは 18 私がくやしかったのは 20 私を苦しめるのは 22 私が叱られるのは 25 家でよく言われることは	16
指向		7 私がきらいなのは 10 私の服 18 私が知りたいと思うことは 20 私が好きなのは 21 私がひそかに 23 私のしてもらいたいのは	4 働くこと 7 私がうらやましいと思うのは 8 本 11 私がなりたいのは 15 お金 23 私が自慢したいことは	12

　心理テストである以上，「**私の失敗**」「**私を不安にするのは**」というようにマイナスの側面を尋ねる刺激文も入っているが，同時に，「**私が好きなのは**」「**私が心ひかれるのは**」「**私が努力しているのは**」などの中立的，あるいはプラスの側面を尋ねる刺激文も組み入れられている。したがって，企業・組織や教育機関で有用な人材，有用な特性を発掘するためのアセスメントにも，臨床的な診断・治療にも役立てることができる。

③　第三の特徴は，スコアリング（得点化）や数量的分析を重視しない点である。パーソナリティの把握にあたっては，刺激文に触発されて記された反応文，被検査者の言葉そのものを重視する。しかも，個々の反応文単独ではなく，反応文相互を重層的に重ね合わせながら共感的に了解していくことによって，パーソナリティの全体像をやわらかく再現し，記述する

表1-3 精研式SCT（小学生用）の刺激文

側面	スキーム	刺激文 Part I	刺激文 Part II	合計
環境	社会	1 小さい時，私は 15 学校でわたしはいつも 17 先生がもっと私に	13 私は友だちと 14 先生は 15 私のクラスでは	6
	家庭	2 家では 5 私の（兄，姉，弟，妹）は 6 私の母がもう少し 7 私の父がもう少し 8 友だちの家庭にくらべて私の家庭は 11 父は私のいうことを 21 母より父の方が私を 22 私の父の仕事が	2 学校からかえって私は 3 私の家の人は 4 私のおじいさん 　 私のおばあさん 5 母は私に 6 父は私に 7 私は（兄，姉，弟，妹）を 18 私は母を	15
身体				0
能力		25 私は学校の成績が	21 勉強	2
性格	気質	13 私はよく	16 皆は私のことを 25 時々私は	3
	力動	4 私がいやなのは 12 私のしっぱいは 16 私は友だちから 20 自分でできないことは 23 時々気になるのは 24 家でよく言われることは	1 もしも私が 11 私が叱られるのは 12 私がうらやましいと思うのは 17 私がはずかしいと思うことは 19 私のしてもらいたいのは 20 私が皆より劣っていることは 22 どうしても私は 23 私がこわいことは 24 私がくやしかったのは	15
指向		3 私の一番ほしいものは 9 大きくなったら私は 10 私がうれしいのは 14 私がしりたいのは 18 私がとくいなことは 19 私が努力しているのは	8 私がすきなのは 9 私がきらいなのは 10 私がなりたいのは	9

「内容分析・現象学的把握」という手法を用いる。これは，あらかじめ用意された質問項目に返答を求める半構成的面接とほぼ同じ状況を紙上で行っていくことにほかならない。こうした技法は，熟練者のもとで訓練を重ねることによって修得可能な方法であるが，このようにして身につけたパーソナリティ把握の技能は，カウンセリングや面接，OJTなど，あらゆる場面で他者を理解する際に役立つものになる。

　ただし，精研式SCTでも，実際的な利便性とある程度の客観性を保証するために，8つの「符号評価」を取り入れている。「ener.（エネルギー）」「diff.（mental differentiation：

```
Part I
1  子供の頃，私は  落ちつきのない子でした。そしてそれは今も変わりません。

2  私はよく人から  ヘンな奴だと言われます。

3  家の暮し  は，家族と一緒でいいモンです。

4  私の失敗  そこはかとなく次に生かされている時もあります。

5  家の人は私を  大切にしてくれます。
```

図1-2　精研式SCT（成人用）の一部

環境	両親と兄弟と同居。家族仲が非常によい。特に母親にはやや固着的。不安なのは「やっぱり試験のこと」という。カタカナ表現が多い。
身体　ener.　～+	健康強。よく昼寝をする。睡魔には勝てないようだ。健康に大きな問題はない様子。
能力　diff.　±～+	柔軟性があり，面白い表現も散見されるが，それほど高い知的能力とはいえない。内面性はあまりない。将来への見通しについては，比較的暗い表現と夢想的な表現が混在している。
性格　type Zhn　G ～+　H +　N ～+　secu. ±～	気質的には柔らかく，開放的な特性を持っている。現実的，日常的，行動的。対人指向がある。学校生活にはマジメに取り組む姿勢を持っている。やや自信がない。
指向　意欲　～+	声が大きく，声を使った仕事に関心がある。 現在は，女の子にもてたい，目立ちたい一心。
その他	文章は短い。自分が何者かというアイデンティティに関心があるが，やや自信がない。しかし，自分のことはかなりストレートに表現できている。

図1-3　精研式SCT（成人用）の評価結果の一部

精神的分化度，実際的な頭のよさ）」「type（佐野・槙田の精神医学的性格類型）」「G（顕耀性）」「H（ヒステリー）」「N（神経質）」「secu.（security：心の安定性）」「意欲」である。
　④　第四の特徴は，施行が個人でも集団でも可能で，また，施行・評価ともに比較的短時間のうちに済ますことができる点である。

図1-2に20歳の男性のSCTの一部を，図1-3にその評価結果の一部を載せた。

精研式SCTのいくつかの刺激文に対しては，近年，いろいろな意見が寄せられている。例えば，「I-2　私はよく人から」はパーソナリティの把握に関して感度が高い，「I-11　私の服」は感度が低いきらいがある，「II-17　私の野心」の意味が若い人たちにわからなくなってきている，生活環境・生活史に関する刺激文を工夫してほしい，といったものである。しかし，生活環境や生活史，身体などを含めた刺激文のバランス，数万ケースに上るこれまでのデータの蓄積などと秤にかけたときに，刺激文の改訂は「改悪」になる可能性の方が高いと，われわれは今のところは考えている。

第4節　SCT評価の実際

以下，精研式SCTをSCTと略記する。

成人用SCTの適用範囲は16歳以上で，急性期の精神病者や重度の知的発達障がいレベルを除く成人。中学生には中学生用，小学生には小学生用を用いる。施行時間は個人差が大きいが，早い人で30分，遅い人で90分程度を目安に考えればよい。

筆記具は，筆跡を詳しくみられるので，鉛筆が望ましい。好む鉛筆の濃さもその人の個性を表す。

すでに述べたように，施行は個人でも集団でも可能である。宿題の形で，施行してもよい。

1．「diff.」「SZEHN」「指向」

評価の中心となる「能力」のなかのdiff.（精神的分化度），「性格」のなかのtype〔SZEHN（精神医学的性格類型）〕，「指向」について，すでに絶版となっているが，SCT研究会（佐野勝男・槇田仁）の著した『SCT入門テキスト』（金子書房，1986年）の形式を借りて，簡単に説明する。

表1-4が「能力」のdiff.の解説である。表1-5が「性格」のtypeの解説である。表1-6が「指向」の解説である。

精神医学的性格類型は，性格の中心をなし素質的な面の強い「気質（SZE）」と，その外側に位置し，生活史や周囲の環境の影響を受け気質に彩りを与える「狭義の性格（HN）」とに分けることができる。これらの詳細と理論的背景については，「SCT文献」中の諸手引を，あわせてご参照願いたい。

精神医学的性格類型は古くから用いられている精神病理学的分類基準に基づくものであるが，新しい精神医学的分類基準（アメリカ精神医学会のDSMや，世界保健機関のICDなど）とは合致しない点もある。例えば，Eは人間の標準的な気質傾向（中央気質といわれることもある）であり1つの気質類型としては扱いにくいといった主張，Nはすでに一般的・通俗的な概念であり厳密な意味での性格類型とは考えにくいといった主張である。

それらの問題に関して，われわれは次のように考えている。

「類型」という概念は「特性」の集合でも「因子」でもない。おそらく，「症候群，症状群」という概念がいちばん近いものであろう。したがって，表1-5にある特性を「すべて」もっている人がある類型の典型的な人物という考えは妥当ではない。ある類型に属する人は，該当する特性のうちのいくつかをもつ，さまざまな移行型を含む一群の人々のなかの一人である。

表 1-4　diff.

diff.（精神的分化度：mental differentiation） 　知能を基礎とし，自己評価や他者評価の客観性，視野や見通しの広さ，洞察力，分析力，判断力，思考力，柔軟性，創造性，対人感受性などを含む，いわゆる頭のよさ。総合的・実際的な知的能力。	
＋＋（two plus） 〜＋＋ ＋〜＋＋ 7％ぐらい	・視野が広い。見通しがよくきく。自分の周囲のことだけでなく，広く世界のことを考える力をもっている。 ・いろいろな可能性を考えて行動できる。 ・自分を客観的に分析・判断できる。人の気持ちがよくわかる。 ・ユーモアを解する。 ・知能が高く（IQ 120 以上），学校の成績もトップクラスのことが多いが，必ずしも上位とは限らない。 ・好奇心旺盛で，さまざまなことを冷静に考え行動している。 ・思考の深さや鋭さ，幅広さが感じられる。 ・明晰で，キラリと光る文章や言い回しがある。
＋〜 ＋（plus） 〜＋ 20％ぐらい	・見通しがよい方である。 ・自分を冷静に評価しようとしている。 ・人の気持ちが理解できる方である。 ・知能も学校の成績もまあよい方である場合が多い。 ・文章能力はある方。 ・大企業の課長レベルに必要な能力と考えればよい。
±〜＋ ±〜 ±（plus minus） 50％ぐらい	・見通しがあまりきかず，目先の判断が多い。 ・客観性に欠け，独りよがりの判断をしがちである。 ・考え方は単純・平凡で，浅い。 ・知能指数は平均的（IQ 100 前後）で，学校の成績も並みクラス。 ・誤字・脱字がかなり目立つようになる。 ・大学生としては±〜＋程度の diff. は必要だろう。
〜± －〜± －〜 －（minus） 20％ぐらい	・〜±程度になると，単純作業はできるが，状況に応じた判断は難しい。 ・視野が狭く，新しい事態を見通すことはできない。 ・読み書きや計算が苦手で，学校の成績は悪い。 ・－に近くなるほど，本能的，短絡的に行動しがちになる。 ・－に近くなるほど，SCT の文章はただ書いてあるだけで内容や意味に不可解な点が多くなる。
（－－） （two minus）	・知的能力に障がいがあると思われる場合には「－－」をつけてもよい。実際には，SCT の文章を書くことが難しいレベルである。

　例えば，N は確かに一般的・通俗的な概念かもしれないが，不安定性，劣等感，不安，強迫，防衛機制的といった複数の移行型が考えられ，性格を表す類型としては了解しやすい。

　また，臨床的な経験に即して気質を1本の木に例えると，中央に太い幹があり，これがほぼEと考えればよい。体格的にも性格的にも中庸に近い。この幹の比較的下の方で枝分かれしたのがZであり，ある程度上部までいって対称的に枝分かれしたのがSである。つまり，気質的にも体型的にもEとSは共通した部分が多く，移行型も多い。Eを細くしたのがSであり，Sをたくましくしたのが E である。それに反して，Z は気質的にも体型的にも明らかに異なっている。クレッチマーが初期の研究でS（細長型）とZ（肥満型）を取り上げ，E（筋肉型）が入っていなかったのは

表1-5　type〔SZEHN（精神医学的性格類型）〕

S：分裂性気質：Schizothym

内閉性……関心は自分自身の内面に向けられ，外に対しては比較的関心がない。自分の世界をもっており，一人でいても寂しくない。エネルギーはもともとあまりある方ではない。自分自身の考え方をもっている。

両面性……「敏感」と「鈍感」が共存している。敏感な面には繊細に鋭く反応するが，鈍い面には感受性が低く「土足で踏み込まれる」ようなことがあっても平気でいる。

- ＊思考性　　自分の世界に生きている。内省的。客観的。公平。
- ＊観念性　　抽象的。論理的。霞を食って生きているような感じ。
- ＊孤独性　　一人でいても寂しくない。内に閉じこもる。干渉を嫌う。
- ＊非社交性　友人が少ない。無口。つきあいが悪い。何を考えているのかわからない。
- ＊非行動性　あまり動かない。達観している。感情の波があまりない。グズ。無為茫乎。
- ＊貴族性　　お高くとまっている。気難しい。
- ＊空想性　　想像を好む。非現実的発想を好む。ボーッとしている。
- ＊非情性　　冷淡。同情しない。利己的。辛辣。我が強い。
- ＊敏感性　　関心の深いものごとには敏感。凝り性。繊細。自分に忠実。
- ＊鈍感性　　外界の動きに関心が少ない。世事に疎い。淡泊。無精。

《身体》細くひょろ長い，痩せ形。顔もほっそりしている。
《行動・態度》馬力は小さい。息切れしやすい。なかなか行動しない。疲れやすい。
《筆跡》筆圧のない薄い小さな字。くにゃくにゃした，読みにくい，崩れた字。緊張した場合には，四角で筆圧が強く一定な対処的な字。
《能力との関連》精神的分化度の高い人は，理論的に鋭い考え方のできる人が多い。いったん心を開くと，豊かな内面性をみせてくれる。精神的分化度が低くなると，S特有の鋭さはなくなり，内面も乏しく，グズといわれるような性格になってくる。

宮城（1960）は，この型の人を，以下のような下位型に分けている（一部改変）。
- ＊超然型　　社会に対して超然としている。冷たいが，客観的。貴族的，高踏的，繊細で傷つきやすい。好ましい環境にあれば，ていねいで優しい。
- ＊退廃型　　酒や女におぼれる。超然型の変形。
- ＊不満型　　社会に対して不満や不平を言い続ける。
- ＊理想型　　公平無私の正義感をもつ。ストイックな利他主義者。
- ＊夢想型　　現実離れした空想の世界に生きている。めざめて夢見る人。
- ＊独善型　　独善的な利己主義者。自分の利益のみを考え，暴君的で，命令することを好み，他人の失敗に不寛容。
- ＊愚鈍型　　世の中に対して関心もなく，毎日ぶらぶらと過ごす。人に従い，お人好し。

Z：循環性気質：Zyklothym

同調性……人々とともに生き，開放的である。「食う・寝る・遊ぶ」の生活が好き。エネルギーが比較的あり，スタートダッシュ型。周囲の人々に同調するタイプ。

両極性……元気に動いていたかと思うと，理由もなくしょんぼりしたり，気分や感情に周期性の波がある。

- ＊同調性　　周りの人たちに調子を合わせる。お人好し。同情的。
- ＊社交性　　友だちが多い。人なつっこい。寂しがりや。ユーモアがある。

| ＊融和性 | 世話好き。開放的。開けっぴろげ。人見知りしない。おせっかい。
| ＊活動性 | 行動的。おしゃべり。身体を動かすのが好き。直観で動く。早飲みこみ。おっちょこちょい。軽率。不注意。考えをしまっておけない。決断が早い。
| ＊楽天性 | 楽観的。明朗。快活。大まか。無節操。気軽に冗談をいう。
| ＊現実性 | 現実的。享楽的。経済観念がある。ケチ。
| ＊具体性 | 即物的。具体的な発想が多い。
| ＊一過性 | いろいろなことに手を出す。飽きやすい。やりっ放し。気まぐれ。ケロリとしている。気分変化が大きい。熱狂しない。
| ＊循環性 | 気分や感情に周期性の波がある。はしゃいでいたかと思うと，急に落ち込む。些細なことで憂うつになる。

《身体》ぽっちゃりとした肥満型。丸顔または幅広い五角形の顔。
《行動・態度》行動的。落ち着いていられない。スタートダッシュはきくが，長続きしない。
《筆跡》丸みのある，柔らかい，ふっくらとした字。割に大きく，筆圧にリズムがある。ていねいに書いた場合，筆圧が一定になり，四角く，Ｅのような字になることもあるが，なお，ふっくらとした感じはうかがえる。走り書きの場合，乱雑になり，勢いのよい字になる。書速の速い場合は筆圧が弱くなる。小さく崩れてくると，Ｓのようにもなる。
《能力との関連》精神的分化度が高い人は，回転の速い頭の働きをし，活動的。現実の問題を追いかけるのが好きである。低くなると，「ガラッ八」のように，オッチョコチョイで，自分の感情や目先のことで行動しがちになりやすい。

宮城（1960）は，この型の人を以下のような下位型に分けている（一部改変）。

| ＊陽気型 | 明るく，回転が速く，活動的で，出しゃばり。大言壮語する。細かいことに気がつかない。享楽的。早飲みこみで，おせっかい。
| ＊活動家型 | よく働き，仕事を楽しむ。現実的，具体的で，倹約家。熱狂しない。
| ＊温和型 | おしゃべりではないが，機嫌がよく，ユーモアに富む。あまり行動的ではない。面倒くさがりのところがある。意志が強くない。
| ＊陰気型 | 内向的・内罰的で，不安が強い。物静かで単調な生活を好む。気のいい人。
| ＊ガラッ八型 | 自分の感情や目先のことで行動しがち。刹那的で見通しがない。オッチョコチョイで，あわてん坊。考えない。

E：粘着性気質：Epilepthym

粘着性……こつこつと粘り強く，物事に熱中する。出足は遅いが，一度走り出すといつまでも走り続けるエネルギーをもっている。社会通念や規律に従うことを好み，杓子定規，馬鹿正直で，頑固な面がある。モットー主義。几帳面。
爆発性……ぎりぎりまで粘る反面，急にカッとなる爆発性をもつ。いったん怒り出すとあとを引くことも多い。

| ＊粘着性 | 粘り強い。辛抱強い。コツコツ努力する。根気がある。
| ＊徹底性 | 執拗。執念深い。凝り性。熱中。諦めない。ねちっこい。
| ＊几帳面 | 生真面目。杓子定規。融通がきかない。堅苦しい。馬鹿正直。視野が狭い。規則を守る。迂遠。
| ＊社会性 | 常識的。儀礼的。世間体にこだわる。社会通念的。モットー主義。宗教的。「……ねばならない，……すべきである」。
| ＊鈍重性 | 飲みこみが遅い。スタートが遅い。要領が悪い。頑固。小回りがきかない。
| ＊爆発性 | 興奮しやすい。怒りっぽい。急に乱暴になる。

《身体》筋肉質～中肉中背。四角い顔が多い。
《行動・態度》テンポは遅いが，尻上がりに調子が出てくる。馬力，ねばりがある。
《筆跡》一般に大きく，角張った，対処的な，非個性的な字。筆圧は強く一定。読みやすい字。走り書きで乱雑になると，Zの筆跡に似てくる。
《能力との関連》精神的分化度の高い人は，礼儀正しく，社会的常識に富んでいる。緻密な頭をもち，手堅く，粘り強く仕事を進める。低くなるに従って，爆発の傾向，鈍重の傾向が強まる。

この型の人は以下のような下位型に分けられるかもしれない。

* 強気型　　強気で勝ち気。エネルギーと馬力で問題を解決しようとする。無遠慮。タフ。騒ぎを喜ぶ。
* 熱血型　　強い信念をもち，目標達成へ向けて努力を惜しまない。他人にも努力を求める。興奮すると自分をおさえられない。人情家。
* 冒険型　　肉体的勇気をもち，極端な肉体的活動や冒険を好む。
* 元気型　　活動的で明朗だが，エネルギーが長続きし，疲れをしらない。意見を変えない。よく，Zとまちがえられる。
* 温厚型　　社会通念的で，安定し，温厚篤実。円満で，物静か。
* 執着型　　１つのことに執着し，杓子定規で，余裕がない。時に陰気。
* 鈍重型　　テンポが遅く，牛のように鈍重で，かたい。

H：ヒステリー：Hysterie

顕耀性（G：Geltungsbedürftige）
　　　　……自己顕示欲が強く，自分をよくみせようとする傾向。
小児性（I：immature）
　　　　……わがまま，無反省，移り気，依存的，自己中心的といった未成熟な傾向。

* 顕耀性　　派手好き。虚栄心が強い。見栄を張る。自慢したがる。芝居じみている。ウソをつく。スタンドプレーをする。負けず嫌い。勝ち気。誇張が多い。
* 無反省　　責任転嫁。他罰的。悔しがり。露出を恥じない。感情をすぐ表に出す。強気。
* 不安定性　落ち着きがない。情緒不安定。攻撃的。泣き虫。
* 被暗示性　暗示にかかりやすい。すぐその気になる。思いこみが激しい。
* 自己中心性　わがまま。好き嫌いが激しい。気まま。気まぐれ。移り気。自己主張が強い。
* 小児性　　未成熟。依存心が強い。甘えん坊。子どもっぽい。他者からの評価が気になる。
* 上昇指向　他者への信頼感が持てず，自分をより高い地位に登らせようとする。

《身体》子どもっぽい体型で，未成熟な感じのすることが多い。
《行動・態度》強いエネルギーが出ることもあるが，波が大きく，不安定。適度なヒステリー傾向は「押し出しのよさ」「かわいらしさ」につながることもあるが，度を超えると周囲は振り回され，迷惑したりすることになる。
《筆跡》気取った，字の終末部を長くのばしたり，はねたりするような，派手な字を書くことが多い。書きなぐりや乱雑な字を書くことも多い。ただし，はねていないからHでないとはいえない。

N：神経質：Nervosität

劣等感……自信がもてず，弱気。過度に考え込んでしまう傾向。
不安定性…疲れやすく，長続きせず，諦めやすい。
強迫性……些細なことにこだわり，うまく行かないと焦る。取り越し苦労。過敏性。

* 劣等感　　他人が偉くみえる。小心。気兼ねする。自信喪失。コンプレックス。

＊悲観性		自信欠如。弱気。悲観的。
＊自責性		自罰的。自分を責める。自分の感情にジクジクおぼれる。
＊不安定性		不安感。落ち着きがない。焦慮感。おどおどしている。イライラする。
＊意識過剰		反省過剰。愚痴っぽい。思い切りが悪い。クヨクヨしがち。
＊作業不全		注意散漫。疲れやすい。へこたれやすい。諦めやすい。忍従する。非活動的。すぐ投げ出してしまう。
＊防衛機制的		自分を守るために，無意識に，自分を偽ったり，状況の認知を歪めたりする。
＊愛情飢餓		生育環境の中で，満足できる愛情を受けとっておらず，他者への信頼性を持てない。

《行動・態度》馬力が小さく，持続力に乏しい。適度な神経質傾向は「謙虚さ」や「反省」につながることもあるが，度を超えると暗く湿っぽくいじけた感じになる。
《筆跡》いじけた感じがうかがわれることがある。

表 1-6　指　　向

生き方。人生への取り組み方。何に価値をおいて生きているのか。

＊目　標	経営者指向，良妻賢母，資格取得など
＊cathection	異性に強い関心，車に興味，特定のスポーツチームファンなど
＊生活態度	スポーツマン，芸道一筋，守銭奴，仕事の鬼など
＊価値観・人生観	経済型，理論型，審美型，宗教型，権力型，社会型など
＊基本生活領域	daily life, objective, social interest, emotional, fine & arts, unique 　（DOSEFU テスト（槇田ほか，2000）の分類にもとづく）
＊意　欲	やる気，達成動機，モチベーション，タイプ A など
＊欲求・動機	
(1)生理的	食物，感性，性など
(2)外的事象	達成，官能，秩序，遊び，変化，無活動など
(3)対人的	家族親和，性的親和，被認知，支配，攻撃，救助など
(4)圧力排除	自主独立，防衛，非難回避，屈辱回避，服従など
＊内的状態	
(1)快	楽しさ，うれしさ，幸福感，愛情，親しみなど
(2)不快	不快感，嫌悪，怒り，悲しさ，寂しさ，不安，恐れ，飽き，恨み，羞恥，倦怠，不調和，動揺など
(3)評価	美しい，汚い，感激，共鳴，羨望，自信，誇り，自己嫌悪，劣等感，罪悪感，後悔など
(4)身体感	健康感，精力感，緊張感，疲労，さわやかさなど

了解可能である。
　これに，人口密度を加味してみると，経験的には，基本型は E：S：Z ＝ 4：2：1 程度の出現頻度であろうか。また，混合型としては，E～S の移行型が多く，E～Z の移行型は数が少なく，S～Z の移行型は原則みられない。
　気質と筆跡や体格との一致率は 60～70％程度であろうか。また，よく尋ねられることだが，年齢とともに体格が変化しても気質は変わらない。基本となる体型と気質は 20 代後半以降安定するようにみえる。

表1-7 各気質の代表的人物

S	Z	E
芥川龍之介	菊池 寛	水上 勉
志賀直哉	開高 健	松本清張
太宰 治	北 杜夫	司馬遼太郎
川端康成	小松左京	山田太一
吉行淳之介	林 真理子	井上ひさし
福田康夫	小沢一郎	菅 直人
渡部恒三	河野洋平	岡田克也
鳩山由起夫	金丸 信	土井たか子
谷垣禎一	渡辺喜美	石原慎太郎
松下幸之助	角川春樹	堤 義明
さだまさし	デーモン小暮	美空ひばり
中島みゆき	森 久美子	和田アキコ
柳家小三治	笑福亭鶴瓶	柳亭市馬
柳家わさび	伊達みきお	
	桂 宮治	加山雄三
田村正和		高倉 健
石坂浩二	西田敏行	松坂慶子
秋吉久美子	樹木希林	浅野ゆう子
明石家さんま	中村玉緒	瀬川瑛子
太田 光(爆笑問題)	北野 武	タモリ
箕輪はるか(ハリセンボン)	渡辺 徹	阿部 寛
坂下千里子	石塚英彦	渡辺 謙
市川実和子	関根 勤	小雪
有吉弘行	グッチ裕三	
坂東玉三郎	近藤春菜(ハリセンボン)	アントニオ猪木
	水卜麻美	長島茂雄
広岡達郎		王 貞治
瀬古利彦	konishiki	松岡修造
小林 繁	江川 卓	田中将大
羽生結弦	工藤公康	松岡修三
	丸山茂樹	
	松木安太郎	

表1-7は，各気質の代表的人物をまとめたものである。Sにも太っている人がおり，Zにも比較的やせている人がいることがわかると思う。

さらに，HはGとIを内包している類型である。図1-4に示したとおり，従来は，Gだけの人とG+IすなわちHの人が比較的多く，I単独の人はあまりいなかった。そこで，Gと，G+Iと

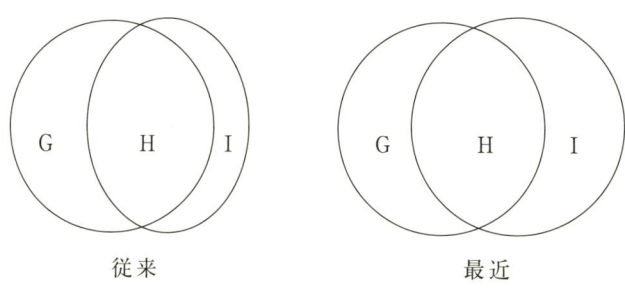

図1-4　GとIの分布

してのHの符号評価を行ってきたが，最近は，Iだけの人も数が増えてきているように感じる。時代の移り変わりということであろうか。

ただし，符号評価は，従来どおりGとHの強さを評価・表示する方法で行うことにしている。そこからIの強さを容易に換算することができるからである。

2. 符号評価

表1-8に8つの符号評価の原則を載せた。符号評価はあまり厳密に考える必要はない。評価に際しては半ランクまでのズレは「誤差範囲」と考えてよい。ただし，いうまでもないことだが，8つの符号評価がすべて当たらなければトータル・パーソナリティとしては的確な把握とはならない。

3. 評価用紙の書き方

1) 一般的な書き方

SCTによるパーソナリティの把握は，各側面欄への，反応語にもとづく「生きた言葉」での自由記述と，8つの符号評価を原則とする。各側面欄にうまく書ききれない事項やトータル・パーソナリティに関する幅の広いコメントがあれば，「その他」の欄に書けばよい（図1-3参照）。これによって，SCTの書き手の個性を客観的に幅広く，かつ，きわめてリアルに表現することができ，また，トータル・パーソナリティを素早く概観することも可能となる。

2) 人格障がいや知的・精神的障がいの疑われる場合の書き方

人格障がい圏や知的・精神的障がいの疑われるケースに関しては，「環境」「身体」「能力」「性格」「指向」と分けて記述することが難しい場合や，症状や病態を別に記述することが必要になる場合が多くある。そうした際には，「type」欄に「P（○○）」とだけ書いて，あとは，インテーク面接における病歴・現在症の記述と同様に，「その他」の欄にまとめて「過去の状態，現在の状態，将来の予測」を記述すればよい。また，予測される診断名・症状名はDSMやICDの基準を援用すればよいであろう。本書や『精研式文書完成法テスト（SCT）新・事例集』〔槙田（編著），1999〕には，この形式で解説をしたケースがいくつか掲載されている。

表1-8　符号評価

| ener. | 身体的，精神的エネルギーの総和

・原則　4ランク：－・±・＋・＋＋
・ただし，必要な場合には，＋〜＋＋（＋と＋＋の中間），〜±（±よりやや低い），＋〜（＋よりやや高い），＋≦（＋以上はあるが細かな評価は不能），（±）〜＋（±〜＋と〜＋の中間）のような評価も可能である。以下同様。
・エネルギーと気質との関係は，原則として，
　Sはエネルギーがあまりない。普通，ener. はおおむね±〜＋以下
　Eはエネルギーがいちばんある。普通，ener. はおおむね±〜＋以上
　Zのエネルギーは両者の中間。

| diff. | 精神的分化度（表1-4参照のこと）

・原則　4ランク：－・±・＋・＋＋

| type | 精神医学的性格類型（表1-5参照のこと）

・原則「気質（SZE）＋狭義の性格（H(G)N）」。大文字は強い傾向，小文字はやや強い傾向を示す。
　：E，EsH，E(s)Hn など。
・気質はS，Se，SE，ES，Es，E，Ez，EZ，ZE，Ze，Z（SとE，EとZがそれぞれ1ランクに相当）と分布する。
・ときには，H(G)Nが強くて，それが基本的な性格のようにみえる場合がある。その場合には，H(G)Nを前に出す。：HS，Nz，HN など
・人格障がい（Psychopathie）や精神障がい（Psychose, Neurose）が疑われる場合には，Pで表す。この場合，第4節 3. に別記してあるように，評価用紙の記入の仕方も変わってくる。
　　　　　　　　：P（アイデンティティ障がい），P（不安障がい）など。
・非常にまれだが，タイプのはっきりしないものは，M（miscellanious）と表記する。

| G | H | N | ヒステリー（顕耀性，小児性），神経質（表1-5参照のこと）

・原則　3ランク：±・＋・＋＋
・Hは，GとIを内包する。Gの強さとIの強さの平均がHの強さと考えればよい。
・H(G)Nの高さと「type」欄の表記との関係は，原則として，
　　　H(G)Nのレベルが＋＋のときには，type欄に大文字で表記する。
　　　　　　　　　　　＋のときには，type欄に小文字で表記する。
・diff. の高さとH(G)Nの高さの間に関連性はない。

| secu. | 心理・社会的安定性（社会的適応性，将来性を含む）

・原則　4ランク：－・±・＋・＋＋
・diff. とGHNとの兼ね合いを中心に，ener. や指向の幅や奥行き，健康度，人柄，将来性などを加味する。符号評価のなかでは，もっとも幅の広い概念と考えてよい。diff. が高ければ多少H(G)Nが高くてもカバーできるが，H(G)Nが高くなりすぎると，diff. にかかわらず，行動が安定せず，一貫性がなくなり，心理・社会的不安定性が目立つようになる。
・secu. が高い人は，情緒的に安定している。穏やかで，波が小さい。信頼性，将来性が高い。心身状態が良好で，環境への適応状態もよい。ユーモアがある。

| 意欲 | やる気・達成動機

・原則　4ランク：－・±・＋・＋＋
・産業・組織分野における表記では，仕事に対する意欲をみればよい。
・その他の分野の場合には，勉学意欲，生活意欲など，それぞれの状況に合わせて適宜評価し，それを「指向」欄に文章で説明しておけばよい。

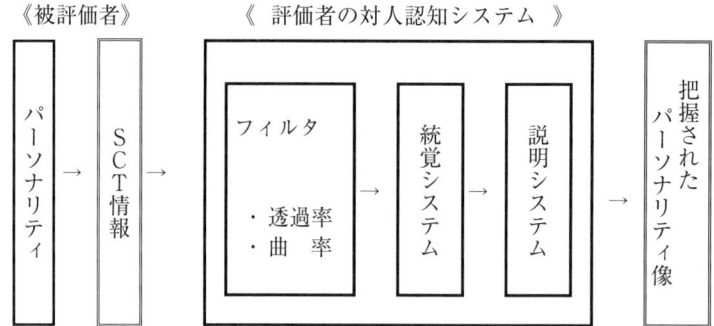

図1-5　SCTによるパーソナリティ把握のプロセス

3）中学生以下の場合の書き方

パーソナリティの形成が不十分な中学生以下の子どもに関しては，無理をしてまで符号評価を行うことはあまりお勧めできない。自由記述のみによっても子どものパーソナリティを概観することは十分に可能である。

第5節　SCT評価における留意点

SCTによるパーソナリティ把握のプロセスを対人認知心理学的に表現すると，図1-5のようになる。書き手（被評価者）のパーソナリティを色濃く投影したSCTの情報を，評価者はフィルタを通して取り入れる。この際，どれだけたくさんの情報をどれだけ客観的に取り入れられるかが重要なポイントとなる。書き手について偏った仮説をもてば，それに適合する情報だけが取り入れられがちになる。また，評価者が好む内容であれば，評価は高くなりがちである。取り入れられた断片的な情報から，評価者はトータル・パーソナリティを推測する必要がある。この統覚システムには，評価者の知的能力や想像力，頭の柔軟さ，経験，人生観などが関係する。統覚された人格像は，生き生きとした言葉によって説明されて，はじめて周囲に伝達可能となる。パーソナリティに関する言葉をたくさん知っていればいるほど，説明は適切になるであろう。これらのプロセスを経て，評価者は，広く，深く，統覚的に，書き手のパーソナリティを把握することになる。

フィルタの「曲率」に関わる要因としては，①極端な評価を嫌う中心化傾向，②寛大な評価をする寛大化傾向，③際だつ特徴に対人認知全体が影響される光背効果（ハロー効果），④自分と似ていると評価が高くなる対比効果，⑤順序効果，⑥先入観や固定観念，⑦自分と相手のパーソナリティの同一視（投射），⑧偏見，⑨同情や過度の感情移入，のようなものがあげられる。詳しくは，第5章第4節を参照願いたい。

以下，セミナーや入門講座のなかでよく指摘する評価の留意点について箇条書の形で述べて，本節を終わりたい。

① まずは，経験者の指導のもとでたくさんのケースを読むことが大切である。200〜300ケース程度のSCTを読むと，だんだんとパーソナリティのバラエティや，幅広さ，奥行き，深さがわかってくる。特に，初心者は，企業系の人事担当者でも，教育・臨床系の心理士でも，パーソナリティがおおむね完成する20代後半のケースを中心に健常者のケースをたくさん読んで，健常者のパーソナリティのnorm（平均像とバラエティ）について理解することが重要である。そうすれば，その後に，偏りの大きな問題のあるパーソナリティ像や，パーソナリティの発達の未熟な子ども，人生経験豊かな老人のケースを読んだときにも，了解がより容易になるように思われる。

② 年齢によって，SCTの印象はずいぶんと異なる。パーソナリティがかたまり，SCTが落ち着きをみせて安定するのは20代後半であることが多い。20代前半はそれよりもある程度未成熟にみえ，10代になるとさらに幼くなり，思春期にありがちの不安定さが目立つことも多い。30〜60代は，新しい社会生活や家族関係の成立や変動にともなう環境の広がりや変化が目立つ。70代になるとSCTの内容は枯れてきて，文章量も減ってくることが多い。

③ 見知っている人のSCTをたくさん読むと，SCTによるパーソナリティ把握が理解しやすくなる。また，ある程度の数を読むと，「この人，自分の知っている人に似ている」と思えるケースが出てくる。その評価は適正な可能性が高い。

④ ケースを単独で読まないようにする。複数のケースを一緒に読んで比較した方が，パーソナリティのバラエティを感じやすく，評価がしやすい。

⑤ 機会・場面を変えて，3回読むことをお勧めする。1回目，素直にざっと目を通し，SCTの内容が概略信用できるかどうかを確認し，「環境」「身体」に関するイメージをつかむ。2回目，評価用紙への記入を考えながら，「指向」や大まかなトータル・パーソナリティのイメージをつくる。3回目，それまでに得たものをふまえて，「能力」と「性格」に焦点を絞って読めばよい。詳しくは第10章参照のこと。

⑥ SCTの反応文からパーソナリティを推測する際の推測のレベルには3段階ある。第一のレベルは「事実」である。「環境」や「身体」に関する記述にはほぼ確実に真実であろうと推測できる内容がたくさん現れる。第二のレベルは「容易に推測できること」である。SCT評価では評価者は第二のレベルの推測を中心にパーソナリティ像を形づくっていくことになる。第三のレベルは「うがって深読みすればいえること」である。このレベルの推測がうまくいくと気持ちがよい。しかし，評価の過程で，深読みした内容をいつの間にか真実のように取り扱ってしまうようになることがよく起こる。これは評価をゆがめる結果となり，要注意である。

⑦ 書かれた状況や書き手のもつ倫理観などによっても，SCTの内容は変化する。そういう意味では，書き言葉はパーソナリティがそのまま表出される一次過程ではなく，パーソナリティの二次過程的投影といえる。例えば，就職試験で書いたSCTは自分を売り込むことが主眼となり，友だちに頼まれて書いたSCTよりもH，特にGが高くなりがちである。また，ときにはウソもまじるし，社会通念に外れた内容は書きにくい。

⑧　SCTの反応文に現れる言葉は，「書き手」がもっている，その言葉の意味にもとづいて書かれているものである。「読み手」のもつ意味で解釈しても意味がない。例えば「私はよく笑っているといわれる」と書いてあっても，明朗な人かどうかはわからない。エネルギーのない人やdiff.のあまり高くない人のなかには，人がよさそうに笑っているように見える人もいる。自分の弱さを隠すためにお追従笑いをする人もいる。

⑨　一つひとつの言葉にこだわって評価するよりも，全体的な印象，トータル・パーソナリティに関する印象を重視した方がよい。筆跡も重要な判断基準となる。

⑩　しかし，「おや？」と思う反応を見逃さないようにすることも重要である。それまでの仮説からはみ出す反応があったら，はじめに戻って読み直した方がよい。

⑪　2回以上出てくる反応語には留意すべきである。書き手のパーソナリティの中心領域にあるものの可能性が高い。

⑫　diff.やGHN，secu.は，善し悪し（高い低い）の価値がつきまとう項目である。それに対して，気質は，SもZもEもよいところと悪いところをもっており，価値の善し悪しはない。どうも人間は価値判断をともなう側面の方が対人認知が容易になるようで，評価者が最初に読めるようになるのはdiff.であることが多い。次がGHNやsecu.である。気質はもっとも評価が難しいようである。

⑬　「環境」情報から固定観念をもたない方がよい。一流企業や一流大学に所属していても「能力」や「性格」は人さまざまである。社会経済状態が悪くても，「性格」が悪くなるかどうかはわからない。

⑭　現実の行動と，願望や努力目標を区別することは大切である。結構なお題目は唱えるが，現実の生活がついていかない人間はたくさんいる。

⑮　SCTの内容を概観すると，Eは「説明的・社会通念的・文章量が多い・かたい」といった特徴を，Sは「抽象的・斜に構える・客観的・説明しない・冷たい」といった特徴を，Zは「言い切る・現実的・状況依存的・飲食の記述」といった特徴をそれぞれもっていることが多い。

⑯　用紙がすべて字で埋まっているようなSCTは，書き手がEである可能性が高い。逆に文章量が少ないのは，diff.が低い場合，テスト拒否，あるいは，ZやSの場合が多い。

⑰　表1-5にあるように，エネルギーが高いのはE，低いのはSの可能性が高い。Zはその中間である。

⑱　秘密めかした書き方や強く華美な言葉に留意する。概して，これはHのサインである。

⑲　一般に，SCT評価初心者には，少しHが入っている場合に典型的なZやEにみえるようである。逆にSの場合には，少しNが入っていると典型的にみえるようである。HやNは気質に彩りを添えるものといわれているが，例えば，SとSHとSNでは文字どおりタイプが違うと考えた方がよい。ZやEの場合も同様である。また，それぞれ共通点をもっているせいか，ZとH，SとN，EHとZは間違いやすい。

⑳　HとNがともに高いHNは，「屈折，劣等感と自信の共存，依存と不信の共存，かたさ」

㉑ 内面性が豊かにみえるのはSだけではない。diff. が高い場合，Hが高い場合にも，そうみえることがある。

㉒ 面接とSCTとでは，感度の差がみられる。diff. やH，意欲の判別感度はSCTの方がよいようである。

㉓ グループの成員全員にSCTを書いてもらうと，半数はほとんど身辺雑記的な同じような内容のものになることが多い。残りの半数の中におもしろいSCTが混じっていることが多い。

㉔ 字のきれいさや文章量の多さと，diff. との相関はあまりない。

㉕ Hが強くみえないSCTや，実際の活躍が読めないなど，実像をあまり反映しないSCTもありえる。

㉖ 最後に，もっとも重要なことであるが，SCTによるパーソナリティの把握に，本来マニュアルはない。マニュアルのないことがSCTの特徴であるともいえる。「Aと書いてあればBという特性をもっている」と決めつけることはできない。人間は人それぞれ，広大な幅と奥行きと深さをもつパーソナリティを有しており，個人差が大きい。何らかの基準に当てはめ，マニュアル化して語れるようなものではない。そうした幅広いパーソナリティを生きた形でとらえるためには，直接本人と体験を共有し，共感し，理解していくことが重要である。

第6節　産業分野におけるSCTの活用

　産業分野では，SCTは採用や管理職登用などに際して用いられることが多い。SCTは人事評価やヒューマン・アセスメントの妥当性を検証する道具として用いられることも多い。人事評価やヒューマン・アセスメントのデータがSCTによるパーソナリティ把握と一致すれば，それはパーソナリティ理論に照らして，科学的に妥当性のある結果と認められたことになる。実際，そうした目的でSCTを採用する企業が年々増えている。

　また，従業員は，採用，あるいは入社後数年の時点では，まだ企業の制度的・文化的側面についてあまり理解や知識がない。そのような時点では，従業員の成果・業績や業務行動，それを裏づける業務能力に焦点を当てるよりも，潜在的な素質や能力，パーソナリティに焦点を当てる方が，将来の業務成果を正しく予測することができる可能性がある。SCTを用いて複雑な個人のトータル・パーソナリティを把握することによって，そこから成長・派生する多様な業務能力や業務行動，業務成果の比較的早期の推測につなげることができる。

　近年，面接で尋ねることが難しくなってきた生活環境・生活史に関する情報を把握するきっかけとして，適性検査の意味でSCTを活用する企業も増えている。

　さらに，アセスメントだけではなく，その心理臨床面の特徴を活用して，SCTをメンタルヘルスに利用しようとする企業も増えている。

　真に有能な人材は，単に知能が高く学校の成績がよい人物とは異なることも多い。SCTは，「自

己・他者・状況認知の客観性」「柔軟な思考」「時間的・空間的見通しの広さや洞察力」「組織のなかで期待される役割の認知・理解」「ヒューマン・スキル」「創造性」「発想力」「情緒安定性」などの諸側面を柔らかく浮き彫りにする道具である。

　評価を目的とする面接では，被面接者は自分の評価を高めようと努力する。それがうまくできるのはH（G）の高い人・Sでない人に多い。企業の面接では，しばしばHの高い人の評価は高くなりがちであり，Sの人の評価は低くなりがちである。SCTと面接の評価結果が相違するケースにはこうした場合が多い。

　また，SCTの記入に際して制限時間を設けている企業が多い。しかし，「制限時間内に書ききれない人は能力が足りない」と評価するよりも，できるだけ多くの情報を得るためにSCTを書ききってもらい，その内容を評価する方が適切である。能力はSCTの反応から推測可能である。書き手には70～90分の時間を与えることが望ましい。

第7節　臨床・教育分野におけるSCTの活用

　SCTは，病院，クリニック，相談機関，各種施設，大学，高等学校，中学校などでも活用されている。SCTの反応文を読むと，主訴とは異なる根本的な問題や，幅広い環境や生育歴に関する問題が浮き彫りになることも多い。また，SCTに一度書いた内容は，それについて質問すると容易に話してくれることが多い。

　SCTを，インテーク面接の待ち時間あるいは面接終了後次回までに書いてもらうと，時間が節約できる。しかし，病者，障がい者や子どもについては，SCT施行の是非を慎重に検討すべきである。また，施行の際には，SCT記入時の行動や態度を観察し，記入後，いわゆる「吟味段階」の，「これはどういう意味？」「どうしてこう書いたの？」といった，SCTの内容をからめた面接を行うと，よりパーソナリティの理解が深まる可能性が増すことも多い。

　学校では，不適応行動の早期発見・予防のためのスクリーニング・テストとして利用されることもある。必要があれば，学生相談室や保健室の個人面接・指導に結びつけていくことも可能である。さらに，生徒の自己理解を促したり，生徒の心の内面を把握することもできるため，生徒指導，進路指導の道具としても適している。

　相談・治療機関では，テスト・バッテリーに組み込んで，インテーク面接や診断面接時に利用されているが，最近では，治療過程に積極的に組み込んで，クライアントの洞察を促すための治療技法としても利用されている。なお，社会保険診療報酬点数（点数基準）はD284（2）：280点である。

文献

槇田　仁・佐野勝男・櫃田紋子・西村麻由美　2000　価値興味検査―Dosefuグループ・テスト―手引　金子書房

宮城音弥　1960　性格　岩波書店（岩波新書）

第II部
企業・人事組織現場における活用（1）
　　横断的研究

第2章　管理職登用における活用
―人材評価研修におけるSCTの位置づけ―

はじめに

　変化が非常に激しく環境が厳しい現代において，あらゆる経営資源のなかで企業にとってもっとも重要なのは人材である。すべての経営資源は，人を通じて活用されるからである。

　しかし，その人材を個々の特性に注目し，それにもとづいて活用・育成することはなかなか難しい。まず，どのような資質をもった人材が企業の発展に寄与するのか，そして個人の特性をどのように見極めるのか，さらに見極めた特性のどの側面が企業の発展に寄与する人材としての要件に合致しているのかなどを整合させなければならないからである。

　ここでは，どのような人材を求めて，どのような方法で人材評価を行い，どのように活用・育成につなげていくことが効果的なのか，事例の紹介を含めながら考察した。そのなかで，SCTが人材評価にどのように活用できるかについて，その特徴と人材評価における位置づけなどについてまとめてみた。

　本章の要旨は以下のとおりである。

　SCTの評価項目ごとの結果と実際の企業の人材選考結果との比較検討の結果，以下の結論を得た。

① 求める人材像に合致した人材を選考するためには，SCT手法は一定の信頼のおける有効なツールである。現在企業が求める人材像に合致する人材を選考する場合，SCTの符号評価項目のうち，特に，secu., diff. は有効性が高い
② SCTは人材評価研修で利用・適用される各手法のなかでは，補完的・補助的ツールとして位置づけられるものである
③ SCTを人材評価研修の手法として利用するためには，評価者の育成，目的との整合性などいくつかの課題がある

　本考察は，以下の流れに沿って行った。

① 人材評価の目的と方法
② 求める人材の条件
③ 人材評価研修の実態（A社の事例）
④ 人材評価（人材評価研修）の妥当性

⑤　「人材条件」とSCT符号評価項目との関連性・有効性の検証

⑥　人材評価研修におけるSCTの活用

⑦　SCTに関する個別の事例

⑧　まとめ

第1節　人材の見極めと育成

1．人材評価の目的と方法

　本章で前提とする目的は，企業の永続的発展に寄与する人材の見極めであり，育成である。

　そのためには，どのような人材が時代に適合しているのかを明確にしておかなければならない。また，実際の評価にあたっては，対象に対し最終的に期待する階層（部門トップなのか全社的経営者なのか）や職種（専門職的なものか組織運営者なのか）をあらかじめ想定することも重要であろう。

　目的によって，方法もある程度決まってくる。組織運営のための人事処遇制度の一部として，処遇・育成するためのいわゆる人事考課（昇給考課・賞与考課など）は，全社的に手順を決めて定期に行うことが必要であるが，本考察で対象としている評価は，仕事を通じて行うのか，off-the-jobで行うのか，さらに誰が行うのかなどいくつかの選択肢がある。

　ここでは，以下の前提で論を進めていきたい。

1）　人材評価の目的
　　①　職場組織のリーダー（階層上のリーダーおよび実質的リーダー）適任者の選考，育成
　　②　上記を通じた組織風土の醸成
　　＊②については，副次的なものではあるが，非常に重要であると考えるので，あえて挙げておきたい

2）　方　　法
　集合研修による人材評価。以下，人材評価研修と呼ぶ。

2．求める人材の条件

　人材を評価するにあたって，どのような人材を求めるべきかを明確にすることが必要である。

　IT技術が劇的に進歩し，情報が瞬時に世界を駆けめぐり，世界経済そして個々の企業活動に大きな影響を与えている現在，企業の発展に寄与する人材とはどのようなものであろうか。

　未曾有の先のみえない経済状況・世界状況のなかで，企業を発展させる人材の基本的素養という観点からは，ボーダーレス経済に対応できる人材すなわちグローバルな人材であることが，まず条件にあげられる。

また，現代は人間がいまだかつて経験したことのない世界であるから，新しい発想で新しいことを考え出す能力も求められる。ハイコンセプトな人材である。

さらに，スキル面では，現象や情報を統合して考えるための能力が必要である。このような観点は，これまでは企業内教育も含めて，とりわけ学校教育では重点がおかれていなかったのではないか。

上記の観点から，求める人材の条件をまとめてみると，次のようになる。

① グローバルな人材であること
　・異なる文化，価値観を，包容力をもって受け止める姿勢と能力があること
　・異なる考え方や主義，宗教を理解し受け止めることができること
　・価値観の異なる人たちに公平に接することができること
　そのうえで，文化，価値観，主義，感性，宗教などが自分と異なる人に対し，
　・適切にコミュニケーションがとれること
　・自分なりの価値観をもっており，それを明確に伝達できること
② 新しい発想で考える人材であること
　・左脳的センス，直感など右脳的センスをバランスよくもっていること
　・先入観や常識，前例などにとらわれないこと
　・芸術的感性が鋭いこと
③ ベースとなる高度な知識・スキルを有していること
＊上記でまとめた，求める人材の条件を，今後，「人材条件」と表現する。

3．人材評価研修の実態（A社の事例）

ここでは，A社を事例として取り上げ，考察を進めることとする。

A社は，管理職任用の条件として管理職候補者に人材評価研修の受講を義務づけている。したがって，人材評価研修を受講する時点ですでに選抜されており，受講者の動機づけがされている。そのため，受講者のモチベーション・緊張感は高い。

1）A社における人材評価研修の位置づけと目的
　① 一般職から管理職への任用申請の必要条件
　② リーダーシップ行動の振り返りと行動改革

2）A社の人材評価研修のスケジュール
　A社の人材評価研修のスケジュールは，図2-1のとおりである。

3）コンテンツ
　人材評価研修におけるおもなセッションの内容（コンテンツ）は，以下のようなものである。

		8:00	9:00	10:00	11:00	12:00	13:00	14:00	15:00	16:00	17:00	18:00	19:00	20:00	21:00	22:00	23:00
1日目 （　曜日）	朝食		8:30	オリエンテーション	挨拶	指向性調査	SCT	昼食	創造性テスト	能力検査 適性検査		ブロック・シミュレーション		夕食	インバスケット・テスト			
2日目 （　曜日）	朝食			役割討議				昼食	インシデント・プロセス				夕食	リーダーシップ解説	個人研究Ⅰ			
3日目 （　曜日）	朝食			個人研究・グループ討議Ⅰ				昼食					夕食	指向性解説	個人研究Ⅱ			
4日目 （　曜日）	朝食			個人研究・グループ討議Ⅱ			昼食	個人研究Ⅲ 職場へのフィードバック	終了ミーティング	※状況により，変更する場合あり							

図2-1　A社の人材評価研修スケジュール

① 指向性調査：質問紙式によるテストで個人の行動の特徴を明らかにするもの
② SCT
③ 創造性テスト：おもに創案力，柔軟な思考などの力をみる質問紙によるテスト
④ 能力検査・適性検査：管理者としての能力，適性を測る検査
⑤ ブロック・シミュレーション：作業をともなうグループ演習
⑥ インバスケット・テスト：一定時間内に与えられた案件を個人で処理するもの
⑦ 役割討議：リーダーレス討議
⑧ インシデント・プロセス：与えられたインシデント（できごと）から現状分析・原因把握・目標設定・施策の立案などを個人で行う
⑨ 個人研究Ⅰ～グループ討議Ⅰ～個人研究Ⅱ～グループ討議Ⅱ：個人のリーダーシップの現状を把握し行動改革を進める個人研究の結論をグループ討議で検討・検証し，相互にフィードバックする

また，評価の材料として，以下の事前調査も行い，研修期間中の観察や課題に対するアウトプットとあわせて参考にする。

4）事前調査
　① 本人のリーダーシップに関する360度評価（上記⑨のセッションの材料）
　② 職場からのアドバイス（⑨のセッションの材料）
　③ 事前に行う性格検査　　　　　　　　　　　　　　　など

5） 評価の材料

評価の材料は，研修期間中に行われるセッションすべてである。検査などの結果，個人で行う課題処理の結果の分析を行い，それぞれのセッションでの行動，発言，取り組み姿勢などを観察する。

行動観察の結果や課題に対する回答の分析は，観察・評価項目であるディメンションごとに，5段階評価（1～5）の数値としてまとめられる。

6） ディメンション（一部）
①　自己認識力／自己主張／イニシアチブ／支配性／動機づけ／対人感受性など《ヒューマン・スキル》
②　理解力／分析力／論理的思考力／企画力／洞察力／柔軟な思考力／独自性など《コンセプチュアル・スキル》
③　口頭表現力／文章表現力／共感態度／動作など《コミュニケーション・スキル》
④　責任感／行動力／決断力／持続力など《実行力・バイタリティ》
⑤　状況判断／先見性／自信／注意力／自信など《その他》

ディメンションごとの評価は，「ヒューマン・スキル」「コンセプチュアル・スキル」「コミュニケーション・スキル」「実行力・バイタリティ」「その他」の5つのスキル区分に分類・構成し，まとめて評価する（評点のまとめ）。

最終的には，各スキルの評点とその評点の根拠を文章でまとめ，それを評価の結果表に記載する。これを用いて，受講者の上長を通じて個々にフィードバックする。

4．人材評価研修の結果の妥当性

人材評価研修の結果の妥当性について考察する。妥当性をおもに次の2つの側面から考えてみたい。

①　評価の結果が，その後のパフォーマンス発揮と相関があるか？　換言すれば，人材評価研修の結果を，その後の人材登用の資料・要素として活用することに妥当性・信頼性があるか？
②　人材評価の結果およびそのフィードバックが，本人の能力開発，行動改革に有効であるか？

1） A社の事例の検証

結果の信頼性について，A社の事例を検証してみる。人材評価研修修了者約1,000名のなかからハイパフォーマー47名を抽出し，それ以外の修了者とデータを比較した。ハイパフォーマーは，人材評価研修後の能力発揮・業績の高低の度合い，昇格の年齢，昇格までの期間の長短について基準を設けて抽出した。なお，人材評価研修後の管理職任用にあたっては，本データを基準にしてい

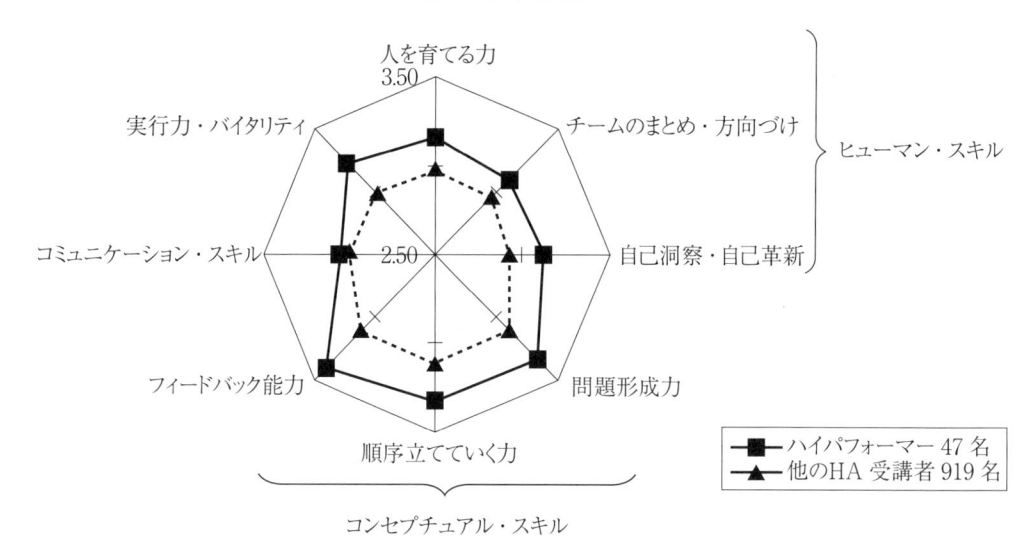

図2-2 人材評価スキル評点の平均比較

るわけではないことを付記しておきたい(すなわち,結果としてデータとの相関があるかが検証できる,ということである)。

42項目のディメンションのうち,41項目のディメンションについてハイパフォーマーが上回っている。さらに,そのうち18項目については,有意差が認められる。有意差が認められるおもな項目は以下のとおりである。

① ヒューマン・スキル:ストレス耐性／自己主張／イニシアチブ
② コンセプチュアル・スキル:理解力／分析力／論理的思考力／企画力／洞察力／柔軟な思考力
③ その他:決断力／行動力／オープンネス／自信／情報収集力

スキル別に比較した結果は,図2-2のとおりとなった。

これらの結果からわかるとおり,ほぼすべての側面で,ハイパフォーマーが上回っている。すなわち,A社の人材評価研修の結果には信頼性があり,その後,各施策実行において活用できることを示している。

ただ,コミュニケーション・スキルについてのみ差が現れていないことは,注目すべき点である。マネジメント・スキルあるいはリーダーシップの向上・発揮に非常に重要な側面であると考えられるからである。日常的観察によるとハイパフォーマーとそれ以外には差があると感じられるが,人材評価研修の結果としては現れない。この辺りに,人材評価研修の限界がある。

これには以下の理由が考えられる。人材評価研修で評価するコミュニケーション・スキルは,おもに口頭表現力,文章表現力,傾聴の姿勢などから判断しており,表面的なスキルに偏っている。一方で,現実の場面でコミュニケーション・スキルを発揮するためには,あるいは発揮している状

態とは，ビジョンを明確に熱意をもって伝えることや，周囲の感情を読み取り適切に対応する，周囲の個々の特性によって対応を変える，などの行動が必要である。

5．「人材条件」とSCT符号評価項目との関連性・有効性の検証

　第1節　2．に「人材条件」としてあげた項目は，著者なりにもった仮説であるが，はたしてこのような人材が本当に企業から求められているのか，またそういう人材が選考できているのか，活躍しているのか，検証を通じて合わせて「人材条件」が妥当であるかも検証してみたい。そのうえで，本項においてはSCTとの関連を考える。

1）　検証の対象

　SCTとの関連を考察すること，および企業風土とリーダーとなるべき人材像との関係もあわせて考察するため，第1節　4．で取り扱った群とは異なる群を対象とする。人材評価研修の時期が前の群より最近のもの（200X年～200X＋4年）であり，SCT評価が整理されている群である。この群は，A社が他の企業と経営統合した後に人材評価研修を受講している。

　評価対象者数は488名。対象期間中の人材評価研修受講者全員である。この対象の人材評価研修におけるSCTを含む各種テストの結果と，研修等における行動観察，演習課題などの処理の評価をまとめたものが，表2-1である。

　ここでは，その後，管理職に任用された層とそうではない層に分けて比較した。また，経営統合前の所属会社により，A群とB群とに分けた比較も行っている。

　なお，経営統合後のA社のプロフィールは，以下のとおりである。

　① 業　種：製造業
　② 従業員数：連結　約30,000人（うち海外約20,000人）

　表2-1についての考察に入る前に，表の評価項目について，その内容や意味を確認しておきたい。

2）　評価項目について
　① 知能テスト：知的能力テストの点数
　② SCTによる符号評価：結果は点数ではなく符号で表されるが，本考察にあたっては点数化した（1～13点）
　③ 研修時行動観察・成果物による評価：おもに，研修時における受講者の行動観察，課題への取り組み姿勢，研修の各課題への回答内容などによる評価（1～5点）
　④ 性格検査：質問紙式性格検査の結果

34　第Ⅱ部　企業・人事組織現場における活用(1)横断的研究

表2-1　人材評価項目別評点比較

区分		人数	知能テスト			SCTによる評価						研修時行動観察・成果物による評価				性格検査	
			知的能力	diff.数値	G数値	H数値	N数値	意欲数値	ener.数値	secu.数値	ヒューマン・スキル	コンセプチュアル・スキル	コミュニケーション・スキル	実行力・バイタリティ	達成意欲	活動意欲
①管理職		228	58.71	6.37	5.38	5.74	2.24	5.66	5.49	3.46	3.00	3.02	3.01	3.03	54.55	52.35
	標準偏差		8.02	2.58	3.24	3.17	2.17	2.82	2.68	2.55	0.100	0.126	0.124	0.151	10.28	9.89
②一般		260	58.15	5.91	4.69	5.28	2.62	4.70	4.76	2.62	2.95	2.96	3.00	2.97	51.67	49.20
	標準偏差		8.62	2.44	3.27	3.14	2.64	2.82	2.78	2.63	0.127	0.137	0.124	0.171	11.10	10.22
計		488														
t検定結果(①②間)			×	○	○	×	×	◎	◎	◎	◎	◎	×	◎	◎	◎
③A群		301	58.15	6.19	4.83	5.30	2.53	5.07	5.05	3.10	2.98	3.00	3.01	3.00	52.73	50.35
	標準偏差		7.91	2.50	3.11	3.15	2.42	2.81	2.68	2.64	0.119	0.134	0.131	0.156	10.19	10.14
④B群		187	58.83	6.00	5.30	5.81	2.30	5.28	5.18	2.87	2.97	2.98	3.00	2.99	53.47	51.19
	標準偏差		9.01	2.53	3.49	3.15	2.46	2.93	2.87	2.60	0.115	0.136	0.111	0.178	11.75	10.26
計		488														
t検定結果(③④間)			×	×	×	×	×	×	×	×	×	×	×	×	×	×

＊検定結果の見方　×……差があるとはいえない
　　　　　　　　　○……有意水準1％では差があるとはいえないが、有意水準5％では差がある
　　　　　　　　　◎……有意水準1％で差がある

3）評価項目とSCT評価との関連についての考察

もっとも注目したいのは，管理職に昇格した群とそうでない群に，いわゆるIQや一般的知識といった，これまでの学校教育で重視されてきた知的能力面での差異が認められないことである。すなわち，一般的に評価されるような"頭の良さ"は，あまり要素として重要でないようにみえる。

しかし，これは今回考察した対象がすでに選抜された集団であることを考慮すると，知的能力は前提として当然必要であるが，これまでも重視された高い知的能力に加えて，別の要素がより重要になってきたと考えるのが妥当であろう。

一方で，diff. およびsecu. の数値には有意差がある。これらの傾向は，前述した「グローバルな人材」「新しい発想で考える人材」に合致している，と考えられる。つまり，実際に現在の企業で活躍している，または活躍が期待される人材像は，「人材条件」にほぼ合っている。

その他，G，意欲，ener.，ヒューマン・スキル，コンセプチュアル・スキル，実行力・バイタリティ，達成意欲，活動意欲についても有意差があるが，これらもうなずけるものである。

コミュニケーション・スキルに有意差がないことに関しては，すでに第1節 4．で考察し述べた。人材評価研修での評価の限界を表している。

総じて，知的能力はベースとして当然必要であるが，今後ハイパフォーマーとして期待する人材の選考にあたっては，SCTにおける，secu.，diff. といった項目が大きく影響するし，重視すべきであることを示唆していると考えられる。

また，経営統合前の出身企業別群（表2-1のA群・B群）の間には，ほとんど有意差は認められない。これは，求められる人材が企業や企業風土によって大きな差異はない，ということを意味していると考えられる。すなわち，SCTを含めた人材評価研修の手法は，ある程度汎用的に用いることができるということである。

ここで，「人材条件」との関連性について，改めて確認しておきたい。「人材条件」として，以下の3つをあげた。

① グローバルな人材であること
② 新しい発想で考える人材であること
③ ベースとなる高度な知識・スキルを有していること

このなかで，①と②については，その項目の定義から考えてSCTのsecu.，diff.（特にsecu.）との関連性が強いと考えられる。そのうえで，表2-1における分析・考察からもその関連性が証明されているから，SCTの特にsecu.，diff. の2項目は，評価にあたって重視すべき項目となりうると考えられる。

「人材条件」③については，そもそも本稿で考察している人材評価研修の手法はなじまない。すなわち，知的能力は一般的な（IQ的な）頭のよさであり，これは前提条件として必要とはなるが，それ以上の時代に合った「人材条件」に適する人材の選考にあたっては不十分であり，要求される専門性の評価には使えないということである。

第2節　人材評価研修におけるSCTの活用

これまで考察してきたとおり，最初に仮説として掲げた「人材条件」は一定の妥当性があり，この「人材条件」に適合する人材の選考にあたって，本稿で取り上げている形式の人材評価研修は，一定の効果が認められる。

人材評価研修で採用される各種の手法・コンテンツのなかで，SCTは行動観察・課題解決の結果分析にもとづく評価と並んで，有効なものとして位置づけられる。

特に，以下のような項目に，採用するメリットが感じられる。

① 集合研修の場面では，受講者は一種非日常的な状況にあるため，行動観察などだけでは正しい本人の特徴を把握できない場合がある
② 研修現場での行動観察によるコミュニケーション・スキルの把握は，表面的にならざるを得ず，正しく評価できないという人材評価研修手法の限界に対して，ある程度補完することができる
③ 第三者による評価が可能であるため，現場での行動観察の印象に拘泥されることなく，客観的な評価ができる

ただし，以下の理由から，SCTに重点をおきすぎることは危険である。あくまで，行動観察・課題解決の結果分析など他の評価要素と同等または補完的位置づけとして取り扱うのが妥当である。

① SCTは投影法による検査手法であるため，評価者の能力・習熟度によって評価の信頼度がかなりの幅をもって変わりうる
② SCTはそもそも心理測定のために生まれた手法であり，「人材条件」に適合するか否かの判断に関しては，唯一絶対的指標としては限界がある

第3節　SCT結果に関する個別の事例

ここでは，特徴的な3名の受講者ケース（評価・分析結果のみ）を示して，本稿の補足としたい。

1．ケースA

【受講者の特徴】
2種類の性格検査（SCT以外）の双方の結果として「自分をよくみせようとする傾向がある」とのコメントがあり，本人の特徴を示唆する非常に珍しいケース。

【データ】

　　　　評点：ヒューマン・スキル　　　　2.95
　　　　　　　コンセプチュアル・スキル　　3.10
　　　　　　　コミュニケーション・スキル　2.92
　　　　　　　実行力・バイタリティ　　　　3.15
　　　　SCT：type……Ehn
　　　　　　　diff.……＋
　　　　　　　secu.……〜＋

【総合評価】
　たいへんな努力家で，頭の切れよく，理屈，弁は立つ方である。役割の遂行面でも真面目である。今後さらに優れたリーダーとして成長していくためには，どこがポイントか，本人なりに今回の研修で十分頭で理解されたことと思われる。今後の改善は本人の努力次第であろう。ただ1つ，頭の切れる本人がなぜこの研修にくるまで，その改善点に気づけなかったかである。余裕あるかのようなケース・スタディの処理，また性格検査での特記コメントなど，なぜこれほどまでに自分をよくみせようとするのか。一面では自分の成長をかりたてる頑張り，努力の源泉なのであろうが，10代，20代の考え，受止め方で自分自身の思考を決めているのではないか。ぜひ今回得たであろう気づきを大切に，これを頭での理解から行動に移して，当社の将来を担う人間的にスケールの大きなリーダーへの成長をぜひとも願いたい。

【SCTコメント】
　学力的知能も精神的分化度もそこそこ高いが，やや固く，まるで道徳という鎧を着て歩いているようにみえる。自分としては，いかに知的に優れモラルに忠実に生きているかを全身で表現しようとしているが，背伸びしすぎて足が伸びきって，押すと倒れそうな感じである。"頼られ信頼される人""ハンサム"をモットーにキザな生き方を大きなエネルギーで続けているが，いかにも思考の狭さを感じる。

【考　察】
　行動評価，成果物の分析にもとづく総合評価とSCTのコメントが合致している。個人に対するフィードバックを，SCTコメントを参考にしながら行った。

2．ケースB

【受講者の特徴】
　研修時の行動において，常に講師に食ってかかる強い行動がみられた。その際，合理的でない理屈を述べる。言動の端々に，上司や権力に対抗しようという攻撃性のようなものが感じられた。一方，職場の同僚などの評価は高く，部下に対してもフランクに親身に接するなど，職場では攻撃性はまったく感じられない。

【データ】
　　　　評点：ヒューマン・スキル　　　　2.84
　　　　　　　コンセプチュアルス・キル　　2.97

```
            コミュニケーション・スキル    2.75
            実行力・バイタリティ        3.20
    SCT：type……SeHn
         diff.……±～
         secu.……～±
```

【行動観察における特記事項】

　自我意識が非常に強い。そのこと自体は悪いことではないが，関心の範囲が自分の殻に閉じこもっている印象が強く感じられる。そのため，本研修の意義や位置づけを理解し，自覚して素直に受け容れることができなかった面がある。また，自己の存在を常に確認しないと安心できず，それがときに攻撃的になったり高圧的になったり，あるいは親和的になったりと，対象や状況によって態度が変わることにつながっているのではないか。もう少し，肩の力を抜いてもよいのでは。

【SCT コメント】

　偽悪ぶっているところが，ところどころにみられる。権力や型にはめられることに抵抗を感じている。自分中心のところ大。社会通念や常識に反発して，言いたいことを言ってしまうようである。(略) ここまで書くのは，組織の代表として不満をぶつけている。嫌味を言ってしまい，敵も多い人かもしれない。真意をあまり言わない。職場の不満で荒れ狂っている印象。要は未成熟で，駄々っ子さがストレートに出ていて，まったく反省がみられない。

【考　察】

　本人の研修場面での行動特徴は，まさに SCT コメントおよび SCT の各項目の評価そのものである。一方，職場からはそのような特徴は報告されていない。研修場面での行動特徴と職場からの報告内容にギャップがあり，SCT 以外の性格検査でも，特にこのような特徴は現れていなかった。それだけに，研修場面での行動を裏づけるものとして，また職場および本人にフィードバックするために，SCT の分析およびコメントはよい材料となった。

3．ケース C

【受講者の特徴】

　本人が課題を発表するセッションを除き，討議などの研修全体を通じて，一切発言することはなかった。これは，管理職候補者の研修としてはきわめて珍しいことである。研修での他者との交流を通じて，自信のなさや劣等感を強く感じた様子であった。

【データ】

```
    評点：ヒューマン・スキル         2.70
         コンセプチュアル・スキル     2.85
         コミュニケーション・スキル    3.00
         実行力・バイタリティ        2.60
    ＊コミュニケーション・スキルを除いて，各評点ともかなり低い。コミュニケーショ
     ン・スキルが標準点であるのは，このような特異な事例に対する本研修における評価
```

手法の限界を示している。

＊事前の性格検査では，内向性・自責性・敏感性はきわめて強く，達成意欲・身体活動性はきわめて低い。

SCT：type……Ehn
　　　 diff.……±〜+
　　　 secu.……±

【SCTコメント】

覇気，バイタリティともに乏しい。「男は仕事に忙しく辛い」と言っているが，仕事へのエネルギーが足りず，融通も利かず，仕事への意欲が表に出ていない。また，対人関係も難しいと思っている。

【考　察】

研修後，本人から人事担当者へメールが届いた。その内容は，非常に悲観的でメンタル不全を起こしていることがうかがえるようなものであった。早速，社内の産業カウンセラーが面談するという対策を講じた。SCTの分析・評価から，その後の状況を予測しうる要素・傾向は感じられたが，その程度（レベル）に対する評価は，行動観察の結果とは異なるものであった。すなわち，SCTの分析結果は参考にはできたが，十分ではなかったということである。しかし，参考情報・補足情報として，その後の本人への対応（カウンセリング）に活用することはできた。

おわりに

本考察では，事例の検証を通じて，SCTが補足的ではあるが人材選考や人材育成に対して有効な手法であることが確認できた。

一方で，人材評価研修におけるSCT活用上の課題として，以下のような項目も認識された。

① 能力が高く習熟した評価者の確保，また育成
② 複数の評価者による評価の場合は，評価者間のレベルの調整と擦り合わせの実施
③ SCT実施目的の徹底とそれによるコメントの内容の統一（記載要件など）

これらの考察の結果を参考にして，今後ともSCT手法とその結果を，企業の人材選考，人材育成施策の検討の有効な手段，材料として活用してもらいたいと考える。

第3章　新卒採用における活用
―SCTからみた早期離職者の3タイプ―

第1節　新卒者をめぐる状況

1．社会的背景

　若者雇用関連データ（厚生労働省ホームページ，2010）によると，入社3年以内の離職率は，1990年代後半以降ほぼ横ばいで推移している。2007年3月卒業者では中学卒業者で65.0％，高校卒業者で40.4％，大学卒業者で31.1％と引き続き高い水準にある（図3-1）。バブル経済崩壊のときとここ3年ほどに若干低下したとはいえ，いわゆる「七五三現象」が続いている。大卒新規就職者の離職状況をみると，2007年度は1年以内が約13％，2年目が約10％，3年目が約8％となっている（図3-2）。企業規模別にみると，2004年3月卒業者の3年以内の離職率は，従業員数100～499人規模では，中学校卒業者が73.9％，高等学校卒業者が46.8％，大学卒業者が36.8％で，従業員数1,000人以上規模ではそれぞれ15.0％，35.0％，27.2％となっており，規模が大きいほ

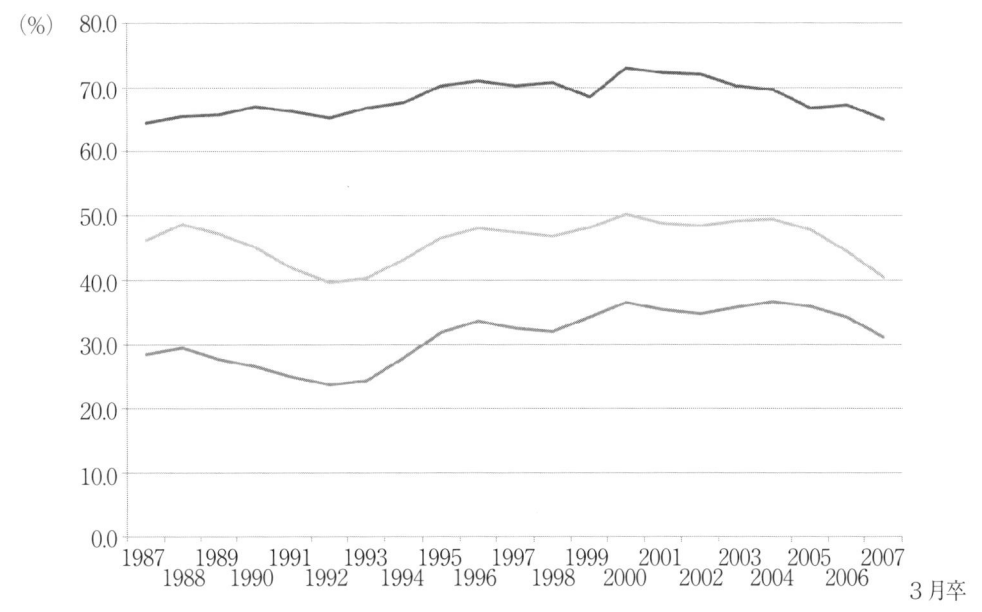

図3-1　「若者雇用関連データ」による新規学卒者の3年目までの離職者の推移―最終学歴別
■中学卒，■高校卒，■大学卒
（厚生労働省ホームページ（2010）より）

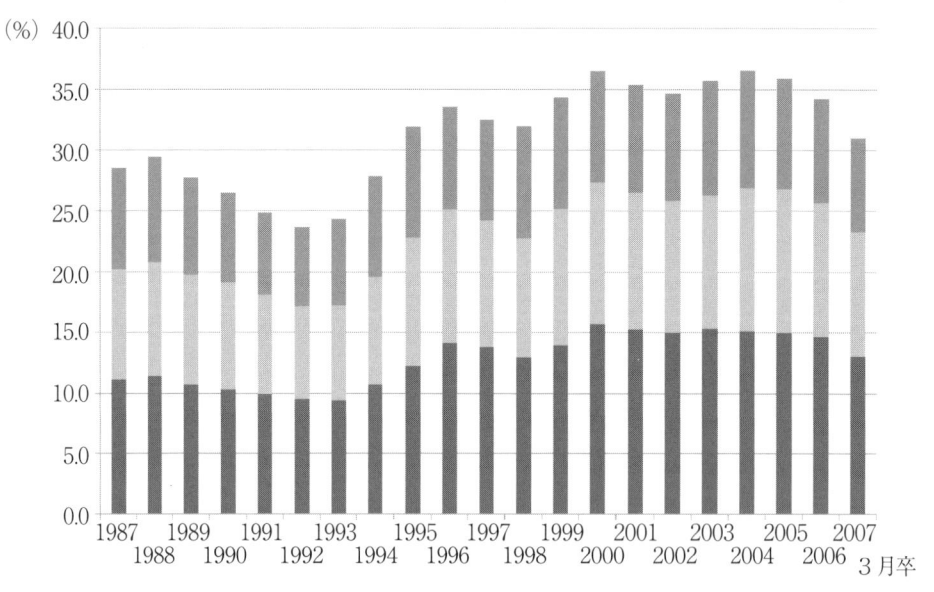

図3-2 「若者雇用関連データ」による新規大学卒就職者の3年以内の離職率の推移

■ 3年目, ■ 2年目, ■ 1年目

(厚生労働省ホームページ (2010) より)

ど低めとなっている。(労政時報, 2008)。各種メディアの伝えるところによると, サブプライムローン問題に端を発した 2008 年 9 月にアメリカ・リーマンブラザース証券の経営破綻を受けて, 世界的に株価が乱高下し, 円高の影響で一気にわが国の国内経済も悪化をたどっている。工場の海外移転を本格化させる動きが加速しており, 多くの企業で新卒採用者数はさらに控えられてきた。そのため, 就活時期にある学生は混乱をきたし, 当初希望していた就職地域を拡大し, 業種や職務内容も変更して「とにかく内定を取る」ことに焦らざるを得なくなっている。

実際, 2009 年度採用内定を受けていた新卒採用予定者のなかには, その影響で「内定辞退願い」や「内定取り消し」などの通告を受けた学生もいた。2010 年以降も採用状況はさらに悪化しており, 新卒の採用者数を大幅に減らしたり, 採用自体を取り止める企業もある。

そのため新卒者の採用数は減少しており, 就職先が未定の場合は卒業を見送る学生もいるという。卒業してしまうと「既卒者」扱いになり, 次年度の就職活動が不利になることが確実だからである。昨今「第二新卒」という卒業後間もない学生を対象とした労働市場が社会的に認められつつあったが, 新卒者でさえ就職が厳しくなっていることから, 第二新卒市場は消滅へ向かうのではないかともいわれている。企業には「卒業後 3 年以内の既卒者を新卒者とし採用選考するよう」政府の要請が 2010 年 7 月にあったが, 実際に対応している企業は多くはない。学生の内定率はさらに下落傾向にあり, 就職活動が厳しい状況はまだしばらくの間続くだろうと予測されている。

非正規雇用者においてはより事態は深刻で, 一斉解雇や雇用期間の短縮などにより, 失業問題が深刻化している。職を失うと同時に企業から与えられていた住居を失い, 次の職を探すにしても住所が確定していないために転職が難しくなっている。そして, ネットカフェなどを泊まり歩くうち

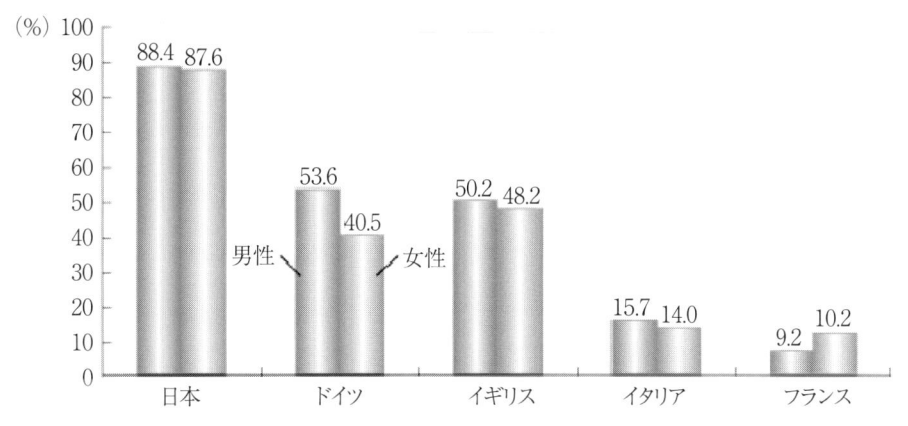

(備考) 1. 独立行政法人労働政策研究・研修機構「日欧の大学と職業—高等教育と職業に関する12カ国比較調査結果」(2001) により作成。
2. 日欧の大学生（日本は, 4年制国公立私立大学（一部大学院）45校106学部の1995年卒業者, 欧州は, 国際的, および各国の国内的に高等教育システムの根幹をなしているとされている学位レベルの「第一学位」を95年中に取得, 調査実施の98, 99年時点で資格取得後3年を経過した者）に対して,「あなたはいつから就職活動を始めましたか」と聞いた問に対する回答。
3. サンプル数は日本が約3,500, 欧州が33,000。

図3-3 卒業前から就職活動をしている者の割合—諸外国との比較—

(内閣府・国民生活白書, 2005より)

に貯蓄が底をつき, 路上生活を余儀なくされる者さえ出ていると各種メディアで報道されている。正規雇用者においても, 企業の収益低下, 赤字への転落が輸出産業を中心に大きくなっているなか, 賞与や賃金のカットが多くの企業で行われ, 現在もこうした動きはさらに加速している。倒産や会社更生法を申請する企業が増加し, さらに正規雇用者・非正規雇用者の減少が加速し, 有効求人倍率の低迷で失業率が増加している。こうした状況は若年者の雇用状況にも大きな影響を与えているのは明らかなことである。

もともと「新卒一括採用」という就業方法は日本では一般的であるが, 他の国々ではあまりみられない制度である（図3-3, 労働政策研究・研修機構, 2007）。諸外国では, 自分に応じた仕事が見つかり, 企業との雇用条件が折り合ったときに就職するのが一般的である。したがって, 就職活動は人それぞれの時期と方法で行われることとなる。誤解を恐れずにいえば「企業に就職する」というよりは,「企業と職務契約を行う」といった方がわかりやすいのかもしれない。ゆえに, 自己の能力と対価である賃金とが折り合わなくなった場合には, 離職を選ぶことはよくあることといえよう。当然, 終身雇用という考えは, 日本よりずっと希薄になる。

ここ数年, 少しずつではあるが, 新卒で就職した企業で定年まで働きたいと考える学生が再び増えつつあるといわれている。正社員と非正規雇用者の賃金格差, ワーキングプアの問題が各種メディアで大きく取り上げられ, 正社員として再雇用されることが困難な社会情勢がさまざまな角度から分析され, 周知されるようになったことも大きいだろう。また, 大企業でも大量解雇や勧奨退職者の募集が行われていることも報じられ, 意識は安定志向になってきているようであるが, 上記

のようにいまだ早期に離職するものは少なくない。

2．学生の就業意識

2010年度卒の大卒就職率（就職希望者に占める就職者の割合）は過去最低で（2000年度と同率），2009年度以降下落している（厚生労働省，2011）。2008年秋以降の景気の急激な悪化のもと，新卒者の就職活動はより激化し，早期化しているといわれる（川上，2008）。実際，「合同説明会への参加者が昨年の数倍になった」「インターネットを通じたエントリーが一斉に集まり，混乱が生じた」という話が企業から出ている。

しかし，「定年まで働き続けたい」ということを「仕事に対する意欲の向上」ととらえるのは誤解を招くことになろう。就職難の状況で，学生には「やりたい仕事よりもまず就職しなければ」という意識が強く働いているといえる（佐藤，2007）。「とにかく一日でも早く就職活動を開始しないと，どこからも内定がもらえない」「とにかく業種を問わず多くの企業の面接を受け，内定をもらうことが何より大切」と焦りが前面に出ているように思われる。これからの人生の多くの時間と労力を費やし，QOL（Quolity Of Life；生活の質）にもかかわる就職の決断をする前に，「自分には何が向いているのか」「何がしたいのか」を問うひまがないまま，ひたすら説明会通いを続けて，自分自身の希望や能力をしっかりと考える余裕のない学生も多いらしい。また，企業研究も疎かになりがちで，大企業や有名企業にばかりエントリーが殺到し，仮に内定を受けたとしても，その企業の実態状況をほとんど把握していないことも多いようだ（木谷，2005）。

こうした内定をめざした「やみくも」ともいえる活動をしている学生はまだしも，各種メディアやインターネットから得る不安要素を多く含む情報によって活動する前から諦めてしまう学生もおり，就職活動に対する学生の心理的・行動的な温度差は拡大しているという話が大学のキャリアセンター・就職支援課などからも出ている（木谷，2005）。波に乗り遅れてしまうこうした学生の多くは，とりあえずはアルバイトや派遣会社の非正規雇用者となることになろうが，今までは成立していた「第二新卒市場」の存続が危うい状況下では正規雇用をめざすのはかなり困難になっている。非正規雇用から正規雇用への道は景気動向に大きく左右され，景気回復が望めない今日，しばらくはさらに難しくなってしまうと考えられる。

就職活動に熱心に取り組もうとしない学生のなかには，学生時代にアルバイトを熱心に行ってそれなりの生活ができたという経験から，これからもアルバイトで何とか食べていけると考えてしまうという報告もある（佐藤，2007）。学生生活のなかでアルバイトに多くの時間を割き，収入もそれなりに得ていた者にありがちなことであるという。ある企業の採用担当者が「学生時代，アルバイトに非常に熱心に取り組み，それ以外の場で達成したものの話ができない人は困る」と話したというエピソードと重なる話である。

3．離職行動に関する調査研究

公的機関による離職についての調査は多いが，社会・経済状況から説明されているものが大部分を占めている。また，離職行動に関しては，経営的観点からの研究と心理的観点からの研究がなさ

れている。前者は主として労働市場の観点から労働移動の決定要因を探り，後者は組織参加，意思決定の心理的過程を研究対象としている（牛丸，1981）。

最近，離職行動を分類し，さまざまな心理要因との関連性を検討する研究が展開されている。たとえば，望んだ会社ではなく仕方なく就職した不本意就職がミスマッチを誘発して早期離職につながる「不本意就職型」，積極的に自らのキャリアを発展させるために留学や進学などのために辞める「キャリアチェンジ型」，仕事に疲れることから辞める「意欲喪失型」などに分類する考え方である（岡本，2006）。昨今のような先行きの不安な状況のなかでは，若年者は長期にわたり就業する気持ちをもちながらも，彼らがもとめるのは「今の会社」であり「今の待遇・今の仕事」であり「現状の満足である」（岡本，2006）というように，膨大な情報のなかで将来への長期的な展望がもてず，不安定になりがちな傾向が指摘されている。また，「適職信仰」「やりたいこと志向」「受身」というキャリア意識と実際の就職活動や情報収集などの要素を組み合わせ，就職動機・キャリア探索行動などを探る研究も行われている（安達，2008）。

独立行政法人労働政策研究・研修機構の『若年者の離職理由と職場定着に関する調査』（2007）のなかでは，離職者の離職理由について，企業側が把握・認識している理由と離職者本人のいう理由に乖離のあることが明らかになっている（図3-4）。

企業側が，家族の事情や給与，人間関係，仕事の厳しさ，キャリアアップを離職理由と考えているのに対して，離職者側でもっとも多かったのは「仕事のストレスが大きい」で39.4％，次いで

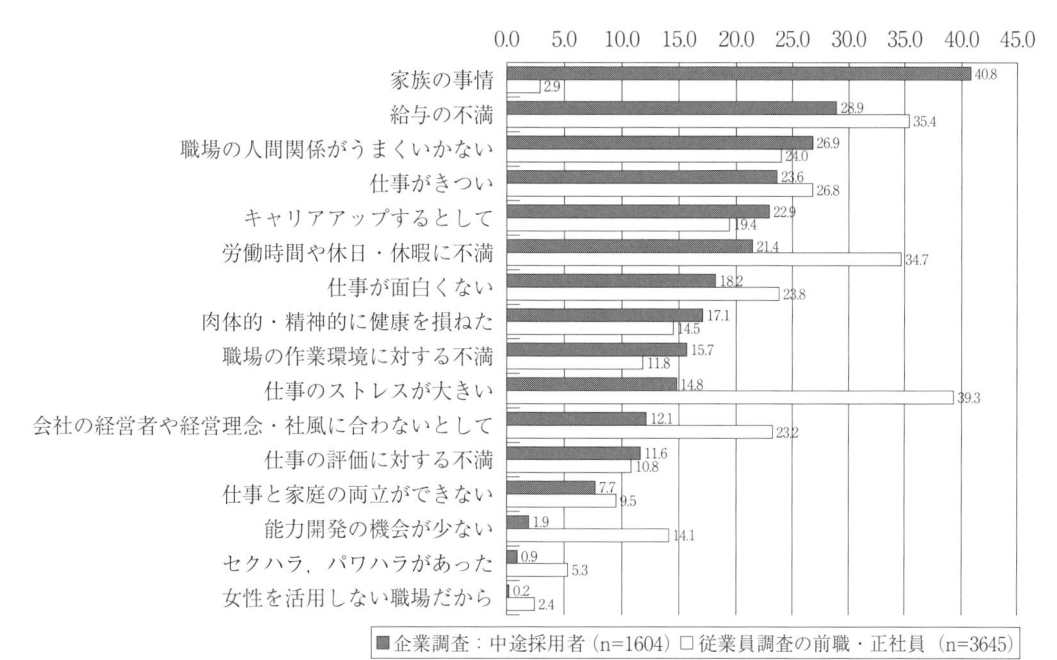

■企業調査：中途採用者（n=1604）　□従業員調査の前職・正社員（n=3645）

（複数回答，単位＝％）〔企業調査，従業員調査〕

※企業調査については「若年正社員（35歳未満）がいない」，「退職者はいない」を除く，回答企業を対象に集計。従業員調査問22付問の3位までの複数回答の合計と比較している。比較は選択肢で比較可能なもののみを使用した。

図3-4　離職理由の企業と社員（前職正社員と中途採用者）との比較

（若者の離職理由と職場定着に関する調査　労働政策研究・研修機構 2007 より）

「給与に不満」，「労働時間や休日・休暇に不満」，「仕事がきつい」の順となっている。また，「能力開発の機会が少ない」という理由が企業側に比べて本人側の意識が7倍であることも特徴的である。当事者が企業への離職理由を，本当の理由を避けて申告したり，実際の問題を企業側が適切に把握していない状況がうかがえる。また，将来的なキャリア展望が開かれているか，キャリア開発の機会が与えられるかも重要な要素であることを，企業が把握しきれていないことがわかる。こうした意識のギャップも離職行動の一要因となっていると考えられる。

4．SCT・適性検査を用いる意義

　早期離職の問題を企業の側からみると，新入社員が戦力となる前に離職することは，採用に費用と労力を費やしたうえ，人材戦略上大きな損失をこうむることになる。新卒者を採用し，内定後のフォローにかかるコストは1人あたり約160万円，1年目の年収を300万円として毎年少しずつ昇給し，管理・育成のためにかかるコストを足すと，3年間で1,760万円という試算がある（樋口，2008）。新卒者は実務経験がなく，戦力となるまでにはきちんとした教育・訓練が必要だからである。そこで，ポテンシャルとしての能力をもつ優秀な人材を確保するために，面接だけでなくさまざまな適性検査を行い，採用・配属の指標として活用している企業が多い。大学卒・大学院修了者は将来の管理職・幹部候補生としての要素も見極める必要があるからである。通常これらの検査は質問紙法であるため，その場の期待や社会的望ましさにもとづいて回答する傾向がみられるし，自己評価というバイアスが影響してしまうなどの問題もある。昨今は，就職活動をする学生を対象に，こうした適性検査対策などさまざまな講座も開かれ，望ましい回答の仕方を指導している現状がある。また，指標は数値化して提示され，みやすく便利ではあるが，それらを「統合された人格」として把握するときに，違和感や判断の難しさがある，という意見が現場の人事・教育担当者から出ている。ゆえに，質問紙・テスト形式の適性検査に加えて，投影法の心理テストを用いて，パーソナリティを全体的に把握することの意義がクローズアップされるのである。

　すでに数十年前から，一部の企業で，入社時や管理職登用時，社内キャリア教育・研修などにSCTが使用されている。それらの企業の人事・教育担当者は，質問紙の適性検査では評価が同じような新入社員の，入社後の能力・態度や行動の違いが，SCTの評価を用いると予測しやすく，本人の実像がよく現れていると指摘することが多いという（伊藤ほか，2008）。

　本章では，行動の差異の指標として早期離職行動を取り上げ，SCTに現れる本人のパーソナリティや環境との関連性を中心に検討を行うことにする。

第2節　研究方法

1．調査対象

B社（一部上場，社員数約10,000人）の200X年，200X＋1年，200X＋2年の新卒採用社員。大学卒・大学院修了者で，本社採用のなかで専門職を除いた512名のうち，データに欠損のない497名を対象とした。

2．調査内容と時期

質問紙法による能力検査，管理職用適性検査，およびSCTは各年度ごとに，内定式から入社までの期間に試行している。離職対象者は200X＋3年9月30日までに退職した者とし，離職理由の聞き取り調査は，人事担当者を通じて200X＋3年11月までに行った。

3．SCT評価者

SCT評価者は実際に入社内定者と直接面談することはなく，面識も一切ない。SCT評価は各ケース，SCT評価を5年以上経験した一次評価者1名と，20年以上評価・研究に携わっている二次評価者1名によって行われた。一次評価者の合計は20名，二次評価者の合計は2名である。特に，一次評価と二次評価に大きく隔たりがある場合は，2名の二次評価者の会議で結論を出した。評価者は，当然各ケースが「離職したかどうか」の情報なしにSCT評価を行っている。

4．SCT評価の項目

評価項目は9項目である。

通常の符号評価8項目のうちtypeを除く7項目（ener., diff., G, H, N, secu., 意欲）に，予備調査から「I」も評価項目に加えた方がより各ケースの特徴が明確になるとの結論を得たため，「I」を加えた8項目を採用した。さらに，企業向け評価に用いている「総合評価」を加え，都合9項目である。

また，統計処理のため，±から＋＋までの符号評価を13段階に分割し，±を1点とし，＋＋を13点として，数量化した。

5．管理職用適性検査の概要

今回使用した適性検査は，中間管理者層に対象を定め，複線型人事制度に対応した適性把握を前提としている。また，性格・能力・指向などの多側面からもアプローチ可能なものである。

6．知能検査について

知能検査はある組織の監修によりB社が独自に開発したものを使用している。

7．分析方法概要

　早期離職者を「3年以内に離職した者」と定義して分析の対象とした。データを，離職した者とそれ以外の者とに分け，各検査に現れる特徴を比較分析した。
　200X年度入社者は入社後3年間，200X＋1年度入社者は2.5年間，200X＋2年度入社者は1.5年間のデータが用いられている。

第3節　分析結果

1．離職者の人数と性別

　研究対象497名の性別を調べたところ，男性245名，女性234名とほぼ同数であった。そのうち，200X年から200X＋2年までの3年間に入社し，3年以内，かつ200X＋3年9月30日までに離職した人の総数は102名で，性別は男性40名，女性62名であった。

2．分析内容とその結果

　今回はSCT評価9項目に加えて，知能・適性検査あわせて20項目，合計29項目について分析を行うこととした。

1）　t検定による統計分析結果
① 　全入社者の性差
　まず全入社者の性差をみるために男女間の差異を分析したところ，SCT9項目中4項目で，知能・適性検査では20項目中12項目において，性差がみられた。
　SCTでは，「N」は男性の方が，「diff.」「secu.」「総合評価」の3項目は女性の方が有意に高かった。
　知能・適性検査では，「性格─統率」「性格─決断」「指向─専門」「適性─専門」「適性─実務」は男性の方が，「知能検査」「性格─行動」「性格─大胆」「性格─強靱」「性格─社交」「専門─実務」「専門─創造」は女性の方が平均値が高かった。
② 　離職者の性差
　離職者ではSCT9項目中3項目で，知能・適性検査では20項目中3項目で，性差があった。SCTでは「diff.」「secu.」「総合評価」の3項目で女性の方が有意に高く，知能・適性検査では「性格─強靱」「性格─行動」「性格─大胆」の3項目で女性の方が有意に高かった。
③ 　離職時期による分析
　表3-1，3-2を参照願いたい。
　全入社者を3年以内に離職した者と在職した者で比較したところ，SCT9項目中6項目で有意な差があったが，知能・適性検査20項目には有意差がなかった。離職者は，SCTでは「H」「I」

表3-1 t検定結果—知能・適性検査

評価項目　　　　　　　　　　離職時期の分類	知能検査	性格								基礎能力			指向		専門		適性			
		強靭	統率	社交	決断	意欲	行動	大胆	自律	知的	概念	論理	管理	専門	実務	創造	管理	専門	実務	創造
3年以内の離職者とそれ以外																				
1年以内の離職者とそれ以外					*															
3年以内の離職者とそれ以外（200X年入社）														*						
1.5年以内の離職者とそれ以外																				
2年以内の離職者とそれ以外														*						
離職時期が1.5年までとそれ以降3年まで																				
離職時期が1.5年〜2年とそれ以外																		*		

*$p<.05$, **$p<.01$, ***$p<.001$

表3-2 t検定結果—SCT

分類	ener.	diff.	G	H	I	N	secu.	意欲	総評
3年以内の離職者とそれ以外		**		*	***		***	**	***
1年以内の離職者とそれ以外							***		*
3年以内の離職者とそれ以外（200X年入社）	***			**	***	*	***	***	***
1.5年以内の離職者とそれ以外							***		*
2年以内の離職者とそれ以外				*	*	*	***	*	***
離職時期が1.5年までとそれ以降3年まで				*				*	
離職時期が1.5年〜2年とそれ以外					**	*	**	**	**

*$p<.05$, **$p<.01$, ***$p<.001$

が高く,「diff.」「secu.」「意欲」「総合評価」が低かった。

全入社者について,1年以内の非常に早期に離職した者とそれ以上在職した者に分けると,SCT 9 項目中 2 項目,知能・適性検査では 20 項目中 1 項目に有意な差がみられた。非常に早期に離職した者は,SCT では「secu.」「総合評価」が低く,知能・適性検査では「性格—決断」が低かった。

3 年以上在籍可能だった 200X 年度入社者 (206 名) について,3 年以内に離職した者と在職した者は,SCT 9 項目中 7 項目,知能・適性検査 20 項目中 1 項目に有意な差があった。SCT では「H」「I」「N」が高く,「ener.」「secu.」「意欲」「総合評価」が低かった。知能・適性検査では「指向—専門」が低かった。

離職者を半年ごとに区分して,その期間内とそれ以外の離職者間の t 検定を行ったところ,いくつかで弱い有意差があったが,全体として一貫したものはみられなかった。

2) 判 別 分 析

t 検定と同様の区切りで,判別分析を行ってみたところ,十分な有意確率が出たものは以下のとおりである。

全入社者の「性差の分析」の SCT,知能・適性検査
全入社者の「3 年以内の離職者と在職者」SCT のみ
全入社者の「1 年以内の離職者と在職者」SCT のみ
200X,200X + 1 年入社者の「2 年以内の退職者と在職者」SCT のみ
200X 年入社者の「3 年以内の退職者と在職者」SCT のみ

どの場合でも正準相関値は .25 から .49 と高い値ではなく,Wilks のラムダは .90 以上で正準相関は有意であるが,判別適中率はおおよそ 60〜75％であった。

3) SCT 9 項目のデータを用いたクラスタ分析

全入社者の「3 年以内の離職者と在職者」の SCT の判別分析結果がもっとも判別率が高かったので,もっとも有用であると考え,そのデータをクラスタ分析にかけてみた。クラスタ数をさまざまに設定してみたが,3 クラスタがもっともよい分類を示したので,これを採用することとした。結果を表 3-3,3-4 に示す。

表 3-3 3 年以内の離職者とそれ以上在職している者と 3 クラスタとのクロス集計表

クラスタ内訳 勤続状況	クラスタ						合計	
	1		2		3			
	人数	％	人数	％	人数	％	人数	％
在職者	106	89	124	69	147	82	377	79
離職者	13	11	56	31	33	18	102	21
合　計	119	100	180	100	180	100	479	100

表3-4　離職者の各クラスタの平均値

	クラスタ		
	1	2	3
ener. 数値	5.46	4.52	8.12
diff. 数値	6.08	4.12	6.55
G 数値	4.85	5.39	8.67
H 数値	4.92	8.16	8.58
I 数値	5.00	10.93	8.48
N 数値	1.77	4.04	1.67
secu. 数値	3.85	2.14	4.55
意欲数値	6.08	3.32	7.21
総評数値	6.46	3.62	4.93

各クラスタの離職者の特徴から離職主要因を考えると，第1要因は「N」と「I」の組み合わせ，第2要因は「総合評価」と「diff.」と「secu.」，第3要因は「ener.」と「G」と「H」と「意欲」とみなすことができるのではないかと思われた（表3-4）。

表3-5　離職理由区分

離 職 理 由	番号
仕事が厳しい・合わない	1
健康上の問題	2
家業を継ぐ。地元に戻る	3
よりよい転職先に移る	4
解雇・不適格と見なされたなど	5
その他（結婚・留学など）	6

表3-6　3年以内の離職者のクラスタと離職理由区分とのクロス集計表

		離職理由区分						
		1	2	3	4	5	6	合計
1	度数	4	2	1	3	1	2	13
	%	30.8	15.4	7.7	23.1	7.7	15.4	100.0
2	度数	25	8	5	10	4	4	56
	%	44.6	14.3	8.9	17.9	7.1	7.1	100.0
3	度数	13	1	1	15	0	3	33
	%	39.4	3.0	3.0	45.5	0.0	9.1	100.0
合計	度数	42	11	7	28	5	9	102
	%	41.2	10.8	6.9	27.5	4.9	8.8	100.0

4) 離職理由による分析

KJ法を用いて，全離職者102人の離職理由を6つに分類した。結果を表3-5に示す。ここでは，続く分析に使用するため，6つの離職理由にそれぞれ番号をつけてある。

そして，離職理由とクラスタ分析結果を組み合わせてクロス集計を行った。結果を表3-6に示す。考察結果については，次節を参照されたい。

第4節 考　察

1．性　差

全対象者の男女差をみると，SCTデータにおいて，従業員のもつ特性として望ましいとは考えられない「N」が，男性においてt検定と判別分析の両方で高いことが示された。逆に，高い方がより望ましいと考えられる「diff.」「secu.」「総合評価」で女性の方が高い傾向がみられた。知能・適性検査データでは，女性の方が能力が高く，行動的，社交的な傾向がうかがえ，男性に専門的な事柄に指向がある傾向がみられた。このことから，男女にはさまざまな面での差異があることがわかる。

しかし，離職者だけの男女差をみると，女性の方が「diff.」「secu.」「総合評価」がやや高い傾向にあり，強靱で行動的な傾向もみられるが，全対象者ほどの差異は見受けられなかった。このことから，離職行動そのものには性差がそれほど大きくは影響していないのではないかと考えられた。

2．離職者の特徴

一般的に「早期離職」とみなされる「3年以内に離職」した者に関して考察を行うと，知能・適性検査よりもSCTにおいて，離職者とそれ以外との者との差が顕著に現れていた。

3年間の入社者全体を対象としたt検定では，離職者は在職し続ける者に比べ，「I」が高く，「secu.」「総合評価」といった重要な項目が低い。「diff.」や「意欲」など職務遂行において大切な項目もかなり低い傾向にある。これを一般的な言葉にすると，離職者はそれ以外の者に比べて「未成熟で先の見通しが甘く，全体としての評価が高くなかった人たち」ということになる。判別分析でもそれを裏づける結果が出ている。また，1年以内という超短期で離職した者の特徴は，「secu.が低い，すなわち適応性に乏しい人たち」であるということになる。他の要因がほとんど出ていないことから，企業社会という新たな場面に出た直後の不慣れな状況に対応できずに離職という選択をしたであろうことがうかがわれる。判別分析結果もそれを裏づけている。

次に，3年間勤務している200X年入社だけの結果（入社者206名）を分析すると，さまざまな項目に有意差が出ており，もっともはっきりした結果が示された。離職者（50名）は在職者に比べて，「H」「I」「N」が高く，「ener.」「secu.」「意欲」「総合評価」が低い。これは，心理的安定性が低く，持続力に欠けており，仕事に対する意欲やエネルギーが乏しく，全体的な評価が低いということになる。知能・適性検査では「指向―専門」がやや低くなっており，専門的な観点から職務を遂

行しようという視点がある者は在職し続けているということが示唆された。

　ここにはデータを載せていないが，念のため，離職時期をより細分化して分析してみた。セルに含まれる対象者が少ないこともあり，明確な有意差が出た区分は少ないものの，「半年から1年」と「1年半を超えて2年まで」における時期に有意差がやや多く出ていた。前者は意欲が低く未成熟さを示していた。後者はそれにやや自己主張的な面も加わっており，はじめての正規の賞与を得てから次年度までの間に何らかの道を選択しようとしたものと考えられた。

3．離職者の分類

　離職者102名についての聞き取り調査による離職理由をKJ法により6つに分類し，クラスタ分析による3つのクラスタと組み合わせて，分析を行った（表3-5，3-6）。

　第1クラスタは総数は少ないものの，「仕事が合わない」と「よりよい転職先に移る」が比較的多い。SCTの分析による特徴は，精神的に安定していて能力も高く，総合評価が高い者たちであった。このことから，「自分の適性を見極め，職場が合わないと思ったところできっぱりと離職していった人たち」と考えられる。平均勤続年数はもっとも短く，1.10年であった。

　第2クラスタの人たちは「仕事が厳しく，合わない」という理由での離職がもっとも多く，「実家・地元に戻る」という傾向も目立つ。SCTの分析による特徴は，未成熟で自信がなく安定性に欠け，能力や他者からの評価が高くないことであった。「打たれ弱く，厳しい環境に耐えられない。自信，決断力に欠け，周囲からのサポーティブな働きかけを必要とする人たち」と考えられた。他の2クラスタよりも平均勤続年数はやや長く（1.30年），離職月数の最頻値は22ヶ月で，決断に時間がかかっている様子もうかがえる。第1節　3．で述べた「意欲喪失型」（岡本，2006）に対応するグループと考えられよう。

　第3クラスタには「仕事が合わない」という者もいるが，何より「自分にとってより良い転職先に移る」ことを考えて離職しているのが特徴である。SCTの分析による特徴は，エネルギッシュで意欲が高いうえ，自信があり，能力や評価もよい。「バリバリ働ける環境を望み，自分が活躍できる場を求めてステップアップしていく人たち」と考えられる。平均勤続年数は1.16年であった。第1節　3．の「キャリアチェンジ型」（岡本，2006）に対応するグループと考えられるであろう。

第5節　総合考察

　今回は，対象を1社に限定し，給与や福利厚生などの待遇，教育研修機会，業種間の差異による影響を排除し，個人的要因に焦点を絞りやすくした。

　B社における3年目までの早期離職者を図3-5に示す。大学卒業者の平均と比べると200X年度は少ないが，200X＋1年度はほぼ同水準に達している（図3-2，図3-5）。

　今回分析に使用した知能・適性検査については，「早期離職者とそれ以外の者」にはほとんど差が出たものはなかった。このことから，離職行動に関してはB社で使用されているこの知能・適性検査は有効ではないといえるだろう。一方，SCTデータでは，さまざまな項目・分析方法で有

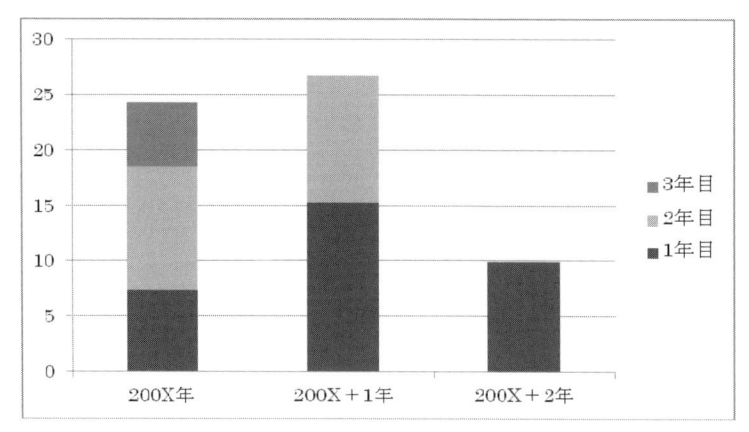

図3-5　B社における3年目までの早期離職者

意差が出ていることから，早期離職者のパーソナリティ・環境要因を抽出するための技法としてのSCTの有用性の高さがうかがえる。

本研究で離職の要因としてよくあげられたSCT項目は，離職時期にかかわらず，「secu.」「意欲」「N」「I」であった。「意欲」は当然のこととして，こうした概念は，SCT評価に習熟している者にとっては理解できる概念ではあるが，一般にはいろいろな特性が混在する概念で，わかりにくい項目かもしれない。

「secu.」は，心理・社会的安定性や将来性を含む「適応」がよいかどうかということである。実際，産業分野においてSCTを用いる場合に，われわれはこの項目がもっとも重要なものと考えており，それが裏づけられたといえよう。

また，「N」についてもこれまで大きく注意を払い，「N」の高い者を採用・登用したい場合には，配置や教育に十分配慮を加えるよう人事担当者に注意を促してきた。

さらに，年齢相応に成熟していない「I」は，「N」や，後述する環境要因の影響を増幅する触媒のような働きをしているように思われる。「N」に「I」が加わると，自己中心的でわがままなうえに，悲観的，諦めやすさ，打たれ弱さなどが前面に出てしまうことが多いようだ。

学生側も就職試験においては「社会的望ましさ」を意識して対応しており，就職試験対策セミナーなどでは，質問紙法の「N」や「I」に対応する項目を注意するように指導しているとも聞いている。ただし，われわれは，こうした傾向もあくまでも頭のよさや他の要因との兼ね合いが問題であり，強すぎないかぎりは，かわいらしさ，慎重さや注意深さといった相補性の面で生かしていくこともできるであろうと考えている。

意外であったのが，「diff.」の高さが予想したとおりには強い関連性をもたなかったことであった。もともとわれわれは「diff.」が高ければ高い業務能力や管理能力に結びつくものと考えていたが，実際には，「diff.」が高く，かえって有能すぎて先の見通しを強くもつために，見切りをつけて早期に辞めてしまうケースがあるようだ。クラスタ分析の第1グループに当たり，本来は有能な社員として期待される群に当たるものの，早い時期に「より自分に合う仕事」を見つけて転職してしまう者もあることが明らかとなった。これらの人にはキャリア展望をより明確に提示したり，社

内公募制などで自己の能力を発揮できる場があることを伝えたり，職務拡大・職務充実を図るなど，企業側からの働きかけを強めることで，離職までに至らない可能性もあるのではないかと考えている。離職者の各グループそれぞれによって，企業の取りうる対処法は異なると考えられる。

　また，判別分析で本来離職しない群にありながら離職したケースの詳細な事情をいくつかみてみると，「最初の勤務地が地方の小都市で，長い間ここに埋もれることに耐えられない」「営業で土日出勤や遅い時間の勤務に父親が怒った」「恋人と仕事時間帯が合わない」など，当初から予測されうる環境要因と「I」が組み合わされることによって，離職に至るケースがいくつか見受けられた。逆に離職群でありながら在職し続けている者には，「父親の仕事の関係から離職できない」といった事情や，「研修中に落ち込みがみられたので，通常より軽い仕事を割り当てた」など人事的配慮がなされているケースも散見された。

　世界的な金融不安や未曾有の災害の影響は大きく，今後も経済・社会状況はしばらく不安定な時期が続くと，さまざまなメディアが伝えている。企業はエントリー数が増加して選抜にさまざまなコストがかかり，離職者は離職後に再び正社員として働くことが難しくなっていく状況が予想されることから，早期離職は双方にとって負担が大きな問題である。それに対処できるよう，企業・組織が入社者の個人特性を入社時に可能な範囲で把握し，さまざまな人事的施策を通して，組織も個人もともに不幸になる離職者を何とか食い止める努力を重ねることを期待している。

文　献

安達智子　2008　女子学生のキャリア意識　心理学研究　**79**, 27-33
樋口弘和　2008　離職防止に向けて取り組むべきポイント　労政時報，3724, 53-51
川上直哉　2008　就職ジャーナル版『就職白書2007』　リクルート
木谷光宏　2005　大学生の職業選択行動とライフスタイルに関する一考察　政策論叢／明大学会，**73**, 175-206
厚生労働省　2006　生活白書 平成18年度版　20-55
厚生労働省　2007　平成19年版労働経済の分析　23-24
厚生労働省　2008　2007年雇用動向調査
厚生労働省　2010　厚生労働省ホームページ
厚生労働省職業安定局　2010　労働経済
内閣府　2005　国民生活白書
岡本晴行　2006　「就職勝ち組」がなぜ会社をやめる　龍谷大学大学院研究紀要，社会学・社会福祉学，**13**, 2-15　竜谷大学大学院社会学研究科研究紀要編集委員会（編）　龍谷大学
労働政策研究所　2008　新規学卒就職者の離職状況—2007年時点，労政時報，3733, 83-85
労働法令協会（編）　2008　賃金・労務通信「07年雇用動向調査／厚生労働省　離職者が24万人減少，入職超過に」　1966, 24-27
労働法令協会（編）　2008　労働法令通信　雇用動向調査／2007年の入職率が離職率を上回る，2157, 26-28
佐藤美津子　2007　学卒早期離職者の就職活動の一考察：もうひとつの就職活動スタイルとしての紹介　湘南国際短期大学紀要　**13**, 1-20
牛丸　元　1992　離職のメカニズムその1，1992　北海学園大学経済論集　40-2, 79-93

第4章 SCT活用の可能性
―大企業と中小企業の比較―

第1節 SCTの魅力

　SCTは「紙の上の面接」といわれている。面接場面では，面接者が被面接者との「会話」を通して相手を理解するのに対して，SCT判定では，判定者は被評価者の人となりが投影された「文章」と対峙し，いわば「無言の会話」を通して相手を理解する。判定者が理解した人物像は，言葉を尽くして表現することで，第三者との共有が可能になる。

　熟練した判定者にかかると，その人物評は，面接者のそれとぴったり重なるだけでなく，かゆいところに手が届くような表現に，第三者も共感を覚えることが多い。「本人が書いた文章」という明らかな事実をもとに，その人に対する印象が「パーソナリティの5つの側面」をはじめとする一定の切り口（第1章参照のこと）で解析され，客観性のあるやわらかい言葉で表現されているからであろう。

1．面接やSCTから得られる情報の共通点

　フェイス・トゥ・フェイスの面接から直感的に得られる印象も，文章を通して得られるさまざまな情報から組み立てられる人物仮説も，アプローチの方法は3つの点で共通している。すなわち，①生身の人間が直接判断していること，②対象を現実に考え，行動し，生活し，社会適応しようとしている存在としてみていること，③部分ではなく，人間の全体像をとらえようとしていることである。これらの点がコンピュータなどを使った統計処理による分析とは大きく異なる点である。

　人間や組織は機械とは異なり，複雑な要素が絡んで成り立ち，外界の影響を受け，常に変化するような存在なので，定量的な分析では説明しきれない部分の多いことは否めない。①～③のような性質から，面接とSCTは相性がよく，面接者でなくとも，その人と対面し何らかの印象をもっている人となら，人物評の共有が容易である。意思決定に複数の人がかかわる際の活用しやすさにつながることはいうまでもない。

2．認識のプロセスのあり方

　面接評価とSCT評価の間に離齬があった場合でも，全体像の違いからアプローチできるので，認識の違いを顕在化させやすい。異なる結論に至ったそれぞれの認識の根拠，両者の判断のプロセスを共有することが，被評価者についての理解をさらに深めることになる。すなわち，図4-1のように，①事実（発言内容・態度と記述内容），②着眼（両者がどの事実に着目したか），③解釈〔着目した事実にどういう意味解釈（意味づけ）をしたか〕，④推測（意味解釈を関連づけ，どのよ

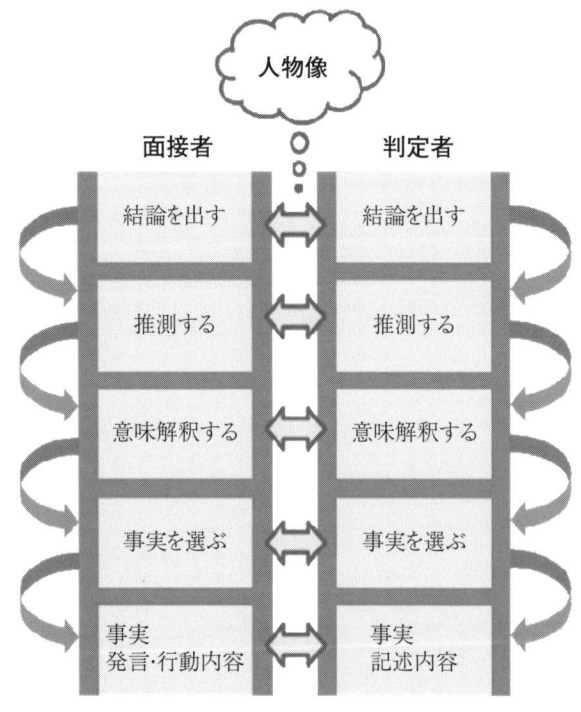

58　第Ⅱ部　企業・人事組織現場における活用(1)横断的研究

図4-1　面接者と判定者の合意形成

うな仮説をつくったか），⑤結論（どのような人物像を描いたか）の各ステップを振り返りながら，両者の判断を検証することで，より納得できる結論に到達することが可能になる。その過程は，両者が人を評価する際の癖，たとえば相性による好き嫌い，価値観や成功体験による評価軸の違いや甘辛の程度に気づくチャンスでもある。

「面接」とは採用面接・登用面接場面にとどまらず，日常業務における行動観察も含め，広く「人をみる」場であることはいうまでもないが，SCTによる人物評価でも，実はその過程で，面接者・判定者自身の人間に対する洞察力，いわば「人をみる目」を養っていることが多い。

第2節　人事現場でのSCTの活用状況

SCTは，採用，登用，配置，能力開発，メンタルヘルスなどの場面で活用されているが，その力点は各場面で微妙に異なる。たとえば，採用局面では「潜在能力の把握と不適応の未然防止」，登用時には「可能性の判定と適性」，配置の場面では「職務適性や上司との相性」，能力開発については「啓発ポイントの発見」という具合である。

1．採　　用

企業でもっとも活用されているのが採用場面で，判定結果と採否判断の関係も比較的わかりやすい。多くの場合，面接の補完情報として活用される。自由な記述を促す60の刺激文によって，被評価者のコアの特性や能力，価値観などがあぶり出される。面接に比べると対人ストレスの小さい

状態なので，行動には現れにくいその人の内面を理解するのに適している。行動と文章とでみえるパーソナリティがどのように異なるかについては，第6章の「SCTとHAとの比較」を参考にしていただきたい。

2．昇進・昇格

　昇進・昇格など登用の場面では，一定期間の成績考課や能力考課の結果，登用面接・試験結果などとあわせて補完的に活用される。昇進・昇格の意思決定は人物評価だけでなく，組織の価値観や方向性を示すことやその人事が及ぼす影響も考慮して行われるので，そのプロセスは"みえる化"しづらく，SCT判定結果との関係もあいまいなことが多い。

　しかし，人事権をもつ人がSCTを熟知している場合，その判定結果は最終判断のよりどころとされることが多い。なぜなら，成績考課は過去の情報，能力考課や試験結果は現在の情報であり，対象者が昇進・昇格後の期待に応えられるかどうかの将来予測に使える客観情報は，人事権者の直観とSCTのほかに見当たらないからである。

3．適材適所の配置

　新人の配属では，営業・事務・研究開発・製造など，職掌レベルでの適性基準にもとづき職務適性を見極めるのが常である。職務ごとの「コンピテンシー」（高業績者に共通してみられる行動特性）を定めている企業では，理論的には，きめ細やかな想定が可能になるはずだが，ビジネス経験の浅い新卒者の場合，コンピテンシーのようなビジネス場面での発揮能力はみえにくい。また，入社直後では，勉強も兼ねてある程度の柔軟性をもって配属されることが多いので，実際にはあまり活用されない。

　異動においては，企業側のニーズに，社員のキャリアと成績考課・能力考課に集約された能力を適合させることが考えられる。その際，社員の潜在的な資質や能力を判断するものとして，補完的にSCTが活用される。

　さらに，言葉で説明しづらい性質のものではあるが，配属先・異動先の上司やキーになる人との「相性」を判断する際，SCTの判定結果が使われることもある。緻密な仕事ぶり・臨機応変さ・従順さ・開放感・気配り・打たれ強さなど，上司によって価値判断の軸が異なるのは人間である以上当然のことで，あまりにも不一致の場合，業務の遂行や部下の成長に支障が出かねないことをある程度配慮せざるを得ないだろう。

　また，仕事や人生に対する価値基準，理想とする将来像もSCTから得られる貴重な情報であるが，人事の現場でそこまでの活用がなされている企業は少ないように思われる。

4．能力開発

　管理職登用時の選抜ツールの1つとしてSCTを実施し，同僚や上司へのサーベイ，ヒューマン・アセスメントなどの研修成果とあわせて当人にフィードバックされるのが一般的である。日常業務を通して観察された行動に対する評価，研修場面での行動に対する評価，SCTに投影された

自身の性格・能力・考え方の特徴から，自らの強み，弱みを発見するというストーリーだ。こうしたストーリーでは，実際には，多くの場合，登用と能力開発が併行して行われる。その場合，SCTの評価結果は，登用の判断用とは別に，本人フィードバック用が作成され，本人への配慮はもちろんのこと，今後の努力で成長しうる「性格・能力・考え方」の「変わりうる部分」に光を当てて記述される。

一方で，SCTの活用実績が蓄積された企業では，能力開発サイドに立ったユニークな試みも見受けられる。それは「性格・能力・考え方」の変わりうる部分にフォーカスした育成を行い，そのビフォア・アフターの状況をSCTで把握するという使い方である。変わりうる部分，つまり可変的で，育成可能要因は，「パーソナリティの5つの側面」の要素から抽出される。

このように，SCTでみえる世界を熟知することによって，自社の人事管理上のニーズに引き寄せるような活用が期待できる。

5．メンタルヘルス

メンタルヘルスの観点で，ストレスの多い業務や環境に耐えうるパーソナリティかどうかを判断するのも，臨床分野でも活用されているSCTの得意分野といえよう。

第3節　SCT活用の可能性

現在，SCTを使用しているのは，圧倒的に大企業が多い。SCTを読める人材の育成に時間を要するため，中小企業での導入には壁があるからである。第2節で述べた，人事管理の各場面でのSCT活用状況は，どちらかといえば大企業仕様であるといえる。大企業と中小企業が規模の違いであることは当然だが，ここで着目すべきは，組織構造の複雑性，トップマネジメントの役割，意思決定プロセスなどの本質的な違いだろう。企業活動のなかでSCTを活用するためには，下記の課題に留意する必要があろう。

1．人事担当者の育成ツールとしての活用

採用・配置・能力開発は人事の主要な機能だが，そこでもっとも重要なことは，「多面的に人をみる」ことが組織の価値観として確立し，管理職や人事担当者にその判断軸やスキルが備わっていることにある。社員の適性を的確・客観的に理解する能力（アセスメント力）を向上させることで，人事実務・労務管理の質が高まれば，結果として経営の方向性に合った人材戦略が確実に展開されることにつながる。

人事担当者は，社員の多様な側面に接することが多い。採用時に会社や仕事のカラーを除いた素のパーソナリティにふれているし，教育訓練の場で業務遂行場面ではみえない可能性を発見することも少なくない。複数の上司の評価や職場の評判も人事情報として把握しやすい立場にある。そのようななかで，ベテランの人事担当者は，その人がどんな人で，ビジネスマンとしてどんな可能性をもっているかを経験的・直感的に理解している。

そのような経験知に「パーソナリティの5つの側面」というフレームワークを与え，整理・共有することで，個人のスキルとしてとどまっている暗黙知を後輩に伝承することができれば，組織の知として活用することができる。つまり，評価内容を持ち寄り人事部内の合意をまとめるプロセスが，人事担当者育成に向けたOJT (On-the-Job-Training) であるともいえるだろう。SCTを活用している企業では，SCT評価の際に用いられるさまざまな専門用語が人事部内で飛び交っているそうである。それが人事部内の合意形成に役立っていることはいうまでもない。

2．経営戦略との連携

「社風に合った人を採用する」ということは採用場面で意識されていると思われる。しかし，同じような「性格」で，似通った「指向」をもち，均一の「能力」の人を選ぶというのは採用の本質ではなく，むしろ均一性が害にさえなるかもしれない。それよりも，現在から将来に向けてどのような人材が必要になるのかを明確にして，「組織が重視する価値観」に共感できる多様な人を選ぶというのが採用や配置の本質であろう。

たとえば，あるハウスメーカーでは，以前は，飛び込み営業で顧客の心を開くプッシュ型の営業スタイルが中心だったが，最近ではモデルルームやショールームへの集客が中心のプル型の営業に変わってきたという。一匹狼で顧客の懐に入り込み信頼関係を築く仕事と，情報発信やイベント企画で顧客の関心を引き込み組織的に囲い込む仕事では，求められる人材要件もおのずと変わってくる。

戦略的な意図をもたない面接者・人事担当者は，過去の成功例・失敗例に基づいて判断を行うことになるので，そのような経営ニーズの変化には対応できない。戦略は大きく変わっているのに，採用・育成・評価は従来型というミスマッチは，経営・人事の連携が弱い企業でしばしば見受けられ，戦略展開上の障害となっている。

コンピテンシーが定着しないのは，それが高業績者の観察から導き出される，いわば事実前提でつくられていることが多く，経験のない領域でどのような人材が必要かを導く場合には適用しづらいからではないかと思われる。人材要件は，経営判断を行う人と人材を扱うプロである人事部とが戦略を通して対話によって決めていくしかない。そのような対話の世界に，「パーソナリティの5つの側面」のフレームワークを持ち込み，議論することで相互理解が進むのではないだろうか。また，そのようにして明確になった人材要件に照らして人事判断を行う際に，SCT判定結果を人事考課などの情報とあわせて活用するのは有効と思われる。

3．現場マネジメントに対する支援

SCTは「人事の道具」という印象が強く，現場マネジメントの世界ではほとんど活用されていない。しかしながら，育成・動機づけの責任が現場マネジメントに委ねられている日本の企業では，上司や先輩が部下や後輩を理解し，それぞれの個性に応じた働きかけをすることが求められている。評価体系に，成績考課だけでなく，能力考課を組み込み，その範囲も現在の職務を遂行する能力に限定せず，企画力・折衝力などやや幅広いとらえ方をしているところが多いのもその現れである。

つまり，潜在能力の発見と活用もある程度現場に委ねられているといってよい。

このような背景から，現場マネジャーが部下の行動側面だけでなく，その人のベースとなるパーソナリティに着目し，その人にふさわしい働きかけ，すなわち，仕事の割り当て・動機づけ・報奨・メンタルヘルス面での配慮を行うとき，「パーソナリティの5つの側面」のフレームワークは助けとなりうるだろう。また，当事者が生き生きと働ける，メンバー間に補完関係が成立するようなチーム編成もマネジャーの役割であり，そのような場合の「相性」の判断に客観性をもたせることも可能と思われる。

4．自己啓発に対する支援

SCTは，採用・配置・昇格を主目的に使われることがほとんどで，能力開発目的での活用はあまり行われてこなかった。そのままでは，本人へのフィードバック情報としてはあまりなじまなかったからだ。しかし，「人間の全体像を把握する」SCTは，自分自身の成熟度を自覚し今後の啓発ポイントを発見するうえでも，魅力的なツールである。

図4-2に示した，企業研修でよく使われる「ジョハリの窓」でいうなら，自分自身のなかの「開かれた窓（自分でもわかっていて他人にも理解されている領域）」を大きくするために使うということだ。SCTを書くことは「自己開示」であり，「隠された窓（自分ではわかっているが他人にはみせない領域）」を小さくすることにつながる。また，SCTのフィードバックを受けることで

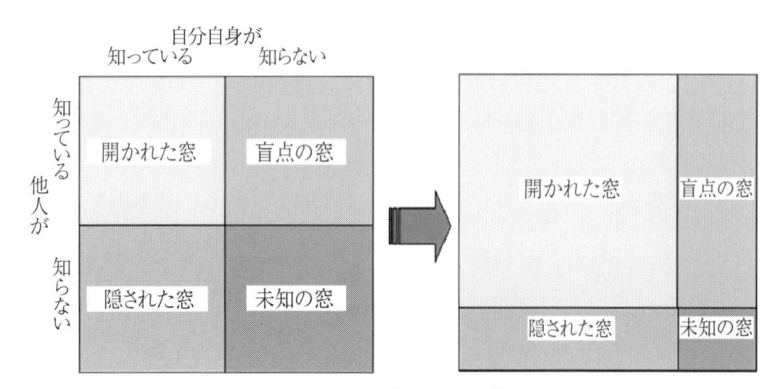

図4-2　ジョハリの窓

「盲点の窓（他人にはみえるが自分では気づいていない領域）」を小さくすることができる。

SCT判定者の訓練（SCTセミナー）には，この「自分を知る」ステップが組み込まれている。自己評価のプロセスで，メンバーのフィードバックを受け自分自身を客観視するプロセスは，自己の存在を確認することにつながる。他者の見解と自分のそれが異なる点が，自己理解を深めるきっかけとなることはいうまでもない。

このように自己発見のツールとして活用する場合，特に，グループダイナミクスのなかで実施する場合，重要なことは，SCTの判定スキルだけでなくコミュニケーション・スキルを備えた人がファシリテートすることである。オープンなコミュニケーションのベースができたチームで，それ

それの個性を多様性として尊重する雰囲気をつくり，デリケートな部分に配慮しながら，創発的な対話を進めていく必要がある。また，パーソナリティのなかの「変わる部分」と「変わらない部分」を見極め，啓発ポイントを前者に求めるよう促すのもファシリテーターの重要な役割となる。

アセッサーが面談でフィーバックする場合も基本的な考え方は同じで，ベースとなる信頼関係，「パーソナリティの5つの側面」についてのガイダンス，本人の強みや可変的な部分に焦点を当てたフィードバック・レポートが必要である。第13章の「高等学校における活用—教師による教育支援」は，対象者は高校生であるが，本人の成長に焦点を当てた事例として参考になる。

企業の能力解発の場面で，このようにSCTを活用し，自己の発見と成長のプログラムを開発することも有益であろう。

5．組織開発への活用

組織能力は個々人の能力の総和で決定されるものではないので，個人のパーソナリティとは一見無縁に思える。しかしながら，構成員の組み合わせによって，組織目的へのコミット・貢献意欲の発揮度合・コミュニケーションの質や量が左右されることを，私たちは経験的に知っている。組織・チームをどんなパーソナリティの組み合わせで構成するかは重要な視点である。

その多様性は成功要因の1つであると思われる。一般には，専門領域・過去の経験・趣味などその人のバックグラウンドの多様性を考慮することが多いが，SCTにおけるtypeやGHNのバランスを考えて配置することも1つの重要な視点と思われる。

また，そのチームの使命に沿った能力要件の充足や，リーダーとキーマンの補完関係なども重要な要素として考えられるだろう。それらの要素をdiff., typeなどのSCT用語を用いて仮説として設定し，実例を通して検証していくような取り組みが期待される。

現時点では，ベテラン人事担当の経験知の範囲で運用されており，チームに関する研究事例は乏しいが，好業績チームとそうでないチームを，SCTデータを使って比較検討し，成功要因を発見するような検証研究は可能であろう。

第4節　中小企業での活用

中小企業の人事部門は総務機能をあわせもっているところが多く，人材の不足からSCT評価者の養成が進まない状況にある。

しかしながら，中小企業は大企業ほど組織構造が複雑でなく，人事機能の中枢はトップ・マネジメントかそれに近い層が担っていることが多い。いいかえれば，人材戦略と経営戦略の連携が強く意思決定のスピードも速いので，経営層がSCTを理解し人材戦略に活用できたときの効果は大きい。

中小企業において，トップの強いコミットのもとに，第2，3節に述べたような活用方法を展開する際，重要と思われる視点，特に大企業とは異なる価値軸について，以下に述べてみたい。

1. IQ 偏重からの脱却

　特に，新卒の採用市場において，中小企業は，大企業に比べると一般には不利な環境にある。「合格圏内の候補者が少なくて選びようがない」という採用担当者の嘆きもよく耳にする。しかし，そのような場合の判断軸が出身校の偏差値や一般的な知的レベル (IQ) に偏っていることは少なくない。一流大学の卒業生や，中途採用では大手企業での勤務経験が過度に評価される傾向も少なくない。

　しかしながら，仕事に必要なのは IQ でなく，diff. であり，また GHN などを加味した secu. である。そのような要素を見落とさないためにも，幅広くパーソナリティを把握する仕組みが必要と思われる。

2. 採用時の対話活動の支援

　サービス・業績ともにトップクラスを誇る，ある自動車販売会社では，採用候補者 1 名につき平均 150 時間の接触を図るという。価値の共有と適性把握のための対話活動に時間をかけているからである。候補者は，経営トップが語る理念や戦略・組織文化が，自分に向いているかを判断する。経営トップは候補者との対話のなかで，候補者の能力や性格，価値観を把握し，現在から将来にわたる「期待される人材像」に適合するかどうかを判断する。

　ここまで時間をかける企業は珍しいが，大量採用をしない中小企業では，1 人の候補者に対してより多くの時間を割き，初期の段階からトップみずからが候補者に接触する傾向にある。そのような対話の場面に，企業側が SCT を用いたパーソナリティ把握の技法をもって臨み，相手に対する理解を深めていくことは有効ではなかろうか。たとえば，面接では把握できない傾向を SCT から発見し，面接時の質問でそれを確認すること，構造化された観察を行うこと，SCT 判定レポートを材料にトップと人事担当者が合意形成すること，などである。思考プロセスに，SCT のような実証性のあるフレームワークを提供することで，判断の客観性と現実性が高まるものと思われる。

3. キャリアイメージの形成

　中小企業では，一定のレベルの人材を一定量確保し，仕事をさせながら様子をみるという悠長さは許されない。将来の核となる人材を見極め，その将来像を本人にイメージさせることが有能な人材のモチベーションになる場合が多い。

　また，大企業と違い，幹部育成の教育体系がなく，そのような OJT ができる人材が限られているため，将来の幹部候補を早い段階から意図的に育成しておく必要がある。自然に上がってくるのを待つような姿勢では，論功行賞的な登用が習慣化し，屋台骨を揺るがすことになりかねない。SCT によって，候補者の潜在能力から将来を予測すること，パーソナリティと会社の人材戦略との適合度を判断するという視点は重要と思われる。

4．家族的経営を下支えするパーソナリティの理解

社員数が少なく組織がフラットな中小企業では，トップと社員，社員間の関係性が密であり，仕事の場面でもプライベートな場面でも，互いの行動や成果をよく知っている。それらが組織の一体感につながる。一方で，人間関係や職務内容が固定化しがちななかで社員の潜在能力，すなわち，経験のない領域で発揮されるであろう能力がみえづらい傾向がある。

みえない部分をみようとするとき，SCT の「パーソナリティの5つの側面」のフレームワークと，事実（文章）のなかからその特徴を発見するスキルは有効なのではないか。日常業務のなかでは得られないその人のパーソナリティの断面を浮かび上がらせることができたら，それは貴重な情報となるだろう。

以上，中小企業について述べたが，それは大企業との組織構造の違い，トップ・マネジメントの役割の違い，意思決定プロセスの違いに着目したものにすぎない。

大企業の人事部門が，経営トップや現場との距離を縮め，より柔軟でスピーディな意思決定をめざすとき，また，現場感覚に溢れた組織運営を支援しようとするときも，このような個別対応，全体最適の視点で SCT を活用することが重要ではないだろうか。

第5節　SCT 活用の前提となる価値観

企業で SCT を活用する前提として，社内で適正な人間観・組織観を確立することは不可欠である。この世に不要な人間はいないということ，人は誰しも不完全だが助け合うことによってよりよく生きることをめざすのが社会であり会社であるということを忘れてはならない。企業は利潤を追求するが，それはあくまでも社会と人間の幸福のためである。

社内外の人間の幸福に配慮せず，自社の利益だけを短期的に追いかけるような姿勢では，長期的にはほころびが出てくる。公正な採用を行い，採用した社員を大切に扱うこと，つまり，役割を与え，育て，幸せにするという責任のもとで活用してほしい。

企業における SCT 活用は，臨床における扱い方とはやや趣を異にする。問題点の発見ではなく，可能性の発見と「強み」の強化を志向することに重点がおかれることが多い。誰もが生まれながらにもっている「強み」や「美徳」を社会に還元し，充実した人生を歩むことを支援するのが企業の使命である。

また，企業で働く人々は，人間が多様であること，組織には多様な人間が必要であることを認識し，「その人らしさ」をお互いに理解し合い認め合う風土をつくり上げることが大切で，人事の視線もその延長線上にあるべきである。

そのような意味で，昨今，大手企業を中心に「ダイバーシティ・マネジメント」部門が創設され，社員の属性の違いや文化やライフスタイルの違いを受け入れ，それに合ったワーク・スタイルを模索している点は興味深い。その多様性のなかには，当然，パーソナリティの多様性も含まれる。個

性の違いが多くの「気づき」をもたらすことは想像に難くない。

おわりに

　以上,企業人事現場でのSCT活用の可能性について述べたが,いずれの場合も,SCTそのもの,すなわち「60の刺激文」に価値があるのではなく,刺激文を通して収集されたパーソナリティにかかわる情報を,「パーソナリティの5つの側面」から読み解く「発見と判断」に価値がある。よき判定者・活用者は,「パーソナリティの5つの側面」を実践的に理解し,さまざまな場面で得られた断片的な情報から仮説をつくり,日々の観察を通して検証し,再度仮説を構築することを繰り返している。その過程で他者の成長,自分自身の成長を実感している。

　企業の方々の継続的な取り組みとチャレンジのなかから,より広い領域で,SCTにかかわる知見が蓄積され,共有されることが期待される。

第5章　人事アセスメントノート
―人事アセスメントの4つのレベル―

はじめに

　管理職は，よく「最近の若者は仕事に対するやる気がない」と言う。実際，わが国では，バブル崩壊前後から，若い従業員のワーク・モチベーションが低下してきている。さらに，近年は，そういう管理職自身のやる気の低下も指摘されている。また，ワーク・モチベーションの低下は，「終身雇用のなかでの滅私奉公的なやる気」から「いつでも独立できるような専門家的あるいは起業家的やる気」への中身の変化と連動して起こっているようにもみえる。

　しかし，日本能率協会（2011）や日本生産性本部（2011）などによる学生を対象とした就職意識調査によると，2007年あたりから，再び終身雇用を求める割合が高まってきた。

　不安定な経済・社会状況が長く続くなかで，即戦力を求める企業・組織の戦略と，新規採用者の就業意識との間には，さらに乖離が大きくなっている。これから先，企業・組織は有用な「人材」をどのように選抜・採用し，配置していけばよいのだろうか。

　著者らは，わが国の人事担当者や現場管理者がon-the-jobで人をみる慧眼にはいつも敬意を払っている。コンピテンシー面接や人事考課〔最近再び有効性が見直され始めた多面評価（多面観察・360度評価）を含む〕は，人事マネジメントにおいて有効な手法であると考えている。しかし，残念ながら，人事担当者は自分のアセスメントや人事考課に絶対的な自信がもてず，妥当性が測れる技法を探し求めているように感じる。

　おそらく，現在，唯一絶対の人事アセスメント技法は存在しないであろう。コンピテンシー面接といくつかの客観的で科学的な技法との組み合わせが，現在のところ，もっとも妥当な方法なのであろう（伊藤，2010a；伊藤，2010b）。本章では，人事アセスメントにおける，SCTその他のアセスメント技法の位置づけを述べる。

第1節　人事アセスメントの要点

　佐野・槇田・関本（1987）をもとに，人事アセスメントの要点を述べる。

　企業・組織活動のなかで，法律や社会的規則にのっとり，有用な人材を従業員として募集・採用し，彼らを組織化し，またキャリア開発・育成をほどこし，各人が退職に至るまで，身体・心理・社会的に健康な組織活動を継続してもらうための制度構築とその活用を人事マネジメントという。

　人事マネジメントのなかで，採用や適正配置の前提となる従業員の評価を人事アセスメント（人事評価）という。従業員は業務のなかで，また，ときには業務以外の特別な機会のなかで，アセスメント（評価）を受ける。人事評価といっても，業績評価と能力評価は明確に分けて考えなければ

いけない。ある職務でよい業績を上げたからといって，他の職務でよい業績が上げられるかどうかはわからない。適性要件は職務ごとに異なるからである。業績の向上には，金銭や待遇面での対応で応え，昇進・昇格は適性要件を考えた能力評価の結果によって実行するべきであろう。

業務能力の諸要素には，変えるのが難しいものと変えるのが比較的簡単なものとがある。適正配置をするためには，一方で当該の職務に最低限必要な適性要件を見出す職務分析を行い，他方で従業員の能力・資質・パーソナリティを見極める能力評価を行って，両者のマッチングを図ることが重要になる。職務分析と能力評価のマッチングの結果，適性要件をすべて満たす人がいれば，その人を当該の職務に当てればよいだろう。それが適正配置である。また，ある程度の要件を満たしている人がいて，足りない要件が変えやすい要素ならば，教育・訓練によって補えばよいであろう。

第2節　人事アセスメントの4つのレベル

図5-1に，人事アセスメントの4つのレベルを示す。

Ⅰのもっとも浅い顕在的なレベルが「業績・成果」の評価である。

Ⅱのレベルは「業務行動」の評価である。これは日常業務のなかでみられる従業員の行動や態度を評価するものである。後述するインバスケット・ゲーム（テスト）などが，このレベルのアセスメントに用いられる手法である。

Ⅲのレベルは「業務能力」の評価である。表からはみることのできない従業員の内面を評価するものだが，多くの場合，日常業務を離れた特別の機会を設けて評価を行うことになる。いわゆる，カッツ（Katz, R.）の"管理技能（アドミニストラティブ（コンセプチュアル）・スキル／ヒューマン・スキル／テクニカル・スキル）"や，自分が組織のなかで期待されている役割を理解して行動しているかどうかをみる"役割期待の認知力""よい人柄""バイタリティ"などがこれに当たる。コンピテンシーの諸技法やヒューマン・アセスメント技法（アセスメント・センター技法）は，Ⅱ，ないしⅢのレベルを評価するための手法にあたる。

Ⅳのもっとも深く潜在的なレベルが「パーソナリティ」の評価である。比較的若く，また経験の浅い従業員などの潜在能力やパーソナリティを評価することで，現在や将来の姿を把握・推測しようとする評価技法である。著者らは，第1章図1-1に示した環境・身体・知的能力・性格・指向の5つの側面が総合された全体像（すなわちトータル・パーソナリティ）や職務適性，適応性を把握するために，以前からSCT技法を用いている。

著者らは，パーソナリティの一部が業務能力に反映され，その一部が業務行動に，またその一部が業績・成果に反映されると考えている。したがって，パーソナリティがうまく把握できれば，業績・成果をも予測可能と考えている。

しかし，パーソナリティの諸特性と業績・成果とは，必ずしもリニアに結びついているわけではない。通常，Ⅱ，Ⅲのレベルで評価される能力・行動項目は，図5-2（a）に示すように，得点が高いほど業績・成果も高くなる（適応度が高くなる）と仮定されている。しかし，パーソナリティの一部の特徴にはそうはならないものがある。たとえば，完全主義者というのは，真面目で強迫的

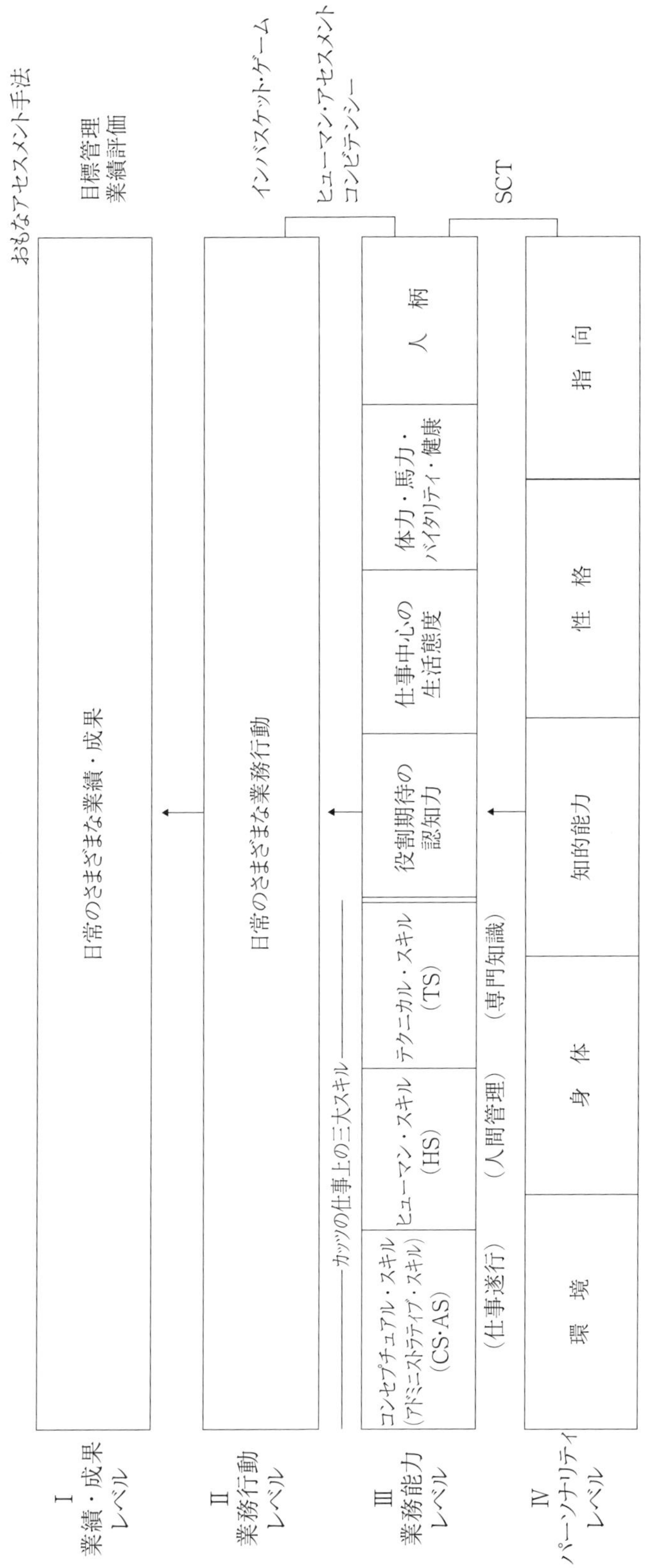

おもなアセスメント手法
目標管理
業績評価
インバスケット･ゲーム
ヒューマン･アセスメント
コンピテンシー
SCT
Ⅰ
業績・成果
レベル
日常のさまざまな業績・成果
Ⅱ
業務行動
レベル
日常のさまざまな業務行動
Ⅲ
業務能力
レベル
カッツの仕事上の三大スキル
コンセプチュアル・スキル
（アドミニストラティブ・スキル）
（CS･AS）
（仕事遂行）
ヒューマン・スキル
（HS）
（人間管理）
テクニカル・スキル
（TS）
（専門知識）
役割期待の
認知力
仕事中心の
生活態度
体力・馬力・
バイタリティ・健康
人　柄
Ⅳ
パーソナリティ
レベル
環　境
身　体
知的能力
性　格
指　向

図５-１　人事アセスメントの４つのレベル

なパーソナリティ傾向をいう。これはⅢのレベルでは自我関与度と要求水準の高さということになり，適応度との関係は図5-2(b)のようになるはずである。完全主義者の適応度は，現実にはあまりよくはならない。SCTの評価項目の「H（ヒステリー）」などにも同様のことが起こる。ヒステリーはある程度あると押し出しがよく目立つ人物となるが，高すぎれば自己顕示性や自己中心性が高すぎる人物となり，また，低すぎれば影の薄い人物となり，適応度はよくはならない。このように，Ⅱ，Ⅲのレベルのアセスメント技法のなかには，パーソナリティ理論からすると気になる点をもっているものもある（伊藤，2010(a)；伊藤，2010(b)）。

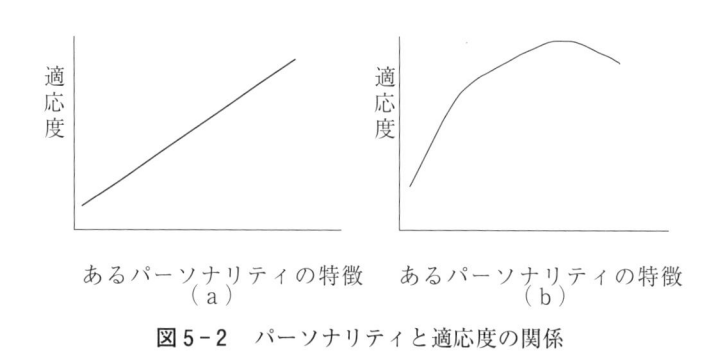

図5-2 パーソナリティと適応度の関係

第3節　オルポートの"人間のことがよくわかる人"の適性要件

　わが国の組織管理職はアセスメントが苦手といわれている。原因はいろいろあるだろうが，終身雇用の時代にはアセスメントの必要性があまりなかったからとも，勤勉性重視の日本的風土のためとも，行きすぎた平等主義にもとづくものとも，数字だけを追い求める現今の人事制度のためとも，短期のジョブローテーションのためともいわれている。しかし，コンピテンシー面接や人事考課，アセスメントの前提として，"他者のことがよくわかる性質"が評価者に必要なことはいうまでもない。
　アメリカのパーソナリティ心理学者であるオルポート（Allport, G.W.）は，人間のことがよくわかる人，すなわち"よい評価者の資格"として次のような要件をあげている〔槇田（編著），2001〕。

①　人間性に関する豊富な経験
②　被評価者との共通の体験
③　優秀な知的能力
④　複雑なパーソナリティ了解のための認知の複雑さ
⑤　正確な自己認知
⑥　社会的折衝の熟練と情緒的適応性
⑦　全体を見通すことのできる超然さ
⑧　人間の内面性に関心を示す内面感受性

⑨ 対象の構造における均衡・調和に関心を持つ美的態度

....

① 人間理解のためには，人生経験を多く積んでいることが大切である。数多くの経験や成熟は，視点の広さをもたらす。さらにいえば，若い人は年輩者の心理を理解しにくいということもいえる。
② 経験の特殊な場合として，被評価者との類似があげられる。同じ性・年齢・文化に属する人は，共通の経験をもっているので，より理解しやすい。
③ 知的能力が高く，観察したことを体系づけ，推論を引き出せる人はよい評価者になりやすいようである。これは特に，友人よりも知らない人を認知する際に大切な要件となる。
④ 一般に，人は自分より複雑微妙な心理特性をもつ他者を理解することは難しいと考えられている。単純な心をもっている人は，多面的な心の働きを了解することはできない。単純さを好み複雑なものに興味をもたない人は，あまりよい評価者にはなれない。
⑤ 自己洞察が深く，正しい自己認識をもっている人ほど，よい認知者になりやすい。
⑥ よい認知者は，一般に人間関係がよく社会性に富み温かく友誼的で，情緒的にも安定しているようである。
⑦ 同時に，内面に関心があり，他者の長所・欠点を公平にみることができ，全体を見渡すことができるように，他者とある程度の距離を保っていることも重要である。往々にして，人間関係に過度にのめり込み，世話を焼きすぎる傾向の人や，依存的な人は，かえって他者がよくわからないようである。
⑧ 他者の内面性や心の感情・葛藤・悩みなどに強い関心を示す傾向も重要である。
⑨ やや込み入った表現になってしまうが，美しさを感じること，すなわち，美的判断には，統合された全体像のなかに均衡と調和を感じる能力が必要なようである。複雑なパーソナリティのなかに均衡と調和を感じ取ろうとする心の働きは，芸術的美的態度と相通じるものがある。オルポートは，均衡と調和に関心をもつ美的態度が，よい認知者の資格としてもっとも重要なものと主張している。

こうした要件をすべてもっている人はおそらく存在しないであろう。しかし，自分がどれだけの適性要件を満たしているかを自省してみることは，意味のあることだと考えられる。

第4節　正確なアセスメントを妨げる要因

正確なアセスメントを妨げる要因としては，以下のようなものが知られている（伊藤・千田・渡辺，2003）。

① 中心化傾向
② 寛大化傾向

③ 光背効果 (halo effect)
④ 対比効果
⑤ 順序効果
⑥ パーソナリティについての暗黙の仮説 (implicit personality theory)
⑦ 投射
⑧ 偏見

....

① 両極端の評価を嫌う傾向を「中心化傾向」という。
② 好ましい特性をより好ましく，好ましくない特性をあまり厳しくなく評価する傾向を「寛大化傾向」という。上記2つの傾向は，特に公的な評価の際に，はっきりと現れるようである。
③ 「光背効果」とは，1つの目立つ特徴のみに影響されて，個人の全体像を歪めて判断してしまう傾向をいう。俗に"あばたもえくぼ"というが，好きな人のもつ性質はすべて好ましくとらえがちである。嫌いな人に対しては"坊主憎けりゃ袈裟まで憎い"ということになってしまいがちである。
④ 「対比効果」とは，自分と類似していると判断した人を好ましく，類似していないと判断した人をあまり好ましくなく評価する傾向をいう。
⑤ 目立つ人や印象の薄い人の前後に対面した人は，得をしたり損をしたりしがちである。中盤に対面した人の印象は，はじめや終わりに対面した人の印象よりも薄くなりがちである。こうした傾向を「順序効果」という。
⑥ 聞き慣れない言葉であろうが，「パーソナリティについての暗黙の仮説」というのは，評価者が自分の個人的な体験を一般化して，「Aという特性をもっていれば必ずBという特性をもっている」と決めつけてしまう傾向をいう。先入観や固定観念といってもよいであろう。"頑固者は怒りっぽい" "よく発言する人や字のきれいな人は頭がよい"と信じている人は多いように思われるが，実は，もの静かな頑固者もいる。発言量や字のきれいさと頭のよさとの間には関連性はあまりないようである。
⑦ 精神分析にいう防衛機制の1つに「投射」という概念がある。「投射」とは自分のもつ特性や欲求を無意識のうちに相手に投げ与え，相手こそそうした特性や欲求をもっていると誤認してしまう傾向のことをいう。フロイトは，義母のもつ敵意が義理の息子に投射されて，義母は子どもが自分を憎んでいるので母子関係がうまくいかないと誤認してしまうという事例をあげている。日常でも，自分のことを棚に上げて，けんか相手を完全な悪者と決めつけてしまう状況を考えれば，誤認の意味を理解していただけるのではなかろうか。他者にも自分にも不幸なことに，人はときに他者を評価しているつもりで，自分の投射像を評価してしまうことがある。
⑧ いうまでもなく，障がい者や性の異なる人，肌の色の異なる人に対する「偏見」も影響力の大きな要因である。本人のパーソナリティとはあまり関係のない学歴や家庭の社会経済状

態が，アセスメントに影響を及ぼすことも多い。

アセスメントを行う際には，これらの要因のことをいつも頭のなかにおいて注意する必要がある。

第5節　アセスメントの実際

本節では，われわれのグループが研究・報告した，①パーソナリティ・業務能力レベルのSCT，②業務能力・業務行動レベルのヒューマン・アセスメント（HA：HAについては第6章参照のこと），および，③業務行動レベルのインバスケット・テストによるアセスメント・データを紹介する。

1．SCT，HAの活用データ

鯵坂登志雄は，SCTを含むA社の人材評価研修（HAにかなり近いもの）のデータを用いて，A社の30～40代の約500名の従業員のうち管理職に登用された人とされなかった人の特性について，2群間の差の検定（t検定）を用いて分析した（第2章参照）。結果の概要を，表5－1に掲載する。人材評価研修の総合評価では，コミュニケーション・スキルを除く項目で，管理職に登用された人の評価が高かった。SCTにおいても，「ener.」「diff.」「G」「secu.」「意欲」の各項目で，管理職に登用された人の方が高い評価結果が得られた。また，ある性格検査では達成意欲と活動意欲に有意差がみられたが，知能検査では両群に差はみられなかった。

伊藤ひろみらは，SCTなどの心理検査を用いて，B社に新卒採用された若者約500名のうち3年以内に早期離職した人とそうしなかった人の特性について，2群間の差の検定（t検定）を用いて分析した（第3章参照）。結果の概要を表5－1に掲載する。SCT評価では，早期離職者は，「H」「I」「N」において高く，「ener.」「secu.」「意欲」において低い評価結果が得られた。また，知能検査と適性検査ではほとんど有意差の現れる項目はなかった。

ここで注目されるのは，①SCTやHAは，訓練と経験を積んだアセッサー，評価者がアセスメントすれば共通の結果が得られる可能性が高いこと，②SCTやHAは多くの人事評価場面で役に立つ可能性が高いこと，③世の中で定評があるといわれている心理検査・適性検査のなかには，状況によっては，あまり役立たない可能性のあるものが混じっていること，であろうか。

2．インバスケット・ゲーム（テスト）とは

『管理能力開発のためのインバスケット・ゲーム［改訂版］』（槇田・伊藤ほか，2008）をもとに，インバスケット・ゲーム（テスト）について説明しよう。

インバスケット・ゲームは，その名が示すとおり，管理職の机の上のインバスケット（In-Basket：未決箱）のなかに入っている未決済の書類や報告書，手紙，メモ，プリントアウトされたメールなどを，そのポストの管理職になったつもりで，ある限られた時間内に処理させていくという，きわめて現実的なゲームである。

表 5-1 SCT, HAを用いた企業従業員の評価データ

		人数 (N)	SCT								
			ener.	diff.	G	H	I	N	secu.	意欲
A社	管理職とそれ以外	228/260	**	*	*				**	**
	3年以内の離職者とそれ以外 (2005~2007入社)	102/377		**		*	**		**	**
B社	3年以内の離職者とそれ以外 (2005入社)	50/156	**			**	**	*	**	**

		人数 (N)	ヒューマン・アセスメント				知能検査1	知能検査2	ある性格検査		
			コンセプチュアル・スキル	ヒューマン・スキル	コミュニケーション・スキル	実行力・バイタリティ	知的能力	知的能力	達成意欲	活動意欲	大胆さ
A社	管理職とそれ以外	228/260	**	**	**	**			**	**	
	3年以内の離職者とそれ以外 (2005~2007入社)	102/377									
B社	3年以内の離職者とそれ以外 (2005入社)	50/156									

		人数 (N)	ある適性検査								
			基礎能力	自律性	強靭さ	統率力	社交性	決断力	意欲	行動性
A社	管理職とそれ以外	228/260								
	3年以内の離職者とそれ以外 (2005~2007入社)	102/377								
B社	3年以内の離職者とそれ以外 (2005入社)	50/156								

		人数 (N)	ある適性検査					
			管理指向	管理適性	専門指向	専門適性	実務適性	創造適性
A社	管理職とそれ以外	228/260						
	3年以内の離職者とそれ以外 (2005~2007入社)	102/377						
B社	3年以内の離職者とそれ以外 (2005入社)	50/156			*			

* $p < .05$ ** $p < .01$

ゲームの参加者は，突然ある状況において，いくつかの意思決定とアクションをとらなければならない管理職の役割を担わされる。通常，それは本人があまり慣れていない管理職の役割である場合が多い（たとえば，ある営業所長が急死したために，急遽後任の営業所長に任命され，前営業所長に代わって緊急の業務処理をしなければならないといった状況）。彼の机の脇にはインバスケットが置いてあり，そのなかには意思決定をしなければならない，あるいは意思決定をする際に必要な情報を与えてくれる，数多くのアイテムが無差別に入れてある。

　参加者に求められる意思決定事項は，普通20〜30項目に及び，そのなかには緊急度や重要度を異にする，いろいろな事項が含まれている。事項のなかには，当然相互に関連するものも含まれている。いくつかの書類を総合して考えないと，全体像がみえてこないような事項もある。参加者は，そのポストの管理者になったつもりで，ある限られた時間内（だいたい1時間半〜3時間）にインバスケット内の書類を処理し，それぞれに必要な意思決定とアクションを行っていく。彼は，それらの書類を検討し，必要に応じて自ら決定を下したり，計画を練ったり，報告書や返事を書いたりする。また，部下に権限を委譲してその処理を任せることもある。さらに，意思決定を下す前に，もっと必要な情報を集めるよう努力したり，上司や部下と話し合ったり，会合をもとうとすることもある。以上のように，参加者はこのゲームにおいて，管理者としての管理行動やリーダーシップを自分の意のままに展開していくことが求められる。

　同時に，参加者は，決裁事項のそれぞれに関し，どのような意思決定を行いどのようなアクションをとったか（アクションをとらなかったり先延ばしにしたりすることも1つのアクションと考える），また，なぜそのような意思決定を行ったのかを，所定の記録用紙（アクション・シート）に記入することが求められる。この際，添付のカレンダーを参照しながら，アクションの日程計画についても考え，その計画をスケジュール表にメモする。

　参加者が記入した意思決定，アクションに関する記録用紙とスケジュール表は，あらかじめ用意された採点手引書に照らして分析・採点され，その結果にもとづいて，彼の管理者としての意思決定能力や管理スタイルが測定される。ただし，採点手引書には，複数の「正解」が載せられている場合が多い。誤った意思決定を指摘することはたやすいが，どんなアクションをとるべきかは，管理スタイルや社風，状況によって異なってくることがある。たとえば，本社での営業所長会議と地元有力者の子弟の結婚式が同日・同時刻に開かれることになった場合，どちらへの参加を優先するかは，社風や参加者の管理スタイルによって異なってくるであろう。

　以上がインバスケット・ゲームのあらましであるが，このゲームは，シミュレートされた管理者としての課題解決状況のなかで自主的な意思決定行動を展開することが要求される，きわめて現実的・能動的なゲームである。いってみれば，ケース・メソッド，ロール・プレイング，ビジネス・ゲームを一体にしたようなゲームといえる。

　この技法は，「ゲーム」とも「テスト」ともいわれる。「テスト」と呼ぶときは評価・選抜的意味合いが，「ゲーム」と呼ぶときは教育・訓練的ニュアンスが強い。「ゲーム」の場合には，個人での施行のあとグループ討論に移行して，グループで「正解」を考えたり成員各自の意思決定や管理スタイルのクセを相互に評価し合ったりする場合が多い。

3. インバスケット・ゲーム（テスト）を用いた活用データ

槇田・佐野・関本・荒田（1981）は，新規に開発したインバスケット・テストを用いてZ社の課長級の管理職約150名をアセスメントした。その結果は，図5-3のとおり，人事本部評価を低群（L）・中群（M）・高群（H）の3群に分けたとき，各群間にインバスケット得点差が有意に現れることを示していた。また，人事本部評価とインバスケット・テスト得点との間には $r=.6$ 程度の正の相関があることが示された。

	本部評価スコア群			群間の比較			
	L ($n=36$)	M ($n=93$)	H ($n=19$)	LとM	MとH	LとH	
インバスケット・テスト得点	2.33	7.77	14.63	4.61**	4.59**	7.13**	t

（注）** : $p<0.01$（片側）

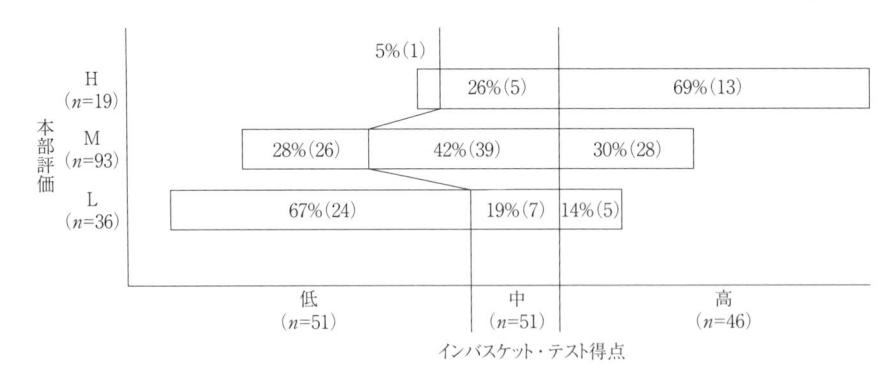

図5-3 インバスケット・テストを用いた企業従業員の評価データ

おわりに

従業員はすでに入社時に「選抜」されているので，その知能や性格，指向・意欲をただ漫然とアセスメントしても，より優れた従業員を浮かび上がらせるよい指標とはなりえないことも多い。しかし，どのアセスメントのレベルでも，有用な技法を用いれば相当の有効性が示されることは確かである。人材の適正配置と育成は，人事担当者の能力・センス・知識・経験，手法の有用性の見極めが成果の質を左右する。もし今，人材の適正配置と育成を経営の要の1つと考えるならば，経営者はそれを肝に銘じるべきであろう。

文　献

伊藤隆一　2010a　人事アセスメント処方箋(1)―人事アセスメントとは何か，NOMA総研「Co-Evolution」，4（2010年夏号），16-17

伊藤隆一　2010b　人事アセスメント処方箋(2)―対人評価の基礎知識，NOMA総研「Co-Evolution」，4

(2010年冬号），12-13
伊藤隆一・千田茂博・渡辺昭彦　2003　現代の心理学　金子書房
槇田　仁・伊藤隆一・小林和久・荒田芳幸・伯井隆義・岡　耕一　2008　管理能力開発のためのインバスケット・ゲーム［改訂版］　金子書房
槇田　仁・佐野勝男・関本昌秀・荒田芳幸　1981　わが国産業組織における「管理能力アセスメント」の研究　慶應義塾大学産業研究所「組織行動研究」，8，5-118
日本生産性本部ホームページ　2011　www.jpc-net.jp/
日本能率協会ホームページ　2011　www.jma.or.jp/
佐野勝男・槇田　仁・関本昌秀　1987　新・管理能力の発見と評価　金子書房

第Ⅲ部
企業・人事組織現場における活用（2）
ケース分析

第6章　管理職登用における活用
―ケースからみた SCT 評価とヒューマン・アセスメント評価の比較―

第1節　ヒューマン・アセスメントの変遷

　企業の資産は「人，物，金，情報」であるとよくいわれる。人が企業の基本的な資産であることは，いうまでもない。ある企業の人材開発部長は"人材は資産というが，資産というかぎり棚卸しが必要じゃないか"といわれた。"棚卸し"，すなわち人事管理やキャリア開発に関して，これまで企業・組織はどのような取り組みをしてきたのであろうか。

　日本の経済は1980年代は日の出の勢いで，もはやアメリカに学ぶものはないといわれたものだった。しかし，90年代に入ると出口のない不況といわれ，今まで賞賛され，自信をもっていた「日本的経営」がことごとく批判され始めた。「終身雇用制」「年功序列制」「企業内組合」といったかつての三種の神器が，すべて諸悪の根源であるかのように取り沙汰された。90年代は"失われた10年"ともいわれ，不況が長引き，企業の再構築の一環として人員整理が盛んに行われた。

　21世紀に入りようやく日本経済にも明かりが差し始めると，再び日本的経営見直し論が出始めた。"アメリカの経営者は「株主本位」で，短期間に利益を上げて株主に配当するので，短期志向の経営になっている。それに反して，日本の経営は人間尊重主義で，長期に育成ができ，イノベーションも効果よくできる"などといわれ，「人こそ企業の最大の資産である」と再認識されるようになってきた。経営学者も「知的競争力としての人材」「知的創造企業」「イノベーションの源泉」と百家争鳴になった。

　また，リストラの後遺症から「能力主義」「業績主義」「成果主義」「職能別賃金制度」など，人事制度をめぐる議論も盛んになっている。問題は「能力」あるいは「業績」「成果」をどう評価するか，それも「人間尊重思想」にもとづいての制度づくりであり，現在のところ成功しているかどうかはまだ未知数であろう。

　さて，それではいかに優れた「人材」を確保するかというと，日本では，いまだに大卒の新卒を採用し，4月1日に入社式を行う習慣が継続されている。もちろん，20年前に比べると労働力の市場が成長してきて流動性が高くなり，即戦力の必要時には中途採用も増えてきてはいる。

　選抜方法はリクルート方式のSPIをはじめとする諸テストやアセスメント技法を採用する企業も多いが，やはり主流は面接であろう。面接は非構成的面接が主であり，質問項目は面接者の選定に委ねられ，面接者個人のもっている知識，過去の経験など比較的主観的基準によって，適・不適の判定が行われる。熟練した面接者が自らの豊富な知識や経験を生かして行う面接は運用の妙を発揮できるが，面接者間の差異が大きくなり，アセスメントの技法としては恒常性・信頼性を欠くことも多い。

企業人事現場におけるSCT実施の目的は，①半構成的紙上面接技法として，広い範囲の質問項目を用意したうえで幅広いトータル・パーソナリティの情報を得ること，②面接のための補助資料として活用すること，③面接や諸テスト，アセスメント技法，キャリア開発技法などによる情報・評価の総合的な妥当性・信頼性を検討する道具として活用すること，などである。

採用選抜や昇進選抜，キャリア開発や能力開発のデータ収集に，多くの企業が導入し現在に至っている技法に，ヒューマン・アセスメント（HA）技法がある。以下，『ヒューマン・アセスメントはどこまで進んだか』〔マネジメント・サービス・センター（MSC）（編），1989〕をもとに，概説する。

企業におけるアセスメント技法としてのHAは，1950年代に分割前100万人の社員をかかえる世界最大企業であったAT＆T社の経営開発担当本部長が，"AT＆Tに管理職候補として入社した若者が，職場生活を通じてどのように成長し能力開発を遂げていくかについてデータ収集がされていない。また，管理者についての研究がほとんどなされていない"ことを遺憾として，産業心理学者であるダグラス・W・ブレイ（Bray, D.W.）博士に調査研究の計画と実施を依頼したことに始まる。

もともと，アセスメント・センター技法（アメリカではHAをこのようにいう）は，第一次世界大戦前，ドイツ軍がパイロットや将軍を選抜する手段として，心理テストとシミュレーション演習を組み合わせて使ったのが始まりである。ドイツ軍の用いた選抜方法を知ったイギリス陸軍が，第二次世界大戦を契機に，より精度の高いアセスメント・センター技法を将校の選抜に活用するようになった。アメリカCIAが，アメリカ全土・中国・インドなどの各地にアセスメント・センターを設置して，諜報部員の選抜にアセスメント・センター技法を活用し始めたのはさらにその後のことである。

しかし，このアセスメント・センター技法は，費用とスタッフ調達の負担から，第二次世界大戦後ほとんど廃止された。そのなかで例外は，上級公務員選抜用のアセスメント・プログラムを新たに開発したイギリス行政機関であった。

1950年代に，ブレイ博士とそのグループが，一般企業向けのアセスメント・センター技法を開発した。この技法は初級管理者（現場監督者）の選抜を目的とするもので，一般企業向けに使用される演習や手順が標準化されたものであった。

また，心理学の専門家でなくても，訓練を受ければアセッサーとして機能できるような評価方式も開発された。これらの修正や変更によって，アセスメント・センター技法の正確性と応用性は飛躍的に向上した。

ブレイ博士の進めるアセスメントのさまざまなデータが公表されるにつれ，アメリカの優良企業が次々にアセスメント・センター技法を試み始めた。

1970年『ハーバード・ビジネス・レビュー』にアセスメント・センター技法に関する記事が掲載され，さらに一般向けアセスメント・センター技法を専門とするコンサルティング会社DDI社が創設されたことをきっかけに，アセスメント・センター技法は急速に広がりをみせ，以来，採用選抜や昇進選抜に，あるいはキャリア開発や能力開発のデータ収集に，多くの企業が導入し現在に

至っている。

　HAの内容は，一般的な教育訓練の手法〔たとえば，インバスケット・ゲーム，インシデント・プロセス，マネジメント・ゲーム，ロール・プレイング，グループ討議（リーダーあり，なし）など〕を使って管理職（候補者）研修を実施する。

　教育訓練のための研修と異なるのは，1グループ6人として，アセッサーが複数ついて，研修の実施中に一人ひとりの行動を観察し，ディメンションと称する観察項目（普通は20～40項目ぐらい）を用いて多段階評価し，研修終了後，アセッサーが討議して総合評価表を作成する点である。ディメンションとしてあげられる項目としては，たとえば，判断力，計画組織力，問題分析力，決断力，自己認識力，向上心，洞察力，企画力などがある。

　また，総合評価表の評価項目としては，カッツの3つの管理技能〔コンセプチュアル・スキル（アドミニストラティブ・スキル），ヒューマン・スキル，テクニカル・スキル〕，人間関係能力，行動特性などがある。

第2節　C社におけるSCTとヒューマン・アセスメント（HA）の活用

　ここで紹介するC社は約20年前から，独自に開発したHAと，その補助資料としてSCTを採用し，アセスメント結果を管理職登用の際に活用し，また，キャリア開発の一環として対象者へのフィードバックも行っている。

　C社の開発したHAのディメンションは，表6-2，6-4，6-6に一部を掲載した35項目である。評価は，1～5（高くなるほどその傾向が強いことを示す）の5段階評価で，最後に全項目の評価データの平均値が載せてある。

　SCT評価は，第1章表1-8に説明した原則にのっとった符号評価に加えて，総合評価欄を設けD～Aの4ランク（C～Bのような中間の表現を含む）で評価し，また，総合コメントを付記したものである。

第3節　HA評価とSCT評価で差異のみられた3事例

　ここでは，HA評価とSCT評価で差異のみられた事例を3つ取り上げて，両者の関連性と差異について検討したい。

　HAでは高く評価されなかったがSCTでは比較的高い評価を受けたNM-1さん，逆に，HAでは上位にランクされたがSCTの評価はそれほど高くなかったNM-2さんとNM-3さんの3つの事例である。

1．事例：NM-1さん

　事務系。41歳。家族は妻と子ども1人。身長はあまり高い方ではなく，太り気味の体型。本人は，筋肉質で健康状態は普通と自己申告している。SCTは抜粋である。

84　第Ⅲ部　企業・人事組織現場における活用(2)ケース分析

SCT ケース　NM-1（男性，41歳）

Part Ⅰ

1　子供の頃，私は　　どちらかというとおとなしくて手のかからない子であったと母よりよく言われていた。
2　私はよく人から　　おこることなどめったにないのではと言われるが，嫁さんには外づらがいいだけだと切りかえされる。
4　私の失敗　　は大きなものはないと思う。小さな失敗はいっぱいするけど。
7　争い　　ごとはあまり好きではない。できれば避けたいものだ。
8　私が知りたいことは　　これといって思いつかない。
14　私のできないことは　　いろいろある。有能でないところはこつこつ努力するしかない
15　運動　　することは好きです。でも40オに近くなったころから体力に自信も持てなくなってしまった。
16　将来　　についても考えないといけないが，とりあえずはこの5年をどうのりきるかが先決だ
18　仕事　　は忙しい。とくに今は仕事環境がめまぐるしくかわっている
20　世の中　　にはいろいろな人がいる。おもしろい。
22　時々私は　　何もかも忘れて，温泉でもつかりながらゆっくりしたいなと思う。
23　私が心をひかれるのは　　静かなところでの静かな生活です。
26　職場では　　まだ自分を十分に出していないところがある。
28　今までは　　大過なくやってきたと思う。これからも頑張っていきたい
30　私が思いだすのは　　学生時代はやはり楽しかったことです。

Part Ⅱ

1　家では　　ゆっくりしたい。子供と遊ぶのが一番です。
2　私を不安にするのは　　嫁さんが不平不満を言うこと。こっちだって大変なのに。
3　友だち　　と酒でも飲むときが一番楽しい
5　もし私が　　もう少し才能があれば，もっと快適な生活できていたのに。
8　男　　に生まれてよかったと思う。女は何かとめんどうくさそうだ。
14　私が好きなのは　　テレビで野球を見ながらビールでも飲んでいる時だ。
16　金　　については，普通に生活する限りとくに不自由に感じることはない。
17　私の野心　　は，海外に行って働き，語学力を身につけて，自分の付加価値を高めることだ。
19　私の気持　　に素直に生きたい。
21　私が残念なのは　　20代の頃に海外に行けなかったことです。
25　どうしても私は　　人前であがってしまう。
27　私が羨ましいのは　　自分の好きな仕事をいきいきとしている人を見たときである。
28　年をとった時　　静かな所で静かに暮らしたい。
29　私が努力しているのは　　英語の勉強です。

　SCT評価（表6-1）では，実際的な知的能力，実際的な頭のよさを表す精神的分化度（diff.）は＋～で，HAに合わせて＋＋を5とする点数に置き換えれば4.3に近い。diff.は，自己や他者に対する評価の客観性，視野や見通しの広さ，洞察力，分析力，判断力，思考力，知恵といったものを内包する概念である。
　一方，HA（表6-2）では，洞察力，関心の広さ，計画性，自己認識力などが2.5と低く，分析力，計数力，思考の柔軟性などのディメンションの評価も高いものではない。われわれの考え方では，こうしたディメンションはdiff.と深い関係があり，また，カッツの3つの管理技能の1つ「コンセプチュアル・スキル」の1側面である（佐野・槇田・関本，1987）。同時に，これらの特性は

表6-1 NM-1さんの符号評価結果と総合コメント

精神的分化度 (diff.)	タイプ (type)	G	H	N	意欲	エネルギー (ener.)	安定性 (secu.)	総評
+〜	Se	±	±	±	±	±〜	+	B〜

総合コメント：
　知的能力は高い。したがって，客観的に自己を観察でき，また，周囲の環境観察も客観的である。洞察力がある。気質は基本がSなので，内閉的で外部に関心が少ない。顕耀性はほとんどなく，はったりで自分を目立たそうということはない。柔軟性があり，人間関係は良好のようだ。海外勤務を希望して，英語力向上に努力している。管理職より専門職をめざしている。落ち着きがあり，堅実，誠実で，心理的安定性は高い。

表6-2 NM-1さんのHAの評価結果

支配性	イニシアチブ	リラックス性	関心の広さ	分析力	計数力	論理的推理力	計画性	思考の柔軟性	洞察力	決断の速さ	口頭表現	自己認識力	ストレス耐性	自己主張	35項目の平均
2.0	2.0	2.5	2.5	3.0	3.0	3.5	2.5	3.0	2.5	2.5	2.5	2.5	2.0	2.5	2.8

　かなり抽象的な概念で，行動を観察しIQやコンセプチュアル・スキルにカテゴリー化するHAと，パーソナリティをみてdiff.にまとめるSCTでは，判断の基準が自ずから異なってくる可能性の高い項目である。

　気質はSeである。SCTを読むと，グループ討議などで発表しようとすると「緊張してしまってうまく表現ができない」（Ⅱ-25）ようだが，それを外からみればリラックスできていないとみえる。そうなるとストレス耐性も低いとみえる。イニシアチブ，口頭表現，自己主張などのディメンションで低く評価されていることも理解できる。Sの基本は「一人でいるのが快」で，それはSCTのなかにもしばしば書かれている。「**時々私は**　何もかも忘れて温泉でもつかりながら，ゆっくりしたいなと思う」（Ⅰ-22），「**私が心をひかれるのは**　静かなところでの静かな生活です」（Ⅰ-23），「**私が好きなのは**　テレビで野球を見ながらビールでも飲んでいる時だ」（Ⅱ-14）。エネルギーもあまりないし，人をかき分けて前へ出るなんて億劫でその気にならないのが本音であろう。しかし，Sは一度決断すると，冷徹に人員異動を断行し，リストラの必要性から人員整理が必要なときは，長年自分の右腕になってくれた部下をすぱっと退職させて，周囲を唖然とさせることを平然と行うこともある。さらに，NM-1さんの場合にはややエネルギーや社会通念的思考を感じる点で，Sにeを加えてある。

　ヒステリー（H）〔顕耀性（G）や小児性（I）〕と神経質（N）については，SCTでは「あまりある方ではない」という評価である。これは，HAの評価でも裏づけられている。自己主張2.5，支配性2.0，イニシアチブ2.0，口頭表現2.5という具合で，比較的低い評価である。Hがあると，自

己主張したらとことんこだわったり，皮肉を交えた反論をしたり，思いつきやどこかの講演会の講師が言ったことをさも自分の意見のように言い張ったりする傾向が強くなる。反対に，Hがないと，グループ討議のなかでは強い自己主張をしたり人の話を聞いて反論したりグループリーダーとなって発言を調整したり発言者の言葉を聞き直したりするなどということは少ないように思われる。

また，ストレス耐性2.0，リラックス性2.5，決断の速さ2.5という評価と，SCTの安定性（secu.）+という評価の間には，やや食い違いがあるように感じられる。これも，行動をみているのかパーソナリティをみているのかで生じた差異のように思われる。

総括的にみてみると，NM-1さんのように知的能力が高くてもHのあまりないS系の人は，行動評価を含むHAでは比較的低い評価になってしまう傾向があるだろう。事実，コンセプチュアル・スキル，人間関係能力や調整力といった観点を含む管理能力としては，ある程度低い評価になってしまうこともやむを得ないことかもしれない。それは，たとえばグループ討議での発言の少なさなどからもいえることである。まず考えられるのは，討議にあまり参加せず，したがって発言しないことである。その理由の1つとして考えられるのは，頭がよい人は高踏的というか超然としていて，次元の低い議論にはバカバカしくて，発言する気も起きないということが考えられる。こうした場面は研修の折りによくみかけることができる。もう1つは思考力の問題である。考えている内容が他の人たちが発言していることのように単純ではないために，条件が変われば当然解決法も変わってくる，前提条件がいく通りもあるはずだ，などと考えているうちに議論が進行してしまい，それを押しとどめてまで反対意見や自分の考え方を言うのが面倒になってしまうということも考えられる。

NM-1さんは，すでに述べたようにSの性格類型をしている。仕事中心の生活で家庭生活にまではエネルギーが回らず，Hや上昇意欲もあまりない。淡々とした生活態度であり，"管理職より専門職で，まあ1専門家として会社に貢献すればよい。そのための自己への投資については惜しまない"という感じである。こうした人には，自分は感じていないが，自然に醸し出す適度な貴族性・高踏性があり，これは嫌味がなく，心理的な安定性もあるので，部下も安心して話ができ，自分を防衛しなくてもよい。

diff.が高くても，NM-1さんのような性格の人は，HAのようにアメリカで選抜用に開発されたプレゼンテーションの能力・技能を含むアセスメント技法では，エネルギーやバイタリティの面を低く評価されてしまうのだろうという感想をもった。

2．事例：NM-2さん

技術系。40歳。家族は両親と兄弟。やせ形の体型で，健康状態は普通と自己申告している。SCTとHAの評価結果は，表6-3，表6-4のとおりである。SCTは抜粋である。

NM-2さんのdiff.は(±)～+と，NM-1さんに比べると半ランク以上低い。点数に置き換えれば3.6というところである。それに比較して，HAで知的能力に該当すると思われるディメンション群では，対人感受性や共感性，関心の広さといった項目を除いて，3.0～3.5という比較的高い値が並んでいる。この差異は，後に述べるNM-2さんのHの高さにその原因が求められるようだ。

NM-2さんの気質はSEである。NM-1さんの気質とかなり類似しており，重ねて述べる必要はないであろう。

気質については，よく，ビジネス系の性格の本などに職業適性との関係において書かれている。たとえばS型の人は，経理事務職向きで，営業職はもっとも不向きといわれている。しかし，著者は営業職で抜群の成績を上げたS型の人を何人も知っている。要は，気質に職業適性や能力の優劣はないということである。

SCT ケース　NM-2　（男性，40歳）

Part I
1　子供の頃，私は　　犬がきらいでした。噛まれたことがあったからです。しかし，今では犬は大好きになっています。
2　私はよく人から　　おもしろい人だと言われます。自分ではそんなつもりではないのに，なぜそういわれるのか疑問に思うことがあります。
3　家の暮し　　はただ寝るだけの場所になっています。もっとリラックスできる時間が欲しい。
4　私の失敗　　を数え上げたら，きりがありません。でも，切りかえが早いので失敗したことをくよくよしません。
5　家の人は私を　　ぐうたらだと思っているかもしれませんが，一歩家を出ればまじめにやってます。
6　私が得意になるのは　　人からおだてられたときです。私はお調子者ですから，ほめられると何でもやってしまいます。
8　私が知りたいことは　　細かい部分ではなく，大筋の部分であるのに　私の回りの人は細かい部分の説明をしたがる。
14　私のできないことは　　たくさんあります。むしろできることの方が少ないです。私のできることって，いったいどれくらいあるのだろうかと考えるとできないことばかりでいやになります。
18　仕事　　に対して不満はたくさんありますが，その不満をひとつひとつ解消していくことも私の仕事だと考えています。
19　私がひそかに　　思っていることは，今の社会を何とかよくしたいということです。でも具体的な方法は何も考えていません。
22　時々私は　　このままでいいのかと思うことがあります。何をどう変えるべきか考えたりします。
24　私の不平は　　たくさんあります。しかしすべての不平を口に出したらきりがありません。
28　今までは　　勢いだけで生きてきた気がします。これからは思慮深い生き方もしてみたい。

Part II
1　家では　　あまりTVを見ない。TVはきらいではないが好きでもない。
2　私を不安にするのは　　毎日の天気。雨が降るとゆううつになる。
4　私はよく　　海に行く。海を見ていると気持ちがいい。
5　もし私が　　カブト虫だったら，毎日ミツをなめて生活できるのに。
7　もう一度やり直せるなら　　中学生に戻りたい。まじめに勉強しておけば良かった。
8　男　　はつらいよ。逃げ出したいような状況でも逃げ出せない。
9　私の眠り　　は会議中に補充します。人の話声が体の波長に良く合う。
10　学校では　　人気者でした。今ではすっかり人気もなくなりました。
15　私の頭脳　　には何が入っているのか興味があります。よく人から何を考えているのか分からないと言われます。
17　私の野心　　は大きいが，現在の私は小さい。実現するためには小さなことを積み上げて行くしかない。
19　私の気持　　は強い方です。一度決めたら最後までやりぬきます。

21	私が残念なのは	中途半端に事を終えた時です。最後までやらないと気持ちが悪い。
22	大部分の時間を	会社で過ごしています。自由な時間がほしい。
25	どうしても私は	自分中心で考えてしまうことがある。人の意見を聞くようにしたい。
26	家の人は	気楽でいいなと思う。でも人それぞれ頑張ってるんだと思う。
27	私が羨ましいのは	努力をしなくてもできる人。そうなればどんなに楽だろうか。
30	私が忘れられないのは	成功したことよりも，失敗したことの方だ。

表6-3 NM-2さんのSCTの符号評価結果と総合コメント

精神的分化度 (diff.)	タイプ (type)	G	H	N	意欲	エネルギー (ener.)	安定性 (secu.)	総評
(±)〜+	SEhn	+〜	+〜	±〜+	±〜+	±〜+	±〜+	C〜B
総合コメント： 知能（IQ）は高いような感じはあるが，全体に中途半端で，ふわふわとした印象。実際的知的能力である diff. は高くはつけられない。この人の H は，人をけおとしてまで昇進しようとする上昇志向とは異なる。地に足が着いていない感じ。よくいえばユニーク，悪くいえば独善的な言動がみられるかもしれない。未成熟で柔軟性に欠ける。幼く，わがままで，自己中心的な印象。自虐的な表現が散見され，それによって対人関係を構築しているような傾向が見受けられる。								

表6-4 NM-2さんのHAの評価結果

支配性	イニシアチブ	対人感受性	問題感受性	共感性	関心の広さ	論理的推理力	独自性	思考の柔軟性	評価力	洞察力	口頭表現	自己認識力	ストレス耐性	自己主張	35項目の平均
3.0	2.5	2.5	3.5	2.5	2.5	3.5	3.0	3.0	3.5	3.5	3.5	3.0	3.5	3.0	3.0

　NM-2さんはHが+〜，Nが±〜+で，SEhnとはいってもかなりSEH(n)に近い性格をしている。nに関しては，生活における不全感がいくぶんか強いというだけで，大した問題ではない。まず目立つのは，子どもっぽく，内容がないこと。「**もし私が　カブト虫だったら，毎日ミツをなめて生活できるのに**」（Ⅱ-5），「**もう一度やり直せるなら　中学生に戻りたい**」（Ⅱ-7），「**家の人は　気楽でいいなと思う。でも人それぞれ頑張ってるんだと思う**」（Ⅱ-26），「**私が羨ましいのは　努力しなくてもできる人。そうなればどんなに楽だろうか**」（Ⅱ-27）といったコメントは，40歳の人の書いた文章とは思えない。未成熟で自己中心的で，Hが強いということである。「**どうしても私は　自分中心で考えてしまうことがある。人の意見をよく聞くようにしたい**」（Ⅱ-25）と多少自覚もある。また「会議中の居眠り」（Ⅱ-9）など，露悪的なコメントでバランスをとっているようなところもある。

　Hの強い人は，詫摩（1968）も同様の表現をしているが，常に芝居をしていて，人を煙に巻いて悦に入っているところがある。また，自分が話題の中心にいなくては気が済まないので，楽しく

喋っているが，会話を楽しんでいるのではなく，相手の反応をみていかに自分の話に感動しているか（だまされているか）を秘かに楽しんでいる。こうした人は，話術が巧みで，ときどき気の利いたユーモアを交え，外国人のようにジェスチャーを加え，顔の表情も豊かである。そして，全体として利口そうにみえる。IQがある程度高く，Hの高い人は，弁舌が爽やかで，知的にみえやすい。入社試験の面接など10分や20分ぐらいは見事に「演じきる」ので，新米の人事部面接者などはころりとだまされて，"特上"の評価をつけて採用してしまいがちである。

HAで，NM-2さんの口頭表現3.5という数字は，今回のデータの中ではトップ10％のなかに入っている。これは，そうしたHが高いためであろう。自己主張や支配性が3.0であるのも理解できる。しかし，イニシアチブや対人感受性，共感性の評価は比較的低い。イニシアチブのスコアが低いのはさすがに基本がSの気質で，相手を強引に引っ張っていくようなエネルギーがないことが現れたもの，対人感受性や共感性のスコアが低いのはdiff.との兼ね合いでSの独善性が現れたものと思われる。同様に，関心の広さも，自分の関心のあるものにしか興味を示さない，人間に対する理解の狭さを表しているように思われる。また，問題感受性，評価力，洞察力などがHAで高く評価されているのは，口頭表現の高さに起因するハロー（光背）効果ではないかと思われる。

誤解のないように述べておくが，これまで大企業といわれる組織では，だいたい有名大学から成績のよい人を採用してきた。これは，一般的にいう偏差値が高い人を採用すれば，それなりに仕事もし業績も上げてきたという経験則からである。しかし，著者は，そうした人のなかに管理職にするとうまくいかないというケースを何人もみてきた。要は，知的能力とHとの兼ね合いの問題である。また，IQとdiff.との兼ね合いの問題である。IQ＞diff.でHが高すぎると，自分より能力が高い人（これは敏感に察知する）を排除し，自分の取り巻きをつくりたがる傾向がみられる。これではマネジメントが機能しなくなってしまう。ストレス耐性のスコアが高いのも，Hゆえの自己中心的で無反省な性格がよい方に評価された結果であるように思われる。

3. 事例：NM-3さん

45歳，男性。広報系事務職。頭はよいが，NM-2さんと比較したとき，Hの強さはほぼ同じだが，Gの程度が高い。自己主張がはっきりしており，行動面では積極性がみられるが，思い込みが強く，柔軟性にやや欠け，かたいパーソナリティであるゆえに，HAよりSCT評価が下回るケースとみることができる。

押し出しはよい方だろう。だんだん自分のことがわかってきてはいるが，社会通念的で，力強さが第一。家族に対する態度，容姿，学校時代の人間関係などをみると，かなり顕耀性が高い。比較的頭がよいので，総評はそれほど悪くはないが，管理職としてはもう少し他者配慮性やしなやかさがほしい気がする。

SCT ケース　NM-3　（男性，45歳）

Part Ⅰ

1. 子供の頃，私は　　よく遊んだ。自然が今より豊かだったから，自分の子供にもそんな遊びをさせてあげたいと思う。
2. 私はよく人から　　戦闘的だと思われている。今まで置かれていた立場から，かなり無理をしていたと思う。
3. 家の暮し　　は，リラックスできて楽しい。考えてみるとうちの家族はいいチームメートだと思う。
4. 私の失敗　　は，人生の目標を持つということに強い意志がなかったことだ。
5. 家の人は私を　　仲間と思ってくれている。とても嬉しいことだ。私もできるだけ彼らに応えてやりたい。
6. 私が得意になるのは　　チームのメンバーに進むべき道を示すことができ，それを受け入れられた時である。
7. 争い　　ごとはできるだけ避けたい。しかし，目標を達成するために避けられないのであれば仕方がない。
8. 私が知りたいことは　　人生を有意義に過ごすための気持ちの置き所である。必ずしもお金，地位というものでは得られない。
9. 私の父　　は，私が幼い頃は厳格であったが，成人してからはとても優しくなった。今は亡き父と，もっと交わりたかった。
10. 私がきらいなのは　　信頼を裏切ることである。能力が足りなくてそうなるのは仕方ないが，気持ちが折れるのは許せない。
11. 私の服　　装はポリシーがない。というか，社会人として服装にポリシーまで持つことができない。
12. 死　　は誰にでもやってくる。その意味では公平だが，やってくるタイミングやシチュエーションはきわめて不公平である。
13. 人々　　はそれぞれが個別の考えを持っているが，不思議なことにどのようにグループ化してみても集団としての意志が表れるものだ。
14. 私のできないことは　　ないと思いたい。この歳になっても，自分の可能性に期待を持っていたい。
15. 運動　　しないといけない。近頃は体力の衰えを感じることが多くなった。
16. 将来　　は，もっと家族との時間を増やしたい。そして自分のための時間も増やしたい。
17. もし私の母が　　亡くなったら，自分はどのような精神状態になるのだろうか。
18. 仕事　　を面白いと感じることが増えた。今までは結果で満足を得たが，最近はプロセスで喜びを感じる。
19. 私がひそかに　　尊敬しているのは，新任の上司である。そのTPOに合った言動，相手に合わせた指示は今後学んでいきたい。
20. 世の中　　は平和だが，活力が失われたように感じるのは，もしかすると心の状態を映し出しているのだろうか。
21. 夫　　としての十分な役割を果たしているとは言えない。
22. 時々私は　　自然の中に身を置きたくなる。そしてそれを実行する。
23. 私が心をひかれるのは　　誰に対しても同じように柔和でいられる人である。
24. 私の不平は　　取るに足らない。むしろ，自分自身に帰ることが多いと思う。
25. 私の兄弟（姉妹）　　仲，どうにかして昔のように心を開きたいのだが。
26. 職場では　　信頼されていると思う。しかし，直接の部下は女性であるだけに扱いが難しい。
27. 私の顔　　形はまあいい方だと思うが，肌はどうしようもない。脂症でシミも目立つ。
28. 今までは　　仕事の結果を求め過ぎていた。短期的な成果も大切だが，長い時間を考えて人間関係を作ることが大切だ。
29. 女　　性だからといってその能力を見くびるのは失礼だ。むしろ女性としての特性を活かした方がよい。
30. 私が思いだすのは　　幼いころの暮らしである。何より精神が自由だった。

Part Ⅱ

1. 家では　　ついだらしなく過ごしてしまう。子供には目標に向かって一歩一歩進める後ろ姿を見せたいと思うのだが。
2. 私を不安にするのは　　お金のこと。年金，保険など人生設計をもっと明確にしないといけない。
3. 友だち　　が欲しい。もっとたくさん欲しい。
4. 私はよく　　子供といっしょに過ごす。
5. もし私が　　父の跡を継いで内装工事会社を経営していても，金銭的には良かったかも知れないが精神的には辛かっただろう。
6. 私の母　　は宇宙で一番大切な存在である。しかし普だんの態度では，その思いは通じていないだろう。
7. もう一度やり直せるなら　　中学三年でタバコをくわえた瞬間に戻りたい。
8. 男　　は責任がある。これを果たしてから自分に時間やお金を使うべきである。
9. 私の眠り　　は好調だ。でも，もっと睡眠時間は必要だ。
10. 学校では　　人気ものだった。
11. 恋愛　　は人生を豊かにする。ただし，家庭を持ったからにはそのために不幸になる人がいることを忘れてはいけない。
12. もし私の父が　　生きていたら，兄ではなく私を跡継ぎにしただろう。
13. 自殺　　は大いなる罪である。少年時代に美化したこともあったが。
14. 私が好きなのは　　純粋なこころである。それを持ち続けることは今の時代には辛いが。
15. 私の頭脳　　は仕事用に変わったのかも知れない。昔は記憶力＝賢さと考えていたが。
16. 金　　は全てではない。しかし，ベースとなるものだ。
17. 私の野心　　は自分に対して向けられる。出世そのものには向かないが，それによって自己の成長を得たいと思う。
18. 妻　　は優しくなった。しかし，まだ気まじめ過ぎるところがある。
19. 私の気持　　は，二の次である。
20. 私の健康　　は可もなく不可もなくだ。
21. 私が残念なのは　　改革をしようとしない社会である。まず，自らを変えなければ，人に要求する資格はない。
22. 大部分の時間を　　家族や友達と過ごせる人は幸せだ。
23. 結婚　　は運だ。しかし，その意味をもっともっと考えなければならない。
24. 調子のよい時　　は，いろいろなことがスムーズに運ぶ。逆に調子の悪い時こそ自分を成長させてくれる。
25. どうしても私は　　整理が下手だ。まず机の周りから片付けよう。
26. 家の人は　　私のことを大好きだろう。なぜなら，私が彼らを大好きだから。
27. 私が羨ましいのは　　夫婦二人だけで時間や空間を共有できる関係である。
28. 年をとった時　　私たち夫婦はどのような関係だろうか。二人それぞれが子供に向かっている気持ちをお互いに向けられればいい。
29. 私が努力しているのは　　女性のストレートな感情表現に対し，基本的には我慢しつつこちらの考えを伝えることである。
30. 私が忘れられないのは　　中学生の時に人気者だったことである。

表6-5　NM-3さんのSCTの符号評価結果と総合コメント

精神的分化度 (diff.)	タイプ (type)	G	H	N	意欲	エネルギー (ener.)	安定性 (secu.)	総評
＋	EH	＋〜＋＋	＋〜	±	＋	＋	±〜＋	B

総合コメント：
広報系事務職。押し出しはよい方だろう。だんだん自分のことがわかってきてはいるが，社会通念的で，力強さが第一。感受性や柔軟性はあまりない方。かたい。家族に対する態度，容姿，学校時代の人間関係などをみると，かなり顕耀性が高く，思いこみも強い。比較的頭がよいので，総評はそれほど悪くはないが，管理職としては，社内での対人関係や問題解決時などに，もう少し他者配慮性やしなやかさがほしい。

表6-6　NM-3さんのHAの評価結果

支配性	イニシアチブ	対人感受性	問題感受性	共感性	関心の広さ	論理的推理力	独自性	思考の柔軟性	評価力	洞察力	口頭表現	自己認識力	ストレス耐性	自己主張	35項目の平均
3.5	3.0	3.0	3.0	2.5	3.0	2.5	3.0	3.5	3.0	3.5	3.0	2.5	3.0	3.5	3.0

おわりに

　今回データを得た管理職候補者研修の受講者中，SCTの総合評価がAであった人は全員HAでの評価も高く，両者の評価が大きく乖離している人はいなかった。

　一般に，diff.に関していえば，大卒なら±〜＋程度はある。管理職なら＋ぐらいはあるものである。

　diff.は実際的・総合的な知的能力を表している。そして，それは単なる頭のよさだけではなく，さまざまな人間感情，欲求・動機などのコントロールタワーとしての役割，パーソナリティの安定性などに寄与している。diff.が高ければ相当のHでもコントロールできる場合もある。逆に，diff.が低ければHがそれほど高くなくてもコントロール不能になる場合がある。それをわれわれは，"diff.を越えたH"と表現している。要は，兼ね合いの問題である。secu.の問題といってもよい。

　HAは，さまざまな技法を組み合わせて管理職適性，管理能力や業務能力を評価する，あるいはそのポテンシャルを測るという意味では，優れた技法だと思う。現に，DDI社では今クライエントが3,000社に上っているといわれており，世界的に幅広く採用されている技法である。

　C社のHA評価は多くの会社と同様5段階評価であるが，今回のデータをみるかぎり，スコアの多くは3.0で，あまりばらつきがなかった。

　パーソナリティの特性は，よい・悪いという価値の観点から評価すれば，よいところと悪いところが混在しており，そこに個性が現れるものである。HAでは，業務能力あるいは管理職適性（管理能力）にかかわる「良い特性」をディメンションとして並べ，そのスコアの合計値，あるいは平

均値の高いことが価値のあることとしている。しかし，単に平均値という1つの数字だけが一人歩きをすれば，候補者一人ひとりの個性は表現されないことになる。

　前の第5章の図5-1でいえば，本来のHAは行動観察をおもなデータとする「業務能力・業務行動レベル」の，SCTは言語反応をおもなデータとする「パーソナリティ・レベル」のアセスメント技法といえるであろう。したがって，HAとSCTとの間に結果の差異が生じるのもある程度はうなづけることである。

　C社の場合は，昇格時に，今までの人事評価の積み重ね，業績の推移などとともに，複数のアセスメント技法・キャリア開発技法を組み合わせたアセスメントにSCTを加えて，包括的・総合的な評価を行っている。C社は，人手と費用と時間をかけて，ていねいな人事管理，キャリア開発をしているということができる。

　今回，3ケースのHAの評価とSCTの評価を比較してみて，C社が20年以上にわたって，HAとSCTを併用されてきた意味が理解できたように思われる。

文　献

MSC（編）1989　ヒューマン・アセスメントはどこまで進んだか　ダイヤモンド社
佐野勝男・槇田　仁・関本昌秀　1987　新・管理能力の発見と評価　金子書房

第7章　採用における活用
―面接結果と齟齬のあるSCT―

はじめに

　企業とは「財やサービスを生産し提供する事業体」のことであり，「現代の生産技術のもとでは，事業を行うために資本と労働とを必要とする」（若杉，2005）と定義されてきた。この定義に従えば，企業には財や資本のほかに，その目的を達成するための「有能な人材」（以下，単に「人材」という）が必要となる。また，企業が永続的に発展していくためには，企業は人材を継続的に確保していかなければならない。

　本来，企業が継続的に人材を確保していくためには，人材の「採用」と「育成」に同時に取り組んでいかなければならないが，スピードを重視する現代的な企業経営の立場からすれば，まずは即戦力となる人材の採用が優先されることも多い。

　本章では，企業経営の環境の変化および企業の人事諸制度の変化を概観したうえで，今後，企業が有能な人材を確保していくために必要な課題，そしてその解決策の1つとしてのSCTの活用について検討を行う。

第1節　企業をめぐる経営環境の変化

　わが国の経済は戦後の荒廃のなかから奇跡的ともいえる成長を遂げ，代表的な経済の指標である国内総生産（GDP）ではアメリカに次いで第2位の経済大国の地位にまで上りつめた。しかしながら，1990年代初頭から始まったいわゆるバブル経済の崩壊により，わが国の経済は長期にわたって低迷が続いており，その期間は「失われた20年」ともいわれている。なお，この間の成長が著しいのが中国であり，2011年のGDPではわが国は中国に抜かれて世界第2位の経済大国の座からも転落したようである。

　戦後のわが国の高い経済成長の原動力となったのは何よりも民間企業の経営努力であるが，その企業経営を支えたのがいわゆる「三種の神器」というわが国企業特有の人事制度であるといわれている。「三種の神器」とは，「終身雇用」，「年功序列賃金」，そして「企業別労働組合」であるが，これらの制度は，企業にとっては安定的に人材を確保できるというメリットがあり，従業員にとっては安心して会社のために働けるというメリットのある制度である。これらは企業とそこで働く従業員との間に安定的な関係をもたらし，企業の成長の原動力となっていた。

　バブル経済の崩壊という厳しい経営環境のなかで企業は生き残りをかけて経営改革や合理化に取り組んでいるが，そのなかでは当然のことながら人事諸制度の見直しも進められてきた。「終身雇用」はリストラなどによる人員削減，コスト削減のための非正規社員の拡大，業務のアウトソーシ

ング化などによって姿を消し，今や「終身雇用」に代わって「半身雇用」という言葉が生まれている。また，「年功序列賃金」は個人の成果や能力などを評価する「成果主義」や「実力主義」といった新たな報酬制度に姿を変え，「労働組合」についても個人主義の台頭などにより組織率は低下の一途をたどっており，今となっては「三種の神器」に支えられた企業経営は終焉を迎えたと言っても過言ではない。

さらに，「三種の神器」以外でも，新卒者を定期採用し企業内で育成する「新卒純血主義」は即戦力の確保のためのキャリア採用（中途採用）の増加によって，その比率は低下傾向にある。また，新卒者についていえば，厳しい「就職氷河期」を乗り切って就職を果たしても「3年3割」といわれるように短期間で離職する傾向が高まっており，雇用のミスマッチという問題が生じている。このように，「三種の神器」をはじめとして，従来は当然のこととされてきた，いわゆる伝統的な日本型の雇用システムそのものが崩壊しようとしている。

ところで，現在，厚生年金の支給開始年齢の引き上げにともない，65歳までの再雇用の義務化の議論が行われている。今のところ企業側の反発が強いようであるが，実際に義務化されると，従業員の高齢化への対応や新卒者の採用への影響など，新たな雇用環境の変化を生じさせる可能性がある。

第2節　企業の人材採用の現状と課題

企業における人材採用の現状を概観すると，多くの従来型の大企業では，終身雇用・新卒純血主義を前提とした人事制度がとられていることから，おもに新卒定期採用を中心に行ってきたので，新卒採用については十分な経験を有しているが，キャリア採用の経験は乏しいという特徴がある。一方，急成長を続けている新興企業では，即戦力の確保という観点からキャリア採用による人材確保が中心であるので，新卒定期採用の経験は乏しいという特徴がある。ところが，雇用の流動化が進むなかで，従来型の大企業でも中途採用に積極的に取り組むことになり，また，新興企業では将来の人材の安定的な確保のために新卒定期採用に取り組むようになっている。このように，雇用環境の変化によって，企業は人材採用の面でも幅広い取り組みが求められるようになってきた。

企業における人材採用は，新卒採用の場合には，採用してから育成することを前提に潜在能力（いわゆる，コンピテンシー）の評価が重要な要素となり，キャリア採用の場合には，採用目的は特定の職務・能力の専門家（経験者）が中心であることから，即戦力か否かが重要な要素となるが，いずれにしても，企業が求める人材は基本的にはレベルの高い仕事をこなす能力，すなわち「職務遂行能力」が重要であるといわれている。

では，企業の人材採用はどのように進められるのであろうか。一般的な手順を確認する。

新卒採用の場合，会社説明会への出席，応募書類として履歴書や志望理由書の提出，職務遂行能力についての適性検査の実施，面接（通常は集団面接，人事部門の個別面接，役員面接というように数回にわたって行われることが多い）というかたちで進められる。

一方，キャリア採用の場合，応募書類として履歴書や職務経歴書の提出が求められ，2〜3回の

面接が行われることが多い。キャリア採用の場合は，入り口としては職務ごとの採用のケースが多いことから，職務経歴書が重要な判断材料となり，適性検査などが実施されることはあまりないようである。面接も受け入れ部門や人事部門の担当役員や部長によって行われ，新興企業などでは社長が直接面接することもある。

このように，企業の採用については新卒採用・キャリア採用ともに面接が中心となるが，厚生労働省より，「採用のためのチェックポイント」（厚生労働省ホームページ，2007）として「1．公正な採用選考について」および「2．公正採用選考チェックポイント」が示されているので，企業は人材採用においては，このガイドラインの遵守が求められ，採用面接などの場面では特に注意しなければならない。

次に，企業の採用基準であるが，企業の求める「職務遂行能力」とはどのようなものであり，その能力をどのように評価しているのであろうか。企業の採用の実態としては，いわゆる職務遂行能力の評価は，学歴が，加えてキャリア採用の場合にはさらに職歴（それまでの勤務先）が，大きな判断材料となっているようである。実力主義を唱えている企業の人材採用の場合でも，実態として学歴や職歴を重視しているケースが少なからず存在する。

また，新卒採用においてもキャリア採用においても，採用の可否については面接のウェイトが高いが，面接する側に人材を見極める能力があるのか，心もとなく思える。企業経営者のなかには，わずかな時間でも話をしただけでその人物がわかると豪語する人もいるが，履歴書や職務経歴書程度の材料をもとに20～30分程度の面接時間で採用候補者の能力や性格を十分に把握することが難しいことはいうまでもない。

第3節　キャリア採用候補者 NM-4 さんの事例

ここで取り上げるのはD社におけるキャリア採用のケースである。D社が法務関連職のキャリア採用を行った際に，応募してきたのがNM-4さんである。NM-4さんは大学卒業後に数年間司法試験にチャレンジしたが失敗し，上場会社であるY社の法務部に就職していた。なお，D社への転職理由は「自分の能力をもっと発揮したい」ということであり，Y社に在職のまま応募してきたものである。

D社では，履歴書・職務経歴書の提出を受け，NM-4さんとの面接を行った。面接は受け入れ予定部門の部長など複数の管理職が担当したが，面接終了後の面接者の評価はいずれも採用可とするものであった。したがって，年齢（29歳），学歴，職歴（勤務先企業，職務経験），面接の評価などすべての点において特段の問題はなく，従来のD社の採用方法であれば採用となるケースであったとのことである。

ところで，D社はこの面接の際，NM-4さんにSCTを実施していた。面接などでは採用可という評価であったが，SCTに違和感を感じたD社の人事担当者よりSCTの判定の依頼を受けたのである。

SCTの評価の内容は図7-1に示したとおりであるが，この評価を受けてD社はNM-4さんの

採用を見送りとしたのである。

SCT ケース　NM-4　（男性，29歳）

Part I
1　子供の頃，私は　　よく遊んでいた。
　　　兄弟の結束が強かった。
2　私はよく人から　　怒られる。
　　　でも仕方ない。
3　家の暮し　　は楽である。
　　　一人暮らしは大変である。
4　私の失敗　　は沢山ある。
　　　数えきれないほど沢山ある。
5　家の人は私を　　大切にしていたと思う。
　　　私も家の人を大切にしていた。
6　私が得意になるのは　　いいことをしたときだ。
　　　とても気持ちがよい。
7　争い　　は大変である。
　　　余り好きではない。
8　私が知りたいことは　　沢山ある。
　　　でも時間がない。
9　私の父　　は偉かった。
　　　でも，大変だった。でもいい人だった。
10　私がきらいなのは　　沢山ある。
　　　数えあげたらきりがない。
11　私の服　　はフツーである。
　　　話すことはない。
12　死　　は終りである。
　　　でも仕方がない。
13　人々　　は流れていく。
　　　川のように。
14　私のできないことは　　山ほどある。
　　　克服すべきなのか。
15　運動　　は大切だ。
　　　心を切りかえ，リフレッシュさせる。
16　将来　　は大きくならなくてはいけない。
　　　今はただガマン。
17　もし私の母が　　生きていたら。
　　　でも，まだ生きている。
18　仕事　　はタイヘンだ。
　　　でも，みんなやっている。
19　私がひそかに　　考えているのは何か。
　　　私にも判らない。
20　世の中　　は動いている。
　　　誰も抵抗できない。
21　夫　　は一人。
　　　私も夫の一人。

22　時々私は　　　考える。
　　　　何故自分が生きているのかと。
23　私が心をひかれるのは　　　美しい人。
　　　　外見も内面も。
24　私の不平は　　　ある。
　　　　でも，言っても仕方ない。
25　私の兄弟（姉妹）　　　は良い。
　　　　よく助けてくれた。
26　職場では　　　ガンバル。
　　　　和を保てるように。
27　私の顔　　　は生意気といわれる。
　　　　でも，仕方ない。
28　今までは　　　すべて過程。
　　　　これからが勝負。
29　女　　　は特段問題ない。
　　　　さわぐことはない。
30　私が思いだすのは　　　子供のころ。
　　　　無邪気だったころ。

Part II

1　家では　　　一人気軽にやっている。
　　　　一番リラックスできる。
2　私を不安にするのは　　　別にない。
　　　　考えても仕方がない。
3　友だち　　　は余りいない。
　　　　でも，みなも本当は余りいないらしい。
4　私はよく　　　喋べる。
　　　　性分だから仕方がない。
5　もし私が　　　しんだらどうなるか。
　　　　別に何も変わらない。
6　私の母　　　はよくやってくれた。
　　　　子供おもいのひとだった。
7　もう一度やり直せるなら　　　と考えても仕方がない。
　　　　全てはこれが人生。
8　男　　　は大変だ。
　　　　でも女も大変だ。
9　私の眠り　　　は浅い。
　　　　でも眠るのは好きである。
10　学校では　　　特別のことはなかった。
　　　　全てを流していた。
11　恋愛　　　はフツー。
　　　　別に何とも思わない。
12　もし私の父が　　　生きていたら。
　　　　と言ってもまだ存命中である。
13　自殺　　　とさわいでも仕方ない。
　　　　結局みんな死んでいくから。
14　私が好きなのは　　　生きること。
　　　　そして美しい風景をみること。

15　私の頭脳　　はスゴイ。
　　　　と思いたい，本当は知らない。
16　金　　は沢山あるほどよい。
　　　　でも，現実性はない。
17　私の野心　　は政治家。
　　　　でも，現実性はない。
18　妻　　はいる。
　　　　でも，まだ結婚していない。
19　私の気持　　はクリア。
　　　　すみきって単純。
20　私の健康　　はよい。
　　　　だからいつも走っている。
21　私が残念なのは　　と言ってもはじまらない。
　　　　全てをうけとめなくてはいけない。
22　大部分の時間を　　無駄にした。
　　　　はやくとりかえさないといけない。
23　結婚　　はする。
　　　　まだ，先だけど。
24　調子のよい時　　は気持ちがよい。
　　　　希望に満ち溢れている。
25　どうしても私は　　立ちどまってしまう。
　　　　でも特に問題はない。
26　家の人は　　色々いる。
　　　　でも，結局は一つ。
27　私が羨ましいのは　　と言っても仕様がない。
　　　　うらやましがっても仕方ない。
28　年をとった時　　はタイヘン。
　　　　体が動かないとタイヘン。
29　私が努力しているのは　　生きること。
　　　　生きることは大切。
30　私が忘れられないのは　　フクオカの思い出。
　　　　あのパーティは切なく楽しかった。

環境	男性，29歳。大学法学部を卒業している。学生時代から司法試験にチャレンジし続けたが失敗したので，事業会社（上場会社）の法務部に勤務し，約2年経過したところである。また，家族に関する記述は混乱しており，よくわからない。
身体　ener. ±～+	自己申告では，健康状態は「強」，体格は「筋肉質」である。身体的な記述に大きな問題はない。
能力　diff. ±～	IQは高いのであろうが，SCTの文面はかなり混乱しており，幼さが感じられ，現実対応力に欠ける。
性格　type HN　G +～　H ～++　N ++　secu.～±	未成熟さと防衛的な感じが強い。強迫性も感じられる。不安定性と混乱で，気質がよくみえない。
指向　意欲 ±	自発性や意欲が乏しい感じがする。
その他	文章のなかには，一部真面目に書いていないような表現や防衛的な表現がみられる。もし，真面目に書いているのであれば何を考えているのかよくわからない感じがし，安定性に乏しい。また，ほとんどが混乱した記述で思考や感情，意欲に混乱と不安定さを感じる。なお，このSCTをみるかぎり，人事採用の場合，見送りが至当であろう。

図7-1　NM-4さんのSCT評価結果

このように，企業の人材採用においてSCTを利用する際は，その内容がおかしいと感じた場合には，明確になるまで確認するか，その時点で採用の見送りを検討すればよいのである。

なお，後日，NM-4さん本人からD社に，当時勤務していたY社を解雇されたとの連絡があったということである。NM-4さんによれば，上司に反抗したとして処分されたという話である。しかし，仮にNM-4さんの主張どおりであれば，法律の知識をもつNM-4さんは法的手段など何らかの対抗措置をとるのではないかと思われるが，そのような事実は確認できず，NM-4さん側に何らかの問題があった可能性も否定できない。

第4節　企業の人材採用におけるSCT活用の実務

企業の人材採用におけるSCT活用の実務について，槇田ほか（2001），伊藤ほか（2004），伊藤ほか（2005）を引用しながら述べてみたい。

SCTは個人の全体像，すなわちトータル・パーソナリティの把握を可能にするものなので，企業の人材採用の場合においても，SCTにより採用候補者のトータル・パーソナリティの把握と将来の業務行動や業務成果の予測ができれば理想的である。

また，SCTでは8つの「符号評価」を取り入れているが，企業の人材採用においては，特に「diff.」と「type」のなかの「G」・「H」・「N」，「secu.」および「意欲」が重要であると考えられる。

まず，「diff.」とは，「知能を基礎とし，自己評価や他者評価の客観性・視野や見通しの広さ・洞

察力・分析力・判断力・思考力・知恵などを含むいわゆる頭のよさ，総合的・実際的な知的能力」のことである。評価は±が平均で，数ももっとも多い。しかし，この程度の分化度では高い知的作用を行うのは難しいとされ，そのようなことが可能であるためには，やはり＋程度の diff. が必要と考えられている。また，大企業においては課長以上の管理職の場合には＋程度の diff. が必要ともいわれる。学歴や学業成績と diff. とは高い関連性をもたず，いわゆる一流大学を卒業した者であっても，diff. が低いような場合には企業では必ずしも昇進できるとは限らない。

次に，「type」である。「type」のうち，性格の中心をなし素質的な面の強い「気質 (SZE)」にはそれぞれの長所・短所があるので，企業の人材採用における能力評価の対象としてはあまりこだわる必要はないが，「気質 (SZE)」の外側に位置し，生活史や周囲の環境の影響を受け，気質に彩りを与える「狭義の性格〔H (G) N〕」はかなり重要であると考えられる。G とは自己顕示欲が強く自分をよくみせようとする傾向であり，業務を遂行していくうえでは両刃の剣である。すなわち，G が強いからよい仕事をする期待があるが，G が強いゆえに周囲が辟易するということもありうる。また，I とは社会化が十分ではなく，わがまま・無反省・移り気・自己中心性といった未成熟な傾向のことであり，当然ながら採用対象者としては好ましくない。一方，N は陰性であり，劣等感や不安定感が特徴である。したがって，N が強ければ採用候補者としてはあまり好ましくない。

ただし，HN が高い場合であっても diff. が高ければ，HN をコントロールすることが可能な場合があり，一方，diff. が低ければ HN があまり高くない場合でもコントロールがきかなくなることがあるので，HN の強いケースでは，diff. との関係を十分に検討する必要がある。この兼ね合いをみるのが「secu.」である。

また，「意欲」はやる気・達成動機であり，企業の人材採用における表記では，仕事に対する意欲をみることができるという点で重要である。

では，企業の人材採用においては SCT をどのように行えばよいのであろうか。まず，企業の採用においては，採用面接前に SCT を記入させることが望ましい。記入された SCT については，採用面接において，履歴書や職務経歴書とともに補助材料として使うと面接者はさまざまな情報を収集することができるので，SCT を利用した面接手法にも習熟する必要がある。採用面接においては，人材採用に熟練した面接者（よい評価者）が，1対1の個別面接を30分以上，できれば1時間程度行うことが必要であろう。異なった面接者が同一の採用候補者に複数回の個別面接を実施すればさらによい。また，採用面接なので面接中に不採用と判断した場合には面接を切り上げてしまえばよい。なお，新卒採用の場面でよく行われている集団面接は，単にその場の人気投票に陥る可能性が高く，その結果については慎重に評価すべきであろう。

ところで，SCT そのものが「紙上面接」の効果をもつので，事前に SCT の評価ができるのであれば，採用の可否に迷ったときは面接をすればよいし，また，SCT の判定で不採用を決めてもよい。企業の人材採用は臨床の場合とは異なり，あくまでも社員として採用するのか否かが問題であり，SCT 判定の訓練を受けた者が，少しでもおかしいと感じれば面接なしで不採用とすればよいのである。なお，SCT の利用にあたっては，まず第一に，SCT の評価は読み手によって異なることも少なくないので，できれば複数の読み手の評価を総合的に検討した方がよい。第二に，人材採

用の場合のSCTでは，自分をよくみせる，あるいは目立たせる記述がなされる傾向が強く，Hが高めに判定されることがあり，特に新卒採用の場合にこの傾向は顕著である。第三に，一般的に人事担当者はHの強い人間を高く評価する傾向があるので，その場合はSCTを慎重に検討する必要がある。第四に，経験的にSCTの判定の補助材料としてINV（精研式パーソナリティ・インベントリー）を使用すると判定の精度の向上が図れる。INVとは，質問紙に示された50の項目について，どの程度自分に当てはまるかを判断し○をつけてもらうテストであり，これを集計するとその人の気質や力動的な側面を把握することができるので，5つの要素のうち特に性格＝気質（SEZ）・狭義の性格（HN）などの把握に有効であるといわれている。INVの記入時間は10分程度あれば十分である。INV（とSCTの関連性）の詳細については，『パーソナリティの診断総説 手引』（槇田編著，2001）や『精研式パーソナリティ・インベントリー 手引』（佐野・槇田・坂部，1997）を参照していただきたい。

　ところで，企業の人材採用においてSCT検査を実施する場合，その刺激文の内容と前述の厚生労働省の指針である「採用のためのチェックポイント」との関係は問題にならないかという懸念が示されることがあるが，企業側が採用候補者に対してSCTを実施する趣旨をていねいに説明し，記入したくない部分については記入しなくともよい，事後に記入していない箇所についてはその理由をおだやかな態度でたずねる，とすれば問題はないと考えられる。そもそも，人材採用においてSCTを実施すると，制限時間内に全部記入しきれない採用候補者がいるので，SCTの判定上も大きな問題はないであろう。さらに，前述の厚生労働省の「採用のためのチェックポイント」においても，適性検査については，「適性検査の実施やその判定およびその利用には，専門的知識のある人が当たっていますか」とあるとおり，一定の条件のもとで実施を認めているから，その適性検査が社会通念上批判されるようなものでなく，判定者が適正な能力・知識・技能を有していると社会的に認められるかぎりはこれもまた問題はないであろう。

おわりに

　企業における人材採用は，新卒採用の場合でも中途採用の場合でも，大変なコストを要するので，効率的な採用を行わなくてはならないが，問題のある人材を採用したり期待を下回る人材を採用した場合には，採用時に要するコスト以上に大きなコストがかかることになる。そのような状況を回避するためには，入り口である採用の場面でいかに慎重な採用活動を行うかが重要であり，経験の乏しい面接者が面接だけで安易に採用を決定するようなことがあってはならない。

　本章では，企業の人材採用時のSCTの活用について検討してきたが，企業の人材採用は，本来的には企業と採用候補者との間で対等な交渉が行われる場であり，企業が人材の評価を行う一方で，採用候補者もまた企業の評価を行っているのである。であるとすれば，採用候補者の提出する履歴書，職務経歴書や志望理由書などはあくまでも採用候補者の一方的な自己申告であるので，企業は自ら主体的に人材評価を行う必要があるのではないだろうか。しかしながら，多くの企業で行われている採用面接だけでは十分な人材評価ができないケースがあることは，本章で述べてきたとおりである。この点，SCTは企業が採用候補者に対して行う共通の質問事項であり，SCTを通じて

トータル・パーソナリティを把握することができるので，面接と並んでその存在意義は大きい。

ところで，SCT の評価は習熟した評価者が行わなくてはならないが，もし企業内に習熟した評価者がいない場合には，外部に診断を委託すればよい。また，SCT は紙上面接でもあるので，企業の人事担当者は採用候補者の面接に際しては，SCT は「60 の事前質問」であると理解し，熟読して面接に臨むと面接の効果を高めることができよう。

文　献

厚生労働省　2007　厚生労働省 HP「採用のためのチェックポイント」
　＜ http://www2.mhlw.go.jp/topics/topics/saiyo/saiyo.htm ＞　2007 年 2 月 5 日
佐野勝男・槇田　仁・坂部先兵　1997　精研式 パーソナリティ・インベントリィ 手引［第 3 版］　金子書房
若杉敬明　2005　現代経営とコーポレート・ガバナンス　神田秀樹（編）　コーポレート・ガバナンスにおける商法の役割　中央経済社

第8章 採用における活用
―適性検査結果とSCT評価の関係―

第1節 企業における人事管理の意義

　企業経営の現場においては，「人材」という要素が非常に重要である。人事部門においては，「人材」の代わりに「人財」または「人的資源」という語を使用することも多くみられるようになってきた。組織というものは，機械のようにスイッチをオンにすれば自動的に動くものではない。特に，比較的大規模な事業になれば，個々の人材を機能的に動かしていく組織運営は難しくなってくる。そこでは，事業活動のなかであらゆる資源を探し求め，それらを調整しながら使いこなしていく「人材」が不可欠である。そして，その人材を管理する活動―すなわち「人事管理」―が必然的に重要になってくる。

　企業の人事管理には，2つの責任が求められる。

　第一の責任は，経営者のめざす戦略を遂行するうえで必要な能力が発揮できる人材を組織のなかに備えておくことである。企業の戦略は常に単一のものではなく，あらゆる状況に応じて変化していく。人事管理の立場ではその変化を常ににらみながら，ただ今現在だけではなく将来において必要と考えられる人材を組織のなかに備えておかなければならないのである。

　また第二の責任として，それらの人材を戦略の方向に合致させることが求められる。人材と一言で言っても決して単純な存在ではない。多様な価値観や目的意識をもち，将来のキャリアに対する要望もそれぞれ異なっている多くの人の集合体である。そのようななかで，企業の戦略に組織を構成する人材の一人ひとりの意思と能力を整合させていく工夫が必要になってくる。

第2節 日本企業の人事管理の基本

　欧米企業と日本企業の人事管理における基本は大きく異なっている。

　欧米企業においては，人事管理の基本は「ジョブ」であり，その「ジョブ」を積み上げたものが組織全体の業務となる。そして，一つひとつの「ジョブ」に賃金が設定される職務給が採用される。採用業務においても，ある仕事を遂行していた人材が退職したり，新たに人材が必要となる仕事が発生したりすることによって，はじめて新規採用が行われる。したがって，そこでの採用基準はきわめて単純であり，その仕事がすぐに遂行できるか否かということに絞られる。応募者もそれを前提として応募してくる。逆にいえば，企業のなかでアウトソーシングや組織改編などにともなう業務見直しによってある仕事がなくなってしまった場合には，その仕事がなくなったのであるから，その仕事を担当していた人材は当然に解雇されることになる。また，仕事そのものも人材の流動化

を前提としたものにする必要があり，ある程度の知識があれば遂行できるように可能な限り標準化されたものになってくる。

しかしながら，日本における人事管理の基本は「人」である。仕事の内容も欧米企業のような標準化されたものではなく，各企業独自の文化や風土を反映したものになっている。ある企業の業務をそのまま他社で活用するのは，たとえ同じ業務であっても困難なので，転職などの人材の流動化も少なくなる。閉じられた世界で職務に精通・熟練していくことで，その世界のなかでは人材の能力や役割期待は高まってくる。その企業における貢献度も高まってくれば，それにともなって結果としての給与も高くなってくる。

アウトソーシングや組織改編などによって仕事がなくなってしまっても，原則的には「解雇」を考えることはほとんどない。通常であれば，そのなくなった仕事を担当していた社員・職員は，他の事業部の同一職務を担当する部署または他の職務を遂行する部署へと異動となり，何とかして雇用関係を維持することに努力が傾注されるのが通例である。

第3節　日本企業の採用業務について

企業は戦略を効率的に遂行することで，他企業との競争において優位性を確保し，将来のさらなる持続性の源にしていく。その過程において，戦略を立案・遂行していくのは人であり，そこで必要となる人材を確保するために外部の労働市場から人材を調達することが「採用業務」である。

採用業務の特徴としてあげられるのは，新卒採用を重視しているという点であろう。新卒採用とは，大学院・大学・短期大学・高等専門学校・各種専門学校・高等学校などを卒業したばかりの人材を，業務上必要とされる知識や技能をもっていない人材であっても一括して採用し，企業のなかで教育・研修を行って戦力化していく採用の方式である。

前述のとおり，欧米企業のような「仕事」を基準とした組織での採用とは異なり，日本企業では「人」を基準とした組織が多い。このような企業での採用とは，どういう採用になるのであろうか。結論からいうと，職務分析にもとづいた一つひとつの細かい人材要件を満たすような採用というよりも，応募者一人ひとりのポテンシャルを重視した採用基準を設定することになる。つまり，教育・研修に適応して必要とされる能力を身につけていく力，将来どの程度のところまで成長していく力をもっているかという点が採用基準となるのである。

また，教育・研修には当然に膨大な費用が発生し，企業はこの膨大な費用を回収していかなければならないから，長期間の勤続が求められるし，それを前提とした仕組みが人事管理のなかの仕組みとして構築されてくる。入社後はある程度までは一律に昇給していくが，数年を経た頃から徐々に実績評価が厳しく問われるようになり，極めて厳しい人材選抜が始まる。その過程のなかで，ゼネラリストは組織内のさまざまな部署にローテーションされながら内部育成され，スペシャリストは長期雇用のなかで知識や技能の伝達・育成が行われていく。

現在においても基本的にこの運用形態を継続している日本企業が多いが，企業を取り巻く環境の変化により，徐々に採用に多様性がみられるようになってきた。その環境の変化とは，1990年代

から続いた長期間に及ぶ不況である。もはやこれまでのような確実な右肩上がりの経済成長は見込めず，不確実な市場環境のなかで企業は変化に対して迅速に適応していくシステムづくりが求められるようになってきた。このような環境変化に対応して，多くの日本企業では中途採用（通年採用・キャリア採用ともいわれる）が頻繁に行われるようになってきた。環境変化に迅速に適応していくために，従前のように社内で長期間にわたりゆっくり育成する余裕がない場合には，即戦力として中途採用が必要になってきた。また，長引く不況にともない経営における固定費を低減する目的で，中核業務以外についてはパートタイマーや派遣社員などの非正規社員を積極的に活用する傾向がある。

このように雇用形態の多様化とあわせて，日本企業の採用にも新卒重視から多様な採用への試みがみられるようになったのである。

第4節　E社の事例

E社では，新卒採用で入社した新入社員を貴重な「人的資源」と認識し，その人材が幹部候補になりうる人材であるかどうかを早期に見極めたいというニーズがあり，そのツールとして多様な適性検査を実施している。いわば，適性検査は採用選抜のツールとしてだけではなく，早期幹部候補選抜のツールとしても実施しているのである。もちろん入社後の就業状況により高い評価を得て幹部に抜擢されるケースも数多いが，ここではE社を事例として適性検査の課題とそのなかでのSCTの可能性について考えたい。

1．E社の事業概要

E社はサービス産業に属する。その中核事業の市場規模は約3.4兆円で放送，航空業界とほぼ同程度といわれている。この業界でE社はトップ企業であり，同業界の他企業と比較しても卓越した事業規模である。しかも，E社の会社設立は1960年代初頭であり，急速に事業を拡大し，成長を遂げてきたという背景がある。

E社は人事の基本方針を「会社の発展と社員の成長は一体不可分」としており，社員の採用・確保とその成長が事業の根幹であり，事業の運営と発展に欠かせないと位置づけている。そして，ベンチャー企業によくみられるように急速な事業拡大に間に合わせるため，中途採用も積極的に行ってきた。これはいわば，結果として昨今の日本企業による採用形態の多様化を先取りしてきたことになる。

2．E社における新卒採用について

E社の新卒採用では，基本的に学閥というものはなく，万遍なく多様な大学院・大学・高等専門学校・各種専門学校などから採用している。

E社に新卒採用で入社した新入社員は入社当初は顧客にサービスを提供する直接原価部門に配属されるが，入社2〜3年後には販売管理部門などの多様な部署へ定期的に異動させ，その人材の

キャリアを開発していくことを想定している。しかし，E社はもともとベンチャーであり，不確実な経営環境のなかにいたため，変化に迅速に対応していくスピードが求められてきた。人事管理上においても長期間にわたりゆっくりと人材を万遍なく育成する余裕がなく，優秀そうな人材を思い切って抜擢してきた経緯がある。しかし，新卒の人材については就業経験がアルバイトなどのごく限られたものであるため，「人的資源」としてみた場合には不確実な部分が多い。そこで，E社では新卒採用の審査から入社までの過程において，多様な適性検査と面接を実施し，採用選抜と早期幹部候補選抜の参考にしている。

E社で実施している適性検査は以下のA〜Eの5種類である。下記のA〜D検査を採用選考のツールとして使用し，D・Eを早期幹部候補選抜のツールとして使用している。また，A〜D検査については選考過程で実施し，E検査については内定後に実施している。

　　A検査：知能検査（独自開発し，結果を偏差値で表している）
　　B検査：簡易式クレペリン検査
　　C検査：YG検査
　　D検査：管理職適性検査
　　E検査：SCT

3．新卒採用の事例：NF-1さんとNF-2さん

1）　NF-1さん

NF-1さんは大学4年生の女性であり，適性検査結果は以下のとおりである。

　　A検査（知能検査）：偏差値61
　　B検査（簡易式クレペリン検査）：A
　　C検査（YG検査）：D型
　　D検査（管理職適性検査）：表8-1のとおり

表8-1　NF-1さんのD検査（管理職適性検査）結果

基礎理解能力			外向内向	統率調整	理性感情	強靭繊細	変革	行動思索	大胆	自律承認
概念	論理	計								
57	59	58	58	34	44	68	44	55	58	44

NF-1さんの面接でのコメントは以下のとおりである。
・礼儀正しく言葉遣いもていねいかつ適切である。落ち着いた話し振りで安定感がある。
・会社研究はよくしているものの，就職に迷いがある。
・関心の範囲はきわめて広いが，個々の深さについては今ひとつだろう。

2) NF-2さん

NF-2さんは大学4年生の女性であり,適性検査結果は以下のとおりである。

A検査(知能検査):偏差値62
B検査(簡易式クレペリン検査):B
C検査(YG検査):D型
D検査(管理職適性検査):表8-2のとおり

表8-2 NF-2さんのD検査(管理職適性検査)結果

基礎理解能力			外向 内向	統率 調整	理性 感情	強靭 繊細	変革	行動 思索	大胆	自律 承認
概念	論理	計								
61	58	60	56	59	54	51	48	43	41	66

NF-2さんの面接でのコメントは以下のとおりである。
・明るく如才ない。
・論理的な説明力,視野の広さ・深さを感じる。
・学生時代の経験から,目標をもち着実に実行していく力をもっている。

3) 2人のSCTの比較

上記のNF-1さん,NF-2さん2人の適性検査A~Dをみると,いずれも比較的良好な結果となっている。しかし,SCTで2人の評価を比較してみると,その様相は上記とは大きく異なる。以下に,NF-1さんのSCT(抜粋),NF-2さんのSCT(抜粋)を載せる。そして,表8-3に2人のSCTの評価結果を示す。

SCTケース NF-1(女性,22歳)

Part I
1 子供の頃,私は　外で遊ぶことが好きでした。現在キャンプや釣りなどアウトドア派です。
2 私はよく人から　見た目と中身にギャップがあるといわれます。イメージというものは,不思議だと思いました。
3 家の暮し　は,毎日が充実しています。得に,母と一緒に料理をする時間が好きです。
4 私の失敗　の中で,一番最近の出来事は,海外旅行でぼうしをなくしてしまったことです。買って1週間のものだったので,ショックでした。
5 家の人は私を　せっかちだといいます。思い立ったらすぐ行動に出したくなるタイプだからではないかと思います。
6 私が得意になるのは　人から必要とされるときです。やる気が出ます。
7 争い　事は苦手です。なるべく話し合いで改決するようにしています。
8 私が知りたいことは　この先私たちが宇宙へ旅行できるようになるのかということです。
9 私の父　食べることが大好きです。休みの日には,よく父と食事に行きます。
10 私がきらいなのは　思いやりのない人です。

11	私の服	の量は多い方だと思います。服が大好きで，たまに自分で作ったりもします。
14	私のできないことは	トランポリンです。身体が固いので苦手なようです。
15	運動	は得意です。必ず毎日身体を動かすことにしています。
16	将来	は幸せな家庭を築きたいです。私の両親が理想です。
19	私がひそかに	ためている預金で，近々旅行に行きたいと思っています。タヒチに行きたいです。
20	世の中	には恵まれない人がたくさんいます。少しでもその人々のお役に立ちたいと，ユニセフに募金をしてみます。
25	私の兄弟（姉妹）	はゴルフをしています。休みの日には一緒に練習場に行き，教えてもらいます。
26	職場では	一つ一つのことをきちんとこなせる人間になりたいと思います。
28	今までは	トマトが食べられませんでしたが，今年から食べられるようになりました。
29	女	性独特の意見を持って仕事にとりくんでいきたいです。
30	私が思いだすのは	先日旅行したイタリアの風景です。

Part II		
1	家では	料理をすることが多いです。最近は中華料理をよく作ります。
2	私を不安にするのは	今後の世界情勢です。テロや戦争はいつになったらなくなるのでしょうか。
4	私はよく	映画を見に行きます。この間も○○を見ました。
11	恋愛	と勉強，プライベートなどのバランスをうまく取れることが理想です。どれも大切です。
14	私が好きなのは	スポーツです。水泳と野球とスポーツが好きです。
15	私の頭脳	がもっとやわらかくなるように，普段からクイズやなぞなぞ番組を見るようにしています。
16	金	の使い方は人それぞれですが，私は世界中を旅したいです。
17	私の野心	は世界を旅することです。今は，フランスとタヒチに行きたいです
20	私の健康	法はヨガです。最近新しくホットヨガも始めました。体のラインがよくなった気がしています。
21	私が残念なのは	最近起きたアメリカのテロです。無差別な事件は心が痛みます
22	大部分の時間を	趣味に使っています。ヨガと料理が最近まっていることです。
23	結婚	願望はありますが，まだ具体的な理想はありません。これから作られていったらいいと思います。
29	私が努力しているのは	常に笑顔を絶やさないことです。この先も続けたいです。

SCT ケース　NF-2　（女性，22歳）

Part I		
1	子供の頃，私は	よく本を読んでいた。
2	私はよく人から	年上に見られた。
3	家の暮し	は楽しい。
4	私の失敗	はどうしようもないものが多い。つまり，笑ってしまうようなもの。
5	家の人は私を	うるさい子だと思っている。
7	争い	ごとは嫌い。だけど，必要なときは言う。それは争いじゃなくて議論，建設的なものであるべき。
8	私が知りたいことは	難しくて答えのないことが多い。例えば，「文化と文明」とは何かとか。
12	死	って何だろう。でも人が向き合わねばならないテーマですね。
13	人々	は皆それぞれで面白いですね。違いを受け入れられる人でありたい。
14	私のできないことは	規則正しい生活をすること。そして，ウソをつくこと。
15	運動	は得意ではないけど，体を動かすのは好き。ダンス再開したいな。よさこいもいいな。
16	将来	幸せでありたい。そして回りも幸せにしていきたい。自分だけより，みんなと幸せの方が

もっと幸せだから。
18 仕事　　　を始めるのがとても楽しみです。でも，卒業までに勉強も思い切りしたい。
21 夫　　　は主婦業にオープンな人がいいな。つまり，男女の差なく，働き，家事をし，子育てしたいです。
22 時々私は　　とても落ち込むけど，人生そういうこともあるでしょう。
23 私が心をひかれるのは　　生き生きしている人です。そういう人は顔を見れば分かるし，私もそうでありたい。
26 職場では　　のびのび明るくありたいです。
28 今までは　　とても幸せだった。これからも幸せに生きるぞ。そして，その幸せを世の中に還元したいです。

Part Ⅱ
1 家では　　すぐ寝てしまいます。だから勉強は外で。
2 私を不安にするのは　　自分の能力があまりにも低いこと。しかし，やらないと伸びないからやるしかない。
3 友だち　　って難しい。仲良くもあり大好きだけど，ライバルでもある。一緒に高みを目ざしたい。
7 もう一度やり直せるなら　　と思うようなことはあまりない。失敗しても成功してもそこから何か学び取って今の私があるから。
8 男　　ってある意味差別されている。女が働いて生きるのが大変と言われるということは，逆に男は，「働かなくてはいけない」としばられているわけですから。
9 私の眠り　　は深い。すぐ眠れる。いつでもどこでも眠れます。特技であり，問題でもある。
10 学校では　　優等生でした。何でかな。いつも学校大好きでした。
12 もし私の父が　　今のように頭よくなかったら，金稼いでなかったら，父へのコンプレックスはなかったかも。でも，そんな父でよかったと思う自慢の父です。
15 私の頭脳　　はどうも悪くてやになるけど，まあこれが自分。常に自分のベストをつくすしかない。人と比べても仕方ない。
16 金　　はないよりあった方がいいけど，一番大事なものじゃないでしょう。少なくとも，企業の最終目標は利益（金）であって欲しくない。
19 私の気持　　は自分で切り替えられる。悲観的になるも，楽観的・前向きになるも，自分なので。
22 大部分の時間を　　寝て過ごしている気がする……。よくないです。寝ないでガーガー働いたり，勉強したりしたい。
28 年をとった時　　も頭の柔らかい人でありたいけど，どうすればそうなれるのかな。
29 私が努力しているのは　　何でも。努力というか，がんばることは楽しいことだから。
30 私が忘れられないのは　　何だろうなあ。色々あるなあ。常にいろんな素敵な人に出会って学んできたからな。自分はラッキーだったな。

表8-3　NF-1さん，NF-2さんのSCT評価結果

	NF-1さん	NF-2さん
環境	裕福な家庭で育ったようだ。現在の家庭が理想の家族関係だと言っている。	家庭に大きな問題はない様子。家庭に対して肯定的な感情を持っている。父に対してやや劣等感があるようだ。
身体	ener. ±〜+ 背が小さく身体が硬いようだ。していること，やりたいことがいろいろ書いてあるが，身近なこと・遊び以外にどれだけエネルギーを費やしているかはよくわからない。現在，健康	ener. +〜 努力もするがよく眠る。かなり外では行動的なのではないか。健康に大きな問題はない様子。SCTでは後半の量が多く，エネルギーとSCTを楽しんでいる感じと両方みえる。

		に大きな問題はない様子だが，不定愁訴は多いかもしれない。	
能力		diff. ±〜+ ドメスティックなこと，日常的なことが中心で，あまり中身がない。誤字やミスが多い。少しいろいろ言い過ぎ。どれもあまりかかわっている感じがしない。表面的でまとまりがない。現実検討力が弱く，将来のことはあまり考えていない。	diff. +〜++ 前向きで明るく力強く自分に対しても客観的。柔軟性もある。ユーモア感覚がある。
性格		type ESH G：+〜++　　H：+〜++ N：± secu. ± せっかちで，見た目と中身にギャップがあるとよく言われるようだ。SCTは夢想的でいろいろ華やかなことが書かれている。ここに書かれていることを全部きちんとこなせているのか。自己認識が甘く，現実検討力が低く，かなりの未熟さと不安定さをもった女性像が推測される。	type EH G：+〜++　　H：+〜++ N：± secu. + 力強く明るくのびのびした感じ。男っぽい感じがするが，本人は女性性を肯定している。荒削りでHもかなり強く，大雑把なところがあるかもしれないが，何か人間的魅力を感じさせる。くだけた感じがあり，羽目を外すことがあるかもしれない。Hはかなりのもの。やや理屈っぽいが，柔軟性がある。
指向		意欲　± キャンプ・釣り・料理・海外旅行・ゴルフ・映画・水泳・野球観戦・ヨガといろいろ言っているが，どれだけ現実性を持って取り組んでいるかは不明。世界情勢に関心があるようなことを言っているが，実際はただ外国旅行を楽しむことしか考えていない感じ。	意欲　+〜 努力や頑張りを指向している。意欲的。上昇志向がある。現在の自分に満足していない。
総評		C〜(B) まとまりがなく，拡散的で，華やか過ぎる感じがかなり気になる。未成熟で不安定な感じが強い。思い込みが強く，実生活がよく見えない。初めは大人しく見えるかもしれないが，人間関係や達成意欲に不安を感じる。一部の人には魅力的かもしれないが，ヒステリーや思い込みの強さなど，かなりアンバランス。	〜A 前向きに困難を乗り切れる能力・資質をもっている感じがする。まだ荒削りなところは多いが，うまく育てれば魅力的でとても有能な人材になる可能性がある。

第5節　事例からの考察

　E社の適性検査A〜Dは，いずれも知能・性格・精神テンポ・生活態度などといった限られた面について評価しているにすぎない。これに対して，E検査のSCTについては，その設計思想はトータル・パーソナリティという個人の全体像を対象にしており，他の適性検査と一線を画している。この差が前節で示した違いとなって現れているように思われる。

　一般に使用されている多くの適性検査は質問紙によるもので，統計分析にもとづいて結果が導き

出されている。質問の対象になっているのはいずれも過去の出来事や行動であり、それらに対する回顧や解釈を求める形式になっている。E社で実施している適性検査では、C検査（YG検査）とD検査（管理職適性検査）の一部がまさにこれに該当する。

これらの適性検査は、非常に簡便に個々の人材の適性を判断できるという点で、E社に限らず広く日本企業の人事部門で利用されている。しかし、この種の適性検査には総じて以下のようなデメリットがある。

1．質問紙による限界

① 被検査者のあいまいな記憶に頼らざるを得ない：多くの質問が特定の出来事や行動に関して、その有無や頻度を求めている。しかし、日常生活においてその人が特定の出来事や行動を意識して、しかも正確に記憶しているという保証はない。したがって、多くの場合はあいまいな記憶による回答にならざるを得ない。

② 多様な解釈の可能性：質問の文章表現のあいまいさによって、質問を一読した人の間で解釈が異なる可能性がある。

③ 趣向や期待、社会的な望ましさなどが、回答にバイアスを与える：特に採用選考においては、応募者の期待や趣向などが質問項目への回答に過度なバイアスを与えてしまう可能性がある。

④ 自己評価によるバイアス：自分自身が認識している自己像の範囲内の自己評価であることがバイアスを与えてしまう可能性がある。

2．統計分析の限界

① 因果関係を特定することが困難である：ほとんどの統計分析では相関係数が算出されるが、どれが原因でどれが結果であるかを判定することは難しい。

② 隠れた変数が存在している可能性：どんなに多くの変数を調査に組み込んでも、隠れた変数が存在している危険性を否定できないし、因果関係は見かけ上のものかもしれない。

3．人間に対する認識

人事部門で適性検査を使っていて感じるのは、多くの適性検査に共通していることであるが、対象である人間を細かい要素に分割し一つひとつの要素について詳しく調べたうえで、それらを総合して判定するという考えにもとづいているということである。

多くの適性検査における人間に対する根本的な認識が、現実に合致していないように思われるのがこの点にあるし、この考えにもとづいた検査には多少の違和感を感じてしまう。これは、まさに機械と部品との関係に似ている考えだからだろう。機械が部品によって組み立てられており、部品を組み上げれば機械になるというのと同じような関係を前提にしているのである。

ところが、適性検査の対象はけっして機械ではなく、主体性をもち、複雑で柔軟性をもった人間にほかならない。たとえば、ある人が特定のタイプに該当すると質問紙で判定されても、はたして

常時そのタイプであるかどうかはわからない。環境が異なれば，それに応じたタイプの行動が現れるかもしれない。

また，人間についていえば，要素である各部分を集めて集計しても全体像に集約されるとは断言できない。たとえば，被検査者の行動を複数の要素に分割し，それぞれが高いスコアで評価されても，それらの各要素の集合体である実際の人間が完璧な人間とは限らない。

第6節 課　　題

1．SCTの課題

　SCTは，トータル・パーソナリティという個人の全体像を対象にしている。その点こそがSCTの強みといえる。

　しかし，SCTにも実際に人事部門で運用していくうえで課題がある。

　まず第一は，評価・判定に時間を要することである。質問紙による適性検査は，コンピュータへの入力処理で結果が瞬時にアウトプットされる。しかしながら，SCTはそのようなことはできない。熟練した人でも1ケースに15分から1時間程度の審査時間を要する。

　次に，SCTを評価するスキルを身につけることにも時間と労力を要することがあげられる。前にも述べたとおり，日本企業では欧米企業とは異なり，ジョブにもとづいた組織構造になっていない。人事部門の人材も数年後には他部門へローテーションで異動してしまうことが多い。人事部門のある人物またはあるチーム全体がSCT評価の技能を高めたとしても，数年後に彼ら彼女らが他部門に異動してしまえば，組織としてのSCTの活用度合は一時的に下がらざるを得ない。組織としてSCTを安定的に活用していくには，組織全体に継続した教育・訓練が必要であり，この点は企業として甘受しなければならない。

2．人事部側の認識の問題

　人間の特性は測定しにくいものであり，やはり本来は数字で表現できるものではない。しかし，適性検査に限らず，社員個々人の成果や実績の判定などにおいて，測定できるもの，または数値で示されるものだけを判断の基準として使用する傾向のあることは否めない。応募者の採用審査や社員のポテンシャルを評価するにあたって，「SCTで多くの時間を費やすよりも，短時間に数値で結果が判定される検査で測定する方が簡便である」と単純に考え，結局は測定できるものだけで，正確にいえば人事部のスタッフが測定できると判断しているものだけで，応募者や社員に対する審査が行われてしまう危険性がある。

　また，企業の人事部門は，組織の，そして組織を構成する人材の一回性という現実についてよく考える必要がある。適性検査は同一対象での追試ができないという点で，まさにアンチエイジングの化粧品と似ている。そして，まさにここにつけ込んで人事部門に売り込んでくる事業者がきわめて多いように感じる。しかし，どの適性検査を信じて採用や幹部選抜を行っても，10年後に差が

出るかどうかは誰にもわからない。使った10年と使わなかった10年を比較できないかぎり，そのようなことはわからないはずである。にもかかわらず「科学的データにもとづいて」・「心理学にもとづいて」・「脳科学にもとづいて」などというセールスコピーで示されると，人事部門の人間はグラリとなびいてしまいがちである。

　これらのミスに陥ってしまった場合，一時的かもしれないが，よい人材が人選や抜擢の対象から外され，無視されることになってしまう可能性がある。これは実に危険な話であり，適性検査の活用にあたっては今後も注意を要するものであるし，いつも油断なく目を光らせていなければならない。

第IV部
臨床・教育現場における活用（1）
横断的研究

第9章 インターンシップ評価とSCT評価の関連性
―病院実習評価とSCT評価の関連性に関する予備的研究―

第1節 問題の所在

　インターンシップ（企業実習，教育実習，病院実習，介護実習など）では，ほとんどの学生ははじめて経験する状況のもとで，適切な行動をとることが期待される。実習に臨む学生は，実習担当教員から事前指導を受けてから実習に入るわけであるが，満足のいく行動を学生がとれるとは限らない。このようなインターンシップにおける，「適切な」「望ましい」「よい」行動，あるいは，「不適切な」「望ましくない」「悪い」行動を，学生の心理特性からとらえることは可能であろうか。

　この点について，川島（2002）は，東大式エゴグラム（TEG）を用い，4年制大学の教育実習生を対象に分析を行い，実習生の評価（評価項目は，教材研究の状態，指導目標への融合，活動的・効果的授業，生徒のしつけ，生徒の理解・掌握，勤務の正確さ・誠実さ，言語発表，創意工夫，専門的な力）とNP尺度との間に有意な相関がみられることを明らかにした。また，小林・川島（2003, 2004a）は，CP尺度と実習評価の「料金計算」，「再来受付」，「カルテ検索」，「カルテ整理・搬送」，「医療保険に応じた負担額」との間に，A尺度と「医療保険の種類」，「医療保険に応じた負担額」との間に，D（偏位）尺度と「身だしなみ」，「ソフトな対応」との間に，それぞれ有意な相関がみられることを明らかにした。さらに，小林・川島（2004b, 2005a）は，矢田部-ギルフォード（YG）性格検査を用い，O尺度（客観的でないこと）と「実習ノートの記載」との間に（負の相関），G尺度（一般的活動性）と「窓口業務での説明・案内」，「ソフトな対応」との間に，A系統値と「公正，公平な対応」，「守秘義務」との間に，それぞれ有意な相関がみられることを明らかにした。

　このように，質問紙法の心理テストにおいて，ある種の心理特性が，実習評価と関連していることが明らかになった。そこで，次のステップとして，投影法であるSCTを用い，トータル・パーソナリティを評価し，実習の評価との関連を探求する研究を行った。その概略は小林・川島（2005b）に発表済であるが，さらに詳しい内容を本章で述べる。

第2節 研究方法

1．心理的特性の測定

　SCTを，ある授業で施行した。
　調査対象者は2週間の病院実習を行った短期大学医療情報コース2年生23名（男子1名，女子

22名）である。

以下の項目について符号評価を行った。

『身体』：エネルギー（ener.）

『能力』：精神的分化度（diff.）

『性格』：性格類型（type），顕耀性（G），小児性（H），神経質（N），secu.

『指向』：意欲

『総合評価』：能力やGHN，secu.を中心としてパーソナリティを全体的に評価したものである。すなわち，diff., secu.が高く，ener.や意欲が平均以上あり，「まとまっている」場合は，総合評価は高く評価される。しかし，一部の側面だけが高く，他の側面が低いような場合（たとえば，相対的に，diff.は高いが，secu.は低い）は，総合評価は低くなる。

typeを除き，ener., diff., G，H，N，secu.を5段階評価（±，±～+，+，+～++，++）した。なお，項目評価で「－」がないのは，そのような評価を得た者は実習対象者から除外されたからである。『総合評価』は，「よい」がA，「ふつう」がB，「やや悪い」がC，「悪い」をDとし，著者が評価者となって4段階評価した。

2．病院実習評価

各病院の病院実習指導責任者が実習の成績を評価した。5段階評価の基準は以下のとおりである。

1＝数度の指導でさえまったくできない。

2＝一度指導すれば3割程度できるが，多くの再指導が必要である。

3＝一度指導すれば5～7割できるがときどき再指導が必要である。

4＝一度指導すれば8割以上行える。

5＝指導しなくても完全に行える。

評価項目は下記の23項目を用いた。

A群：「社会人としてふさわしい態度」

①規則遵守，②責任感，③身だしなみ，④職員との人間関係，⑤職員への言葉遣い，⑥指導・注意に対する対処

B群：「窓口業務」

①説明・案内，②ソフトな対応，③傾聴，④公平・平等な対応，⑤電話対応

C群：「医事業務」

①受付・カルテの流れ，②専門用語の理解，③レセプトの理解，④カルテ管理，⑤保険制度の理解，⑥コンピュータ操作，⑦守秘義務の心得，⑧他部門との連携

D群：「実習生としての姿勢」

①実習ノートの記載，②質問・メモ，③積極性，④行動の円滑さ

総合評価：実習全体を評価対象とした総括的評価である。上記の23項目をまとめたものではなく，独立した評価が行われた。

第3節 評価結果

表9-1に，SCT各評価項目5段階評価別の病院実習評価平均値・標準偏差・人数を示す。空白の欄は該当者がいないことを示す。

ener., diff., G, H, N, secu., 意欲の全評価項目において各群間の差異は見出されなかった。

表9-2に，SCT総合評価別の病院実習評価平均値を示す。分散分析の結果（危険率5％水準），有意な差異が見出された。なお，個々の病院実習評価とSCTの符号評価との間では，以下の項目において，有意な相関（いずれも危険率5％水準）がみられた。

専門用語の理解（C群②）× secu.（secu.）　　$r = 0.42$
積極性（D群③）× N（N）　　　　　　　　　　　$r = 0.40$
行動の円滑さ（D群④）× ener.（ener.）　　　　$r = 0.40$

表9－1　SCT評価項目別の病院実習評価　平均値（標準偏差）（上段），および，データ数（下段）

評価項目 \ 評価	±	±〜+	+	+〜++	++
ener.	4.35 (0.59) 7	4.05 (0.60) 7	4.52 (0.21) 7	4.08 (0.66) 2	
diff.	4.53 (0.37) 10	3.94 (0.52) 9	4.47 (0.51) 4		
G	4.33 (0.45) 15	4.60 (0.43) 3	3.98 (0.68) 5		
H	4.38 (0.47) 9	4.39 (0.59) 6	4.01 (0.62) 7	4.75 (0.0) 1	
N	4.21 (0.59) 15	4.33 (0.29) 4	4.55 (0.54) 4		
secu.	4.17 (0.61) 9	4.26 (0.32) 7	4.30 (0.39) 3	4.57 (0.73) 4	
意欲	4.33 (0.65) 9	4.20 (0.39) 7	4.25 (0.59) 5	4.78 (0.0) 2	

表9－2　SCT総合評価別の病院実習評価　平均値（標準偏差）（上段），および，データ数（下段）

実習評価 \ SCT総合評価	D（悪い）	C（やや悪い）	B（ふつう）	A（よい）
実習評価平均値	2.96 (0.0) 1	4.16 (0.41) 7	4.31 (0.40) 12	4.92 (0.18) 3

第4節 考　　察

　前述したように，表9-1に示した各評価項目間には統計的に有意な差異は見出されなかった。有意差はないが参考までに'N'の評価項目をみると，Nが高い者の方が，実習評価は高い。一般に'N'があると職務行動の評価はよくない傾向があろうが，医療事務といった業務のなかでは，点数計算や金銭の受け渡しといった細かいことに注意を向ける必要があり，ある程度の'N'はマイナスの評価に結びつかない可能性がある。なお，同様に'secu.'も統計的に有意な差異はないが，secu.が高い者はよい実習評価を得ている。精神的に安定している者は，落ち着いて行動し，よい実習評価を得ていると考えられる。

　表9-2の分析から，SCT総合評価と病院実習評価との間に相関があることが明らかになった。すなわち，SCT総合評価が低いと病院実習評価は低く，SCT総合評価が高いと病院実習評価は高い。SCT総合評価は，diff., GHN, secu., を中心に，トータル・パーソナリティを全体的に評価したものであるが，この評価が高い者は実習における遂行も高いと評価され，これとは対照的にSCT総合評価が低い者は実習における遂行も低いと評価されている。このことから，SCT総合評価は，ある程度実習遂行について予測力をもっているといえる。

　また，個々の病院実習評価とSCT評価との関係から，専門用語の理解とsecu.が関連していることが明らかになった。理解力は，もちろん知能的側面も強くかかわっているが，secu.が高い方がよいというのは妥当な結果に思われる。secu.が高い場合は，換言すればdiff.が高くGHNがあまり高くないということなので，より客観的であると推測される。それに対して，secu.が低い，いいかえると，diff.が低くてGHNが高い場合には，えてして思い込みが強く，主観的で独りよがりの見方に陥ったりする可能性が高いと考えられる。

　積極性とNとの関係であるが，一般にNの傾向は行動を抑制すると考えられる。しかし，Nゆえに，強迫的に細かいことを気にして，何事に対しても徹底し確認をとるような行動が，積極的な行動と受けとめられたとも考えられる。

　行動の円滑さとener.との関係では，ener.の高い者は行動を円滑に行うことができ，これとは対照的にener.の低い者は行動が円滑に行われないことが示唆された。ener.＝円滑さとは限らず，ener.があっても行動が円滑になされない場合もあるが（diff.やGHNのからみ），おおむね経験的に納得のできる結果である。

　このように個々の病院実習評価とSCT評価との間には相関がみられる。

　問題の所在で記したように，TEG・YG・SCTと病院実習評価との間に関連がみられたわけだが，それぞれの心理テストは固有の理論的な根拠にもとづいており，測定しようとする概念（側面・特性）は異なる。この点に留意しつつ，何らかの共通性・類似性があるかを考えてみたい。

　ここで改めて，3つの心理テストでいずれかの病院実習評価と関連性がみられたものを整理すると，

・TEG では，CP 尺度，A 尺度，D 尺度
・YG では，O 尺度，G 尺度，A 系統値
・SCT では，secu., N, ener. の評価項目と総合評価

であった。
　これらのことから，類似性があると思われるものは，

　(ア)　TEG の A 尺度　と　YG の O 尺度
　(イ)　YG の G 尺度　と　SCT の ener. 評価項目
　(ウ)　TEG の D 尺度　と　YG の A 系統値

である。
　(ア)は客観性といった点で，(イ)は行動の活発さといった点で，(ウ)は考え方が常識的，性格が平均的といった点で，共通性・類似性があると考えられる。
　これらを端的にまとめれば，「考え方・性格が中庸で，ener. 水準が高く，客観的にものごとをみることができる」ことが，評価の高さにつながるということになる。これは，SCT 総合評価でいえば，A「よい」および B「ふつう」の一部の者が該当する。なお，個々の病院実習評価項目間の相関が高く，ほとんどの項目間に有意な相関が確認されるので，病院評価の構造は多次元的に評価が行われているのではなく，少ない次元で評価が行われていることが推測される。
　ただし，標本数が少ない点，また，SCT の符号評価において，総合評価とそれ以外の評価とが直線相関が仮定できない点（たとえば，G や H は適度にある方がよい評価を得やすく，高すぎても低すぎても総合評価は低くなりがちな点）など，このような手法の限界を考慮しなければならないことは当然である。

第 5 節　SCT 事例

　最後に，本研究の調査対象者の SCT を 2 ケース紹介したい。1 つは実習評価が高かった者の SCT（NF-3）で，もう 1 つは実習評価が平均的であった者の SCT（NF-4）である。

1．NF-3 さん

　短大 2 年生で 20 歳。SCT の評価結果を図 9-1 に示す。在学中の実習においてずば抜けて高い評価を得た。また，就職内定先でのアルバイトとしての仕事ぶりも，教えたことはすぐに覚え，安心して仕事が任せられると高い評価を得ている。学業成績はトップクラスで，年齢以上の落ち着きを感じさせる人物である。本人は SCT に「**時々私は　情緒不安定になる**」（Ⅰ-22）と記しているが，自分のなかでうまく処理し，そうした側面を仕事の場に持ち込まない精神的安定性が備わっている。

2. NF-4さん

　一方，NF-4は実習での評価は平均的であった。しかし，同じコースの他のほとんどの学生が就職先を決めるなかで，このSCTを書いた年末の時点では未定であった。SCTの評価結果を図9-2に示す。能力的な面もあるが，1つのことに集中して取り組めず，また対人面でも友人と問題を起こすなど，安定さに欠けている。卒業をまぢかに控えた学生といった観点からみても，アイデンティティが未形成なところがみられる。基本的な性格（Z）もあり移り気でもあるが，IやNがあるためになかなか1つの方向性が決められない。2週間の実習は乗り切ったが，その先には進めない状態である。

　この2つのSCTを比較すると，diff. の違いもさることながら，secu. の高さ（精神的安定度が高ければ職務遂行が高い），また指向性と職務内容が一致しているか（一致していれば職務にコミットして主体的に取り組めるのに対して，一致していない，あるいは指向性が定まっていない場合は受動的な態度で行動する）ということが，評価に関係していることがうかがわれる。

SCTケース　NF-3　（女性，20歳）

Part I
1　子供の頃，　　私は兄と比べられて嫌な思いをしていました。
2　私はよく人から　　冷静だと言われます。
3　家の暮し　　は普通だと思います。
4　私の失敗　　はたくさんあって思い出せません。
5　家の人は私を　　まだまだ子供だと言います。
6　私が得意になるのは　　物事が思い通りに進んだときです。
7　争い　　ごとは避けて通ります。
8　私が知りたいことは　　将来，自分がどうなるかです。
9　私の父　　は気が若いです。
10　私がきらいなのは　　自分のことしか考えない人です。
11　私の服　　は，ファッション・センスがないかもしれません。
12　死　　ぬと人はどうなるのでしょう。
13　人々　　の行動が理解できないときがあります。
14　私のできないことは　　変顔をしてみんなを笑わすことです。
15　運動　　はあまり好きではありません。
16　将来　　幸せな人生を送りたいと思います。
17　もし私の母が　　しっかりと家計を切り盛りしていなかったなら，我が家は火の車だったかも知れません。
18　仕事　　は楽しいですが，お年寄りの言うことを聞きとるのは大変です。
19　私がひそかに　　楽しみにしているのは卒業旅行です。
20　世の中　　には不思議なことや知らないことがまだまだたくさんあります。
21　夫　　は何歳で持てるでしょうか。
22　時々私は　　情緒不安定になります。
23　私が心をひかれるのは　　テレビや週刊誌の芸能人ネタです。
24　私の不平は　　一日中リラックスできる日が少ないことです。
25　私の兄弟（姉妹）　　は暑がりです。

26 職場では　　大人しいと思われていそうです。
27 私の顔　　には笑窪があります。
28 今までは　　学生ということで許されることもあったでしょうが，4月からは社会人になるので，気持ちを入れ替えたいと思います。
29 女　　に生まれてよかったです。
30 私が思いだすのは　　自転車に乗っていた時に転んで，すり傷を作ったことです。

Part Ⅱ
1 家では　　くつろいで過ごせます。
2 私を不安にするのは　　仕事を覚えられるかということです。
3 友だち　　はいいものです。
4 私はよく　　ぐちをいいます。
5 もし私が　　一人っ子だったら，家の中でどのように扱われていたでしょう。
6 私の母　　は明るく元気です。
7 もう一度やり直せるなら　　成人式をやり直したい。
8 男　　性は頼り甲斐のある人がいいです。
9 私の眠り　　は深いです。
10 学校では　　みんな揃って授業を受けることが少なくなり，一人で行動することが多くなって来ました。
11 恋愛　　には縁がありませんでした。
12 もし私の父が　　会社員でなかったら，何をしていたでしょう。
13 自殺　　は考えたことがありません。
14 私が好きなのは　　音楽を聴くことです。
15 私の頭脳　　は平均より上だと思います。
16 金　　を無駄に使ってしまうことがあります。
17 私の野心　　はいまのところありません。
18 妻　　は，家事をすべて担わなければならないというのは昔の考え方であると思います。
19 私の気持　　は変わりやすいところもあると思います。
20 私の健康　　状態は良好です。
21 私が残念なのは　　自由な時間が少なく，友人と過ごす時間が持てないことです。
22 大部分の時間を　　アルバイトに取られ，休みがありません。
23 結婚　　はできれば早くしたいです。
24 調子のよい時　　は何をやってもうまくいきます。
25 どうしても私は　　一歩引いてしまいます。
26 家の人は　　私のことをいろいろと気にかけてくれます。
27 私が羨ましいのは　　社交的な人です。
28 年をとった時　　素敵なおばあちゃんになりたいです。
29 私が努力しているのは　　人との会話をテンポよく進めることです。
30 私が忘れられないのは　　高校時代の部活動です。

環境	父・母・兄との四人家族。短大2年生で、卒業をまぢかに控えている。父親はサラリーマンで、家の暮らしは平均的とのことである。しっかりとした母親が家庭を切り盛りしているようである。
身体　ener.　～+	身長160cm、体重48kg。旺盛なエネルギーは感じられないが、勉強や仕事を、集中し継続できる体力は十分にある。
能力　diff.　～+	自分や家族の状態を比較的客観的にとらえている。就職後の自分の生き方については模索中な面もあるが、全体的に堅実な考え方をもっている。
性格　type E　G ±～+　H ±～+　N ±　secu. ±～+	几帳面で、行動は慎重。思慮深く内省的なところもあるが、現実的に考え行動することができる。
指向　意欲　+	仕事にしっかりと主体的に取り組もうとしている。
その他	実習では、きわめてよい評価を受けた。在学中ではあるが、就職内定先でアルバイトとして仕事を始めている。

図9-1　NF-3のSCT評価結果

SCT ケース　NF-4　（女性，20歳）

Part I
1　子供の頃，私は　　とても，自分勝手でした。
2　私はよく人から　　面白いと言われます。
3　家の暮し　　は20年になるので，他で暮らしたい気もする。
4　私の失敗　　は相手がどう思うかを考えず，思ったことを言ってしまうことです。
5　家の人は私を　　大切に育ててくれました。
6　私が得意になるのは　　ありません。
7　争い　　は嫌いです。
8　私が知りたいことは　　何だろう。
9　私の父　　は，少し口うるさい。
10　私がきらいなのは　　自分が嫌いなものすべてです。
11　私の服　　は，女の子らしくないようです。
12　死　　ぬなら楽に死にたい。
13　人々　　は何を考えているのでしょうか？
14　私のできないことは　　たくさんあり数え切れない。
15　運動　　は得意ではありません。
16　将来　　ちゃんと就職したいです。
17　もし私の母が　　違う人だったら，私はどんな人になっていただろう。
18　仕事　　は責任をもってやります。
19　私がひそかに　　考えていることはみんなが知っているところに就職することです。
20　世の中　　楽ではありません。
21　夫　　はいません。
22　時々私は　　気晴らしに友だちをつれて遊びに行きます。
23　私が心をひかれるのは　　車を運転している時です。

24	私の不平は	よく分りません。
25	私の兄弟（姉妹）	は，偉そうにしています。
26	職場では	頑張って働きます。
27	私の顔	はおばあちゃんに似ていると言われます。
28	今までは	楽に暮らして来ました。
29	女	らしさに無縁です。
30	私が思いだすのは	友達と遊んで楽しかったことです。

Part Ⅱ

1	家では	よく昼寝をします。
2	私を不安にするのは	特にありません。
3	友だち	は何人もいます。
4	私はよく	わがままを言って友だちを困らせることがある。
5	もし私が	突然消えたら，みんなどうするのだろうか。
6	私の母	は，私にいろいろと口うるさいことを言う。
7	もう一度やり直せるなら	生まれる前から人生をやり直したい。
8	男	性に対する関心はありません。
9	私の眠り	をさまたげる者は許しません。
10	学校では	楽しく過ごして来た。
11	恋愛	という言葉はピンと来ません。
12	もし私の父が	突然ここに来たら逃げます。
13	自殺	するなら人に迷惑をかけないでして欲しいものです。
14	私が好きなのは	友だちと遊びに行くことです。
15	私の頭脳	はそんなによくありません。
16	金	が逃げて行きます。
17	私の野心	はありません。
18	妻	はいません。
19	私の気持	はさっき友達に迷惑をかけたので，後悔でいっぱいです。
20	私の健康	は良い方だと思います。
21	私が残念なのは	十代ではなくなったことです。
22	大部分の時間を	睡眠に使っていました。
23	結婚	したいとは思いません。
24	調子のよい時	は遊びまくります。
25	どうしても私は	ここにうまく書けません。
26	家の人は	にぎやかです。
27	私が羨ましいのは	色白の人です。
28	年をとった時	私はどんな感じの老人になっているのだろうか。
29	私が努力しているのは	節約して無駄なお金を使わないことです。
30	私が忘れられないのは	昨夜みたこわい夢です

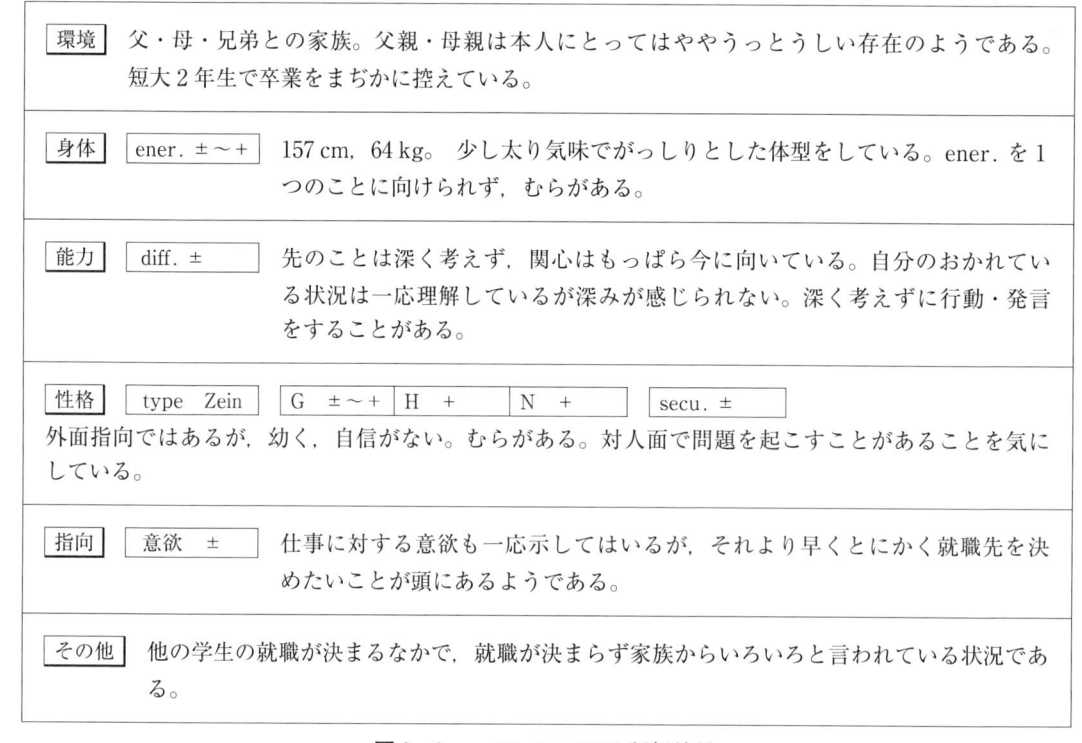

環境	父・母・兄弟との家族。父親・母親は本人にとってはややうっとうしい存在のようである。短大2年生で卒業をまぢかに控えている。
身体　ener. ±〜+	157 cm，64 kg。少し太り気味でがっしりとした体型をしている。ener. を1つのことに向けられず，むらがある。
能力　diff. ±	先のことは深く考えず，関心はもっぱら今に向いている。自分のおかれている状況は一応理解しているが深みが感じられない。深く考えずに行動・発言をすることがある。
性格　type Zein　G ±〜+　H +　N +　secu. ±	外面指向ではあるが，幼く，自信がない。むらがある。対人面で問題を起こすことがあることを気にしている。
指向　意欲 ±	仕事に対する意欲も一応示してはいるが，それより早くとにかく就職先を決めたいことが頭にあるようである。
その他	他の学生の就職が決まるなかで，就職が決まらず家族からいろいろと言われている状況である。

図9-2　NF-4のSCT評価結果

文　献

川島　眞　2002　教育実習に求められる心理特性に関する研究—エゴグラムを使った試み—　日本心理学会第66回会発表論文，1132

小林和久・川島　眞　2003　病院実習に求められる心理特性に関する研究—エゴグラムを使った試み—　日本心理学会第67回大会発表論文集，1217

小林和久・川島　眞　2004a　病院実習における心理特性に関する研究—エゴグラムを使った試み—　小松短期大学「小松短期大学論集」第16号，67-72

小林和久・川島　眞　2004b　病院実習に求められる心理特性に関する研究—YG性格検査を使った試み—　日本心理学会第68回大会発表論文集，1180

小林和久・川島　眞　2005a　病院実習における心理特性に関する研究(2)—矢田部-ギルフォード性格検査を使った試み—　小松短期大学『小松短期大学論集』第17号，43-47

小林和久・川島　眞　2005b　病院実習に求められる心理特性に関する研究(3)—文章完成法テスト（SCT）を使った試み—　日本心理学会　第69回大会発表論文集，1290

第Ⅴ部
臨床・教育現場における活用（2）
ケース分析

第10章　精神科クリニックにおける活用
—SCTは3回読む—

はじめに

　SCTはパーソナリティ・テストのなかでも使用頻度が高い検査であるといえる。また，その使用領域においても，産業，教育，司法，医療，福祉といった幅広い分野での活用が知られている。しかし，「SCTは使っているけれども分析枠がなくて…」，「自分が使いこなせているかどうか…」という意見を耳にすることがしばしばある。そこで，本章では医療分野におけるSCT使用の実際について，Gクリニックでの活用について述べ，事例を提示し考察を加える。

　医療分野におけるSCT活用の目的は，

① 幅広いトータル・パーソナリティの情報収集
② 行動，生き方・考え方，人間関係，生活状態などといった，生きた情報の収集
③ 諸テストや医学的所見の妥当性・信頼性の総合的な検討の道具としての活用

などである。

第1節　Gクリニックにおける心理テストの枠組み

　Gクリニックでは，インテークおよび初診後，あるいは治療の過程において医師が必要と判断した場合に，テスターである臨床心理士に対して心理テストのオーダーが出される。1種類の心理テストがオーダーされることはまれであり，たいていは3種類ほどでテスト・バッテリーが組まれる。そのなかでもっとも多い組み合わせがロールシャッハ・テスト，MMPI，そしてSCTである。よほど簡便な検査を除いてはおのおの別の日に行い，質問紙法から投影法へという順序で実施する。これらは，患者の負担や心理テストに対する不安および抵抗を軽減するための配慮である。心理テスト実施後は，それぞれについて分析・解釈などを行い，生育歴などの情報を考慮しながら，医師に対する検査所見および患者に対する検査結果報告書を作成する。これらを医師に提出することがオーダーへの回答となり，テスターの業務は終了する。患者に対する検査結果についてのフィードバックは医師からなされ，その際に検査結果報告書が渡される。

　これが，Gクリニックにおける心理テストのシステムであるが，では，実際にこのなかでSCTがどのように使用されているのかについて，事例を提示し解説を加える。

第2節　事例：NF-5さん

　20歳の女性である。父（会社員），母（パート勤務），兄（大学生）との4人家族。おとなしく，自己主張できるタイプではない。友人も少ない方である。7歳で内臓の慢性疾患に罹患しており，病気がちである。高校までは部活動などの経験はなかったが，大学入学と同時に体力をつけるという目的から合気道部に入部。部長と折り合いが悪く，「急に息苦しくなる，ドキドキする，身体がだるい，気持ちが落ち込む，ワケもなくイライラする」という主訴でGクリニック受診となる。診断はパニック障がい。

　臨床像は，長身で色白。化粧っ気もあり，身ぎれいにしている。礼儀正しく，検査には真剣に取り組む姿勢がみられたが，声は小さく，聞かれたことには答えるものの会話は発展しない。時間が経過しても緊張がとけることはなく，かたい印象がうかがえた。

　実施テスト：SCT，MMPI，ロールシャッハ・テスト

　手続き：MMPI施行，1週間後に，ロールシャッハ・テストを実施。SCTは，自宅で書いてもらった。MMPI終了時に記入に対する注意事項について説明を行い，ロールシャッハ・テスト施行時に持参してもらった。各テストの施行時間は，MMPIが45分，SCTが3時間，ロールシャッハ・テストが45分であった。

　SCT（抜粋）の反応文をみると，筆跡は非常にていねいであり，字間も統一されている。筆圧は一定であるが弱く，とても薄い字である。

　他者（外界）は本人にとって非常に脅威であり，ストレスフルな状況におかれている。他者の目が気になり，相手の反応について考え込んでしまうために，コミュニケーションをとることがとても苦痛なようである。また，迷惑をかけることを気にして，対人接触を避ける傾向にある。その脅威的な外界から身を守るための方法は1人で部屋にいることであり，これにより本人は「安全」を得ることができている。

　一方，猫を含めた家族は気を許せる存在であり，ポジティブにとらえている。

　人間関係に関する記述がかなり多いにもかかわらず，その文章からは現実感や肯定的な情緒を感じとることができず，生きた本人像が実体をともなって伝わってこない。存在感が希薄で，自己イメージは本人の言う「まるで透明人間」（Ⅰ-20）である。それとは対照的に，死に関する記述については具体的かつ現実的である。殻に閉じこもりがちで，自分のことを積極的に表現しようとしないタイプで，万が一の自殺の可能性を考えておく必要がある。現在は抑うつ状態であろうと推測された。

SCT ケース　NF-5　（女性，20歳）

Part Ⅰ
1　子供の頃，私は　　よく恐い夢を見た。追いかけられたり，落っこちるヤツ。最近は夢自体あまり見ない気がする。
3　家の暮し　　は楽だ。一人で部屋にいると安全な気がする。寂しくなったら家族や猫と遊べるし。

8	私が知りたいことは	なんで自分はこんななんだろうってこと。自分のこともよくわからない。
9	私の父	は他人に厳しく自分に甘い。たまにすっごくイライラする。
10	私がきらいなのは	他人に迷惑をかけるヤツ。だから自分が人に迷惑をかけると死にたくなる。
12	死	んだら楽になるのかな，と思いつつ，結局はダラダラと生きている自分は恥ずかしい。
14	私のできないことは	嫌いな人にアイソ笑いをすること。それくらいできなきゃこの先困ると思いつつも，できなくていいとも思う。
15	運動	は苦手。特に団体競技が嫌。みんなに迷惑かけるし。
17	もし私の母が	私のことを嫌いになったら死にたくなると思う。
20	世の中	から自分は切り離されてて，まるで透明人間になったような気がすることがある。
22	時々私は	ワケもなく笑ったり泣いたりする。疲れてるなあと思う。
23	私が心をひかれるのは	遠いトコロ。誰も私のことを知らなくて，私に関心を持つこともない。
24	私の不平は	どうせ他人にいっても理解されないと思って，あまり口に出したことはない。
25	私の兄弟（姉妹）	は私と違って楽天的だ。性格は違うけど私たちは仲がいい。
26	職場では	人間関係が心配だ。人間関係が上手くいかなくて仕事を辞めたりしそうで恐い。
27	私の顔	は変だ。気になって人と目を合わせるのも勇気がいる。
28	今までは	好きだったことや大事なものが，最近はどうでもいいと感じる。おかしい。

Part Ⅱ

2	私を不安にするのは	たいていは部活や学校のことだが，もやもやとハッキリしないもののこともある。
3	友だち	はもともと多くはないが，本当に心を開ける人は一人もいないかもしれない。
4	私はよく	話すことやそれに対する相手の反応を考えてしまい，何もいえなくなってしまう。
5	もし私が	生まれてこなければ，こんな思いもしなかったのに。と考え，消えてしまいたくなる。
6	私の母	は私の一番の相談相手だ。何でもいえるワケじゃないけど，友達よりはいろいろいえる。
7	もう一度やり直せるなら	普通の考え方ができる人になりたい。
9	私の眠り	は浅いんじゃないかと思う。寝ても寝ても疲れがとれないし。
10	学校では	知りあいに会いたくないので，うつむきかげんでいることが多い。
12	もし私の父が	子供の頃たくさんの本を読んでくれなかったら，私はそれほど本が好きじゃなかったと思う。
13	自殺	するなら，見た目がキレイなヤツがいいから，凍死がいいと思う。
14	私が好きなのは	猫。人間や言葉がウザったいときも，ただそこにいるだけだから。
19	私の気持	は私にもわからない。他人にわかるはずがない。
21	私が残念なのは	こんな状態になってしまったことです。どうしてだろう。何がいけなかったんだろうと何度も考えてしまう。
22	大部分の時間を	答えもでないことを考えてしまう。やめようと思ってもやめられない。
25	どうしても私は	他人の目が気になってしまう。だから学校とかに行くととても疲れる。
26	家の人は	私に気を使わないから楽。一人がやなときも放っとかれることも多いけど。
28	年をとった時	自分で自分のことができなくなるとしたら，その前に自殺するか安楽死させてほしい。
29	私が努力しているのは	人に迷惑をかけないこと。人間一人じゃ生きられないってゆうけど，なるべく一人でやっていきたい。

第3節　SCT評価の留意点：SCTは3回読む

　伊藤ほか（2004）も述べているように，SCTを評価する際は機会を変えて，3回読むのが妥当であると考える。その理由は，反応文の信頼性の確認と，被検査者の人物像を現象学的にやわらかく

把握するために，広く深くトータル・パーソナリティを理解するという作業が必要だからである。以下に著者が考える医療分野における SCT の評価についての留意点を，事例 NF-5 を評価する過程を例に取り上げ解説する。

1．1回目の評価

これは SCT 実施直後に行う。ここでのポイントは，

① 記載内容の信頼性を査定すること
② パーソナリティの全体像をイメージするために広く読むこと

である。

1） 記載内容の信頼性

SCT は，どのような状況で実施されるかによって生じるバイアスを考慮に入れなければならない。産業分野においては，採用や管理職登用の際に用いられることが多く，被検査者は自分の評価を高めようとの意識が働く場合がある。一方，医療分野，特に精神科や心療内科で出会うクライエントの多くは，さまざまな悩みやつらい症状などをかかえており，日常生活のなかで不適応をきたしたり，困難に遭遇したりしている人がほとんどである。したがって，医療現場での信頼性の問題について考える場合，自分をよくみせようとする視点だけでなく，援助を求めるために，症状を誇張していたり，大げさな表現になったりしていないかを考慮する視点も必要である。また，特に児童や思春期に多いが，ファンタジーの世界を現実の世界とまぜこぜに表現することもしばしばみられるため，吟味が必要である。

2） パーソナリティの全体像をイメージする

素直にざっと読んで，SCT から受け取ることができる全体のイメージをつかむ。ここでは，深く読み込むことはあえて行わない。ディテールにとらわれ，「木を見て森を見ず」といった状態に陥らないよう全体をイメージすることが重要である。全体のイメージをつくり上げることができたら，SCT から浮かび上がるイメージと生育歴や実際の臨床像との比較を行い，さらに印象に残る表現の抽出を行う。

3） 事例の1回目の評価

この SCT における特徴的なものの1つは施行時間の長さであり，3時間を要していることである。筆圧は弱いが，筆跡はていねいであり，文章量も適切で，消しゴムで書き直したような形跡はほとんどみられない。全体の内容からは，3時間の苦労を感じることはあまりできない。文章表現については，一見年齢相応であり，ばらつきやアンバランスさは特に感じられない。内容的には，類似したものが多く，視野が狭い。すぐに思い浮かばず，後回しにしたものが10文ある。これら

より，真面目で，几帳面さやかたさがうかがわれる性格傾向，1つのことにとらわれると注意の転換が難しく，現実検討力が低下しているため，日常生活に支障をきたしているのではないか，などといった仮説が考えられる。

印象に残る表現は次の5文である。「**家の暮し**　は楽だ。一人で部屋にいると安全な気がする。寂しくなったら家族や猫と遊べるし。」（Ⅰ-3）。通常，家にいることは"安心""ホッとする""安定"などという言葉で表される。しかし，本事例にとっては"安全"であり，違和感をいだく表現となっている。ここからは，部屋以外では安全を感じることができず，他の環境をいかに脅威と感じているかということが推測される。「**死**　んだら楽になるのかな，と思いつつ，結局はダラダラと生きている自分は恥ずかしい。」（Ⅰ-12），「**自殺**　するなら，見た目がキレイなヤツがいいから，凍死がいいと思う。」（Ⅱ-13）。このように，SCTのなかには死を想起させる刺激文がいくつかある。死に対する考えや，自殺願望，自殺企図の有無などが表現されやすいが，本事例では死ねずに生きていることの恥ずかしさと自殺の方法について述べており，間接的ではあるが，死は本人にとって身近なものであるといえよう。「**世の中**　から自分は切り離されてて，まるで透明人間になったような気がすることがある。」（Ⅰ-20），「**私が努力しているのは**　人に迷惑をかけないこと。人間一人じゃ生きられないってゆうけど，なるべく一人でやっていきたい。」（Ⅱ-29）。これらから，自分の存在を感じることができない様子や，他者との積極的なかかわりを避けている状態がうかがえる。ここでいう印象に残る表現とは，いわゆる違和感をともなう表現を指す。この違和感とは，いいかえればその人特有の個性的な表現であり，被検査者の特徴が色濃く投影されていることが多い。

他の検査施行時における真面目に取り組んでいる姿勢と，臨床像，生育歴との相違はみられず，3時間の労力を要した点からみても，内容の信頼性はおおむね保証できると考えられる。

2．2回目の評価

1）トータル・パーソナリティを構成する個々の側面に着目する

できれば1回目と間隔をおいて読む。ここでは，③トータル・パーソナリティを構成する個々の側面に着目し，その内容について掘り下げ深く読み込むことが目的である。

1回目が"森"を見渡す作業であるとすれば，ここでは個々の"木"を見ることが主題となる。ここでいう"木"とはトータル・パーソナリティの5つの側面とされている「環境」「身体」「能力」「性格」「指向」を指すと考えるとよい。また，主訴や生育歴などの情報から，本人を査定するうえで重要となる事柄がわかっている場合は，それらを軸に読み込んでいくこともできる。なお，精研式SCTでは，8つの符号評価，「ener.」「diff.」「type」「G」「H」「N」「secu.」「意欲」を取り入れている。しかし，医療分野で出会うクライエントにおいては，いわゆる"P"に該当するケースがほとんどを占めており，内容を読み込む際の着眼点としては有効であるものの，通常符号評価は行わない。

2） 事例の2回目の評価

1回目の評価，ならびに生育歴や臨床像などを考慮した結果，以下の5点に焦点を当てて読み込んでみることにした。それらは，知的能力，家族関係，対人関係，自己イメージ，死についてである。今後の治療計画を考える際にも重要なポイントとなると考えたからである。

「知的能力」については，IQは平均以上である。文章の構成も適切であり，誤字や脱字はほとんどみられない。また，自分の現在の状態についても，「**今までは** 好きだったことや大事なものが，最近はどうでもいいと感じる。おかしい。」（Ⅰ-28）や，「**大部分の時間を** 答えもでないことを考えてしまう。やめようと思ってもやめられない。」（Ⅱ-22）などととらえることができている。施行時間の長さを考慮すると，現状の判断力などは低下しているものの，本来もっている能力はある程度は高いであろう。

「家族関係」については，「**家の暮し** は楽だ。一人で部屋にいると安全な気がする。寂しくなったら家族や猫と遊べるし，」（Ⅰ-3），「**私の父** は他人に厳しく自分に甘く。たまにすっごくイライラする。」（Ⅰ-9），「**もし私の母が** 私のことを嫌いになったら死にたくなると思う。」（Ⅰ-17），「**私の母** は私の一番の相談相手だ。何でもいえるワケじゃないけど，友達よりはいろいろいえる。」（Ⅱ-6），「**私の兄弟（姉妹）** は私と違って楽天的だ。性格は違うけど私たちは仲がいい。」（Ⅰ-25），「**もし私の父が** 子供の頃たくさんの本を読んでくれなかったら，私はそれほど本が好きじゃなかったと思う。」（Ⅱ-12），「**家の人は** 私に気を使わないから楽。一人がやなときも放っとかれることも多いけど。」（Ⅱ-26）といった表現がみられる。家族のイメージは概してポジティブであり，気が許せる存在のようである。父親については，批判をしながらも幼少時の体験などがつづられており，母親は支えとなっている。しかし，母親に相談するという内容以外，現実生活における具体性については語られておらず，現在の関係性を読み取ることは難しい。

「対人関係」については，「**私のできないことは** 嫌いな人にアイソ笑いをすること。それくらいできなきゃこの先困ると思いつつも，できなくていいとも思う。」（Ⅰ-14），「**私が心をひかれるのは** 遠いトコロ。誰も私のことを知らなくて，私に関心を持つこともない。」（Ⅰ-23），「**私の不平は** どうせ他人にいっても理解されないと思って，あまり口に出したことはない。」（Ⅰ-24），「**職場では** 人間関係が心配だ。人間関係が上手くいかなくて仕事を辞めたりしそうで恐い。」（Ⅰ-26），「**友だち** はもともと多くはないが，本当に心を開ける人は一人もいないかもしれない。」（Ⅱ-3），「**私はよく** 話すことやそれに対する相手の反応を考えてしまい，何もいえなくなってしまう。」（Ⅱ-4），「**学校では** 知りあいに会いたくないので，うつむきかげんでいることが多い。」（Ⅱ-10），「**私が努力しているのは** 人に迷惑をかけないこと。人間一人じゃ生きられないってゆうけど，なるべく一人でやっていきたい。」（Ⅱ-29）などといった表現がみられる。交際範囲は狭く，また話す内容にも非常に気を遣っているようである。友人も彼女にとっては，"他人"であり，他者と親密な関係を形成するのは困難であろう。対人関係についてはかなりの記述がみられるものの，迷惑をかけることを怖がり，接触を避けることが目的であって，本人にとっては他者といかに距離をとるかが課題である。部長との折り合いの悪さも，部長と部員という役割上，指示的なかかわりをされることが多く，本人にとってみれば，部長の存在はより侵入的に感じられ，脅威として映ると考

えられる。

「自己イメージ」については，「私が知りたいことは　なんで自分はこんななんだろうってこと。自分のこともよくわからない。」（Ⅰ-8），「世の中　から自分は切り離されてて，まるで透明人間になったような気がすることがある。」（Ⅰ-20），「私の顔　は変だ。気になって人と目を合わせるのも勇気がいる。」（Ⅰ-27），「もう一度やり直せるなら　普通の考え方ができる人になりたい。」（Ⅱ-7）といった表現がみられる。本人は，自分が普通の人とは違っているとの自覚がある。しかし，どのように普通でないのかについてはわからず，自分についての具体的なイメージをつくり出すことができないでいる。ゆえに"まるで透明人間"なのであり，現実に生きている自分を感じることができていないのではないかと推測される。

「死」については，「私がきらいなのは　他人に迷惑をかけるヤツ。だから自分が人に迷惑をかけると死にたくなる。」（Ⅰ-10），「死　んだら楽になるのかな，と思いつつ，結局はダラダラと生きている自分は恥ずかしい。」（Ⅰ-12），「もし私の母が　私のことを嫌いになったら死にたくなると思う。」（Ⅰ-17），「もし私が　生まれてこなければ，こんな思いもしなかったのに。と考え，消えてしまいたくなる。」（Ⅱ-5），「自殺　するなら，見た目がキレイなヤツがいいから，凍死がいいと思う。」（Ⅱ-13），「年をとった時　自分で自分のことができなくなるとしたら，その前に自殺するか安楽死させてほしい。」（Ⅱ-28）といった表現がみられる。これまでと違い，「死」についての連想は具体的に述べており，意思表示をしている。"安楽死させてほしい"といった要求を示した記述はこれだけであり，"迷惑をかけること＝死"と結びつけているようである。その迷惑であるが，「運動　は苦手。特に団体競技が嫌。みんなに迷惑かけるし。」（Ⅰ-15）といったように，日常当たり前に起こるようなやり取りでも彼女にとっては迷惑を意識することにつながるようである。また，全体を通してほとんどふれられていない感情についても語られている。したがって，自殺の可能性についての検討が必要であろう。

3．3回目の評価

1）トータル・パーソナリティと被検査者のかかえる問題のテーマを探る

最後に，④1回目と2回目の評価をふまえたうえでもう一度読み，全体の流れ，気になる記述，繰り返し表現されている言葉などを吟味する。それらの内容から，今後の治療を進める際に核となるような本人がかかえている問題のテーマや，病態水準などが浮き彫りになる場合もある。ここでのポイントは，これまでの評価はふまえるものの，それに引きずられないことである。特に2回目の評価を重視しすぎると全体がみえなくなってしまう懸念がある。これら3回の評価は，インテークからカウンセリングに至る流れにたとえることができる。1回目の評価から形成されるのは，インテーカーが描く臨床像である。2回目のそれはカンファレンスで検討される内容である。3回目は初回のカウンセリングである。カウンセラーはそれまでの情報にとらわれすぎてしまうと目の前のケースを見失ってしまい，その結果，見立てを誤ったり，今後の展開に致命的な影響を及ぼしかねない。仮説はもちながらも，その仮説にこだわりすぎないことも重要である。

2) 事例の3回目の評価

　全体の流れや繰り返し表現されている言葉を通してみえてくる本事例のテーマは，"人間関係"である。そして，その人間関係は"迷惑"に焦点が当てられ，その迷惑の先にあるものは"死"である。人間関係は本人にとって悩みのたねであり，生活に影響を及ぼすストレッサーであるが，彼女が努めているのは，その関係性を構築したり維持することではなく，むしろどのように関係性を絶つか，自分の存在を消すかといったことである。つまり，本人のいう"人間関係"とは，関係と呼べるほどのものではなく，"他者との接点や接触"などの表現に置き換えた方が妥当であると考えられる。したがって，他者との通常のコミュニケーションや体験を共有するという作業（たとえば，Ⅰ-15にみられるような運動における団体競技）などは，他者との接触機会が増えることになり，本人の言う"迷惑"をより意識する体験となっている。団体競技でのミスなどは，通常大部分の人が経験するものであるが，本人にとってはそれは致命的な"迷惑"であり，その結果死にたくなるのである。ゆえに，人とのかかわりあいをいかに回避するかということが本人のめざすところとなり，望みは自分のことを知られていない遠いところに行くことであり（「**私が心をひかれるのは　遠いトコロ。誰も私のことを知らなくて，私に関心を持つこともない。**」（Ⅰ-23）），安心できるのは，ただそこにいてくれる猫と過ごすこと（「**私が好きなのは　猫。人間や言葉がウザったいときも，ただそこにいるだけだから。**」（Ⅱ-14））である。また，この迷惑に対する強いこだわりから人間関係における何らかの外傷体験の存在も疑ってみる視点も必要だが，内容は抽象的なものが多く具体性が乏しいために，これらの文章からは過去の体験を推測することは困難である。

　さらに，人間について述べている記述が多いにもかかわらず，このSCTからは生きた本人の実態像を想像することがあまりできない。また，「**私が知りたいことは　なんで自分はこんななんだろうってこと。自分のこともよくわからない。**」（Ⅰ-8）。「**私の気持　は私にもわからない。他人にわかるはずがない。**」（Ⅱ-19）と訴えており，自分自身の存在を感じることができなくなっているのではないかと考えられる。感情は混乱しているか，もしくは鈍磨しており，情緒が伝わってこない。漠然とした不安をかかえているようであり，「**死　んだら楽になるのかな，と思いつつ，結局はダラダラと生きている自分は恥ずかしい。**」（Ⅰ-12）と感じている。世の中から存在感を消している本人は，まさに"透明人間"なのであろう。

　これら3回の評価をまとめたものが報告書に記入される。

4．テスト・バッテリーのなかでのSCTの位置づけ

1）SCTの位置づけ

　これまでは，SCTの評価に焦点を当てて述べてきた。ここではテスト・バッテリーとしてのSCTの位置づけについて論じたい。

　医療現場における診断や査定は，その後の効果的な治療や援助のために行われる。そのためには，個人を多角的・総合的に理解することが必要となる。個々の心理テストは標準化されており，信頼性や妥当性の検討を前提としたものが多い。したがって，ある一面に焦点を当てており，そこに関する情報は有用なものが得られる。しかし，個人の多面性を考えたとき，それら一面の情報だけで

は意味をなさないことも多く，心理テストそれぞれの効用と限界について検討しなければならない。テスト・バッテリーを組む利点は，個々のテストの効用を生かし，限界を補うことができる点である。では，SCT はどのような特性があるのだろうか。

SCT の最大の特徴は，個人の全体像，すなわちトータル・パーソナリティを浮き彫りにすることである。これにより，生きた人物像をやわらかくイメージすることが可能となる。しかし，内容分析や現象的把握という手法を用いるために，SCT をいかに活用できるかは検査者の習熟度によるところが大きいのも事実である。初心者は，テスト・バッテリーを組むことで他のテストとの比較をしながら，次のように活用するとよい。本章において提示した事例でいうと，第一に病態水準や自我の強度については，ロールシャッハ・テストとの比較を行い，また個々の病的特徴については，MMPI との比較を行う。知的水準については知能検査結果との比較も有効だろう。次に，SCT のみから推測できる特徴（たとえば，人間関係や知的能力，指向，生き方などはロールシャッハ・テストや MMPI では測りにくい）について検討し，最後にトータル・パーソナリティを意識しながら，テスト・バッテリー全体の分析・解釈のバランスや信頼性・妥当性を検討するという具合いである。

2） 本事例のテスト・バッテリー評価結果

ここで，本事例で実施した他のテスト結果について簡単に述べ，比較を行う。

ロールシャッハ・テスト（分析および解釈は，エクスナーの包括システムによる）であるが，自殺の可能性を表す S-CON 指標，および警戒心過剰を表す HVI 指標が陽性であった。外界の認知は，現実検討がよくないために支障をきたしている。思考活動には感情を持ち込み，また悲観的な構えがあるために混乱しやすく，一貫性がない（R = 19，XA% = 0.63，WDA% = 0.77，X-A% = 0.32，P 反応 2，MOR = 4）。また，自分に対する理解が未熟であり，本人の自己像は，出られないようなアリ地獄（Ⅸカード）の底にいる感じである。死体（Ⅱカード），怖いけど人をひらいた感じ（Ⅳカード）といった反応がみられ，適切な人間運動反応を出すことができず，自我は脆弱であろうといった特徴がみられた。

次に MMPI であるが，妥当性尺度は，F 尺度が高く（T = 85），K 尺度が極端に低い（T = 32）。臨床尺度は，D（抑うつ）と Sc〔統合失調症（尺度名は精神分裂病）〕の T 得点が 90 に達し，次いで Pt（精神衰弱）が 85 と続く。F 尺度と K 尺度との差異については，症状の誇張や悪くみせかける構えの可能性を疑うものの，他の臨床尺度などのバランスを勘案すると，むしろ重篤な精神病理を示していると考えるのが妥当であろう。不安，緊張などの訴えや集中困難，思考の錯乱などがみられ，親密な対人関係を避ける傾向や自殺念慮ももちあわせているのではないかといった特徴があげられる。

SCT にみられた，"迷惑"をかけることや，外界を脅威ととらえてしまうところは，ロールシャッハ・テストでは，外界認知のまずさや，警戒心過剰指標に表れ，また，存在感が希薄な透明人間のような自己イメージは良好な人間運動反応を出せず，死体などと反応してしまうところに表れていると考えられる。また，どのテストからも自殺の可能性が疑われており，MMPI より示さ

れている病的特徴からみても，3つのテストが同じ方向をさしているとみることができるといえる。

第4節　内容に信頼性を欠くSCT

　次に，内容に信頼性を欠くSCTについてふれておきたい。信頼性を欠くSCTとは，内容や自己像，あるいはものの見方に著しい矛盾のあるバランスの悪いもの，検査に対する拒否や抵抗を示しているもの，状態の誇張やファンタジーの世界が表現されているものなどをさす。テストに対する拒否や抵抗の場合は，内容が投げやりであったり攻撃的な内容を含んでいたりするものが多く，文章量が極端に少ないなどといった特徴がともなうため，容易に判断しやすい。状態の誇張やファンタジーの場合は，内容があまりにも統一されすぎていたり，同じ言葉が多用されていたりといった一見演技めいた特徴を読み取ることができる。これらは前者に比べてわかりにくく，特に評価者が初心者の場合は，深く読み込むことに重点をおきすぎると解釈を誤ってしまう恐れがある。あえてポイントを示すとすれば，きれいすぎる，あまりにも統一されすぎているSCTというのは要注意である。

　では，これらのSCTについてはまったく解釈不能かといえばそうともいえない。生育歴や，他の検査を行っている場合にはそれらから得られる情報を考慮したうえで，なぜそのような記述をするに至ったかという検討は可能である。また，誤解を恐れずにいえば，攻撃的な内容や演じられた人格のなかにさえも本人が投影されており，そこを査定する価値はあるであろう。しかし，あくまでこの場合の解釈は慎重に行うべきである。

おわりに

　SCTに記入した内容についての質問には，被検査者は比較的容易に答えてくれることが多い。特にインテークでは話されていないことや，繰り返し表現されている内容などは，本人にとって重要であると同時に，実は話したいことであったりふれてほしい事柄であったりする場合もある。またSCTは，本人のかかえている問題や病的な側面をあぶり出す一方，趣味や特技といった本人の支えになるようなことや健康的な側面をもみせてくれる。

　本章では，SCTの精神科クリニックにおける活用の実際について，査定の側面に焦点を当てて述べてきた。しかし，これらSCTに記述された内容は，査定のみにはとどまらず，その後の治療やカウンセリングを展開するうえでも有益な情報を提供してくれる。

　SCTによるパーソナリティ理解には本来マニュアルはない。SCTから浮き彫りになるものは，本人の現実であり，内的世界である。2人として同じ人間は存在しないのだから，それを枠にはめてしまうことは個性を殺してしまうことにほかならない。生きている人間を対象に臨床にたずさわるわれわれにとっては，個人を理解し，よりよい援助を模索するのが仕事である。SCTは個人を理解するエッセンスを提供してくれる技法である。これこそが幅広い領域で使用され，かつ有用性を認められているゆえんなのではないだろうか。

第11章 精神科病院における活用
―複雑なケースと「うつ」ケースへの適用―

第1節 精神科病院における心理検査

1．心理検査が実施される精神科病院の背景

　対象となるF精神科病院は関東東部に位置し，精神科急性期治療病棟，精神科ストレスケアおよび回復期治療病棟などを有する精神科病院である。精神デイナイトケア科やグループホーム，生活訓練施設，生活支援センターなどをグループとしており，精神科患者の地域生活促進をめざしたチーム医療を重視している。

　2008年1月1日～12月31日における精神科入院患者の主病名は統合失調症型および妄想性障がいがもっとも多く，気分（感情）障がい，症候性を含む器質性精神障がい，精神作用物質使用による精神および妄想性障がい（以下略）と続く。

　また，精神科外来患者の主病名は気分（感情）障がいがもっとも多く，統合失調症，統合失調症型および妄想性障がい，神経症性，ストレス関連性および身体表現性障がい，症候性を含む器質性精神障がい（以下略）である。

　外来患者における気分（感情）障がい増加の背景には現代社会のストレス問題がうかがえる。また，近年うつ病がさまざまなメディアを通じて知られるようになり，抑うつ症状に敏感な者が多いことも関連があるのかもしれない。一方，入院治療では依然として統合失調症の割合が多いものの，おもに効果的な薬剤の開発などにともなって長期的な入院治療は減少傾向にある。

2．F精神科病院における心理検査

　外来患者に対して心理検査を施行する場合，原則予約制となる。複数の検査が施行される場合は，1日1検査にとどめ，検査時間が2時間を超過しないよう留意している。また，入院患者に対して心理検査を施行する場合，事前に面識をもつなど配慮が必要である。病状が不安定な入院患者に対して準備期間を設けることは緊張緩和や不安低減へとつながる。

　F精神科病院では，WAIS，田中ビネー知能検査，鈴木ビネー知能検査などの知能検査，ロールシャッハ・テスト，SCT，MMPI，TEG，YGなどの性格検査，WCSTなどの前頭葉機能検査，WMSなどの記憶検査を実施している。

　なかでも，ロールシャッハ・テスト，SCT，WAISをテスト・バッテリーとして施行することが多い。症状と知的な側面の関係性を把握するためにWAISを実施し，SCTによって患者の全体像をとらえる。また，ロールシャッハ・テストを併用することで，認知機能の歪みや性格傾向を再

3．F精神科病院におけるSCTの活用法

さまざまな症状を表出する患者に施行可能なSCTは，利用頻度が高い。文章を書くという慣れ親しんだ作業は抵抗が少ないようである。また，実施が容易であるにもかかわらず，知的な側面，家族や社会とのかかわり，心身エネルギーのバランスなど，さまざまな情報を包括的に得られることも大きな利点である。

第2節　事　例

ケース1（NM-5），2（NM-6）は，発症までの経緯が複雑であり，典型的な精神病の枠に分類することが困難であった。薬物療法の効果が明確に現れず，病名や治療方針を決定することが難しいとされた。SCT，WAIS，ロールシャッハ・テストなどテスト・バッテリーを設定し，患者像の把握を試みた。

ケース3（NM-7），4（NM-8）は，うつ状態のケースである。

1．NM-5さん

1）概　要

23歳，男性。V県にて2人兄弟の第2子として出生。やや言葉の遅れがあった。友人は多いがおとなしく自己主張しないタイプであった。中学生時は成績優秀であったが，いじめをきっかけに不登校となる。その後，高校に進学するが他の生徒に恐怖心をいだき登校を拒否していた。この頃より情緒的な不安定さが表出した。

200X年，空笑が目立ち過量服薬による希死念慮が生じたため当院受診となった。その後，「声優の声で罵倒される」，「TVが馬鹿にする」といった幻覚・妄想症状が顕著となり，家族に対する暴力行為が激化した。自傷他害が危惧されたため，200X＋2年閉鎖病棟入院となった。

その後，200X＋3年，200X＋4年とたびたび入退院を繰り返すが，衝動行為や暴力行為は沈静化には至らなかった。服薬の効果による症状改善がみられず，投薬調整が行われていた。その結果，統合失調症性の興奮にもとづいて衝動性および暴力行為が生じるのではなく，人格的な問題が関与している可能性も示唆された。

今後の開放病棟への転棟やリハビリテーション活動を視野に入れ，心理検査が実施された。

SCTは200X＋4年12月，閉鎖病棟入院中に実施した。病室に持ち帰って記述してもらうことにして，翌日患者より回収した。この頃，病棟内では女性患者との交流を好み，追跡するなどの迷惑行為が出現して問題となっていた。一方，著しかった幻覚・妄想は入院当初よりも改善し，レクリエーション活動や心理検査施行時は比較的落ち着いていた。日常生活上での不適切な行動の多発と，一時的な表面上の適応に違和感があった。

2） WAIS 解釈

200X＋3年6月に実施された。知識6,数唱9,単語6,算数5,理解10,類似9,絵画完成4,絵画配列7,積み木模様9,組み合わせ11,符号9,VIQ＝84,PIQ＝77,FIQ＝78であった。

集中力を維持して物事に取り組めず,単純なものの把握が難しい。一方,全体の流れや部分のつながりを理解するなど,複雑なものへの対応は可能である。アンバランスな内面がうかがえる。典型的な統合失調症像とは異なる印象を受けた。学問で習得するような知識や一般常識は乏しいものの,日常生活上で必要となる社会的なルールは有している印象を受けた。

3） ロールシャッハ・テスト解釈

200X＋4年12月に実施された。自身の内的・空想の世界が過度に活発であり,プロットの形態をとらえることができない。関心のあるアニメや声優,呪術的なテーマに関連づけて話す傾向がある。また,潜在的な攻撃性や性的関心の強さもうかがえる。衝動を統制することが困難である印象を受けた。

4） SCT 事例

200X＋4年12月に実施されたSCTを載せる。

SCT ケース　NM-5　（男性，23歳）

Part I

1　子供の頃，私は　　野沢雅子さんからアニメ見ているとき家に訪問され「声優にならないか？」と誘われました。
2　私はよく人から　　口臭が臭いとけなされます。そのため予防に食事を減らすことと歯磨きも心がけています。
3　家の暮し　　TVゲームに音楽をかけて甘く暮らしています。パソコンでインターネットを使ってエッチなアダルトサイトをみています。
4　私の失敗　　「学校へ行きなさい。」と母親にすすめられても，行かなかったことです。後で死刑にされることがわかって嫌です。
5　家の人は私を　　よく面倒みてくれます。喧嘩もよくします。それも昔のことで今は相手にされません。
6　私が得意になるのは　　サッカーのドリブルでパスを受け取ったときキャッチすることです。
7　争い　　は際場になって両者共裁かれるリスクがあります。解決になればよいにこしたことはありません。
8　私が知りたいことは　　声優のオーディションの雑誌です。仕事得て生計を立てるのです。
9　私の父　　は体格のしっかりとした人で技刀道連盟の審査員をぶっ飛ばしてしまう力の強い人です。
10　私がきらいなのは　　女子に【不明】されることと男の人に苛められることです。後でよく泣いてしまいます。
11　私の服　　は母親が用意してくれます。ブランドの話がしたいです。友達に触らせるの嫌だ。敵だから殺す。商品の品質が落ちる。
12　死　　は誰にもおとずれるものではかなく印象に残るものです。次の人になれることがあれば幸いです。

13 人々　　は僕のことをおそれているそうです。恐迫や目がそのようです。恐い自分は人からすれば恐れられているそうで僕からすれば弱者になります。
14 私のできないことは　　勉強や仕事を続けられないことです。途中でやる気がしなくなり手がつかなくなります。
15 運動　　は好きです。汗を流して機敏に動くことや勝利を味わうことができれば幸いです。
16 将来　　は僕にはありません。日々遊んだり，寝て暮らす毎日で，将来は見えません。
17 もし私の母が　　泣いてしまったらほっておきます。次第に回復することを待ちます。
18 仕事　　は長続きしません。みんなの迫が強くていくじなしになります。そうなったら寝てみんなのところへいきません。
19 私がひそかに　　女性のことを思い出してオナニーをしたこともあります。「何やってんだオマエ」って怒鳴られたこともあります。
20 世の中　　虐待ばかりで社会共存の心が失われています。苛めがなくならないかぎり社会は暗いままです。
21 夫　　20年間やってみたいです。その後の暮らしはわかりませんが。子供が自立できるまで働いていたいです。
22 時々私は　　首が曲がります。占いによるとたいそうをしているかのようと象に思われました。
23 私が心をひかれるのは　　武道です。動きの機敏な芸当に味わいがあります。
24 私の不平は　　ありません。心にゆとりがあり生活に困ることはありません。不平がでてきたら耐えています。怒りに変わってブツケます。【不明】に。
25 私の兄弟（姉妹）　　は一人単【不明】で東京に離れて暮らしています。仕事は福祉用具の営業課のようです。
26 職場では　　……。殴られたり押されたりします。お金を貰ったことがありません。お金が欲しいです。
27 私の顔　　は鼻が特徴あり【不明】にも出演しています。虚ち気な車窓のシーンで車から外を覗いています。
28 今までは　　お金になることをしたことがありません。お金を得て経済的自立を果たしていきたいです。
29 女　　性はコミュニケーションがあればOKな気分になります。エッチがしたいな。そんな話題があればいいです。
30 私が思いだすのは　　【不明】が起きてエッチをしたり喧嘩になったり怒鳴られたり殺されたり悪口を言われたり苛められたりすることです。

Part Ⅱ

1 家では　　誓約書にサインしたことがありますので自由が制限されます。悲しいことです。
2 私を不安にするのは　　学年があがっても勉強が前のところでもわからずつまずいていることがあります。それで仕事になるのか不安になります
3 友だち　　は温かくて裏切れやすいです。繊細な感覚で実に気ままなことが多いです。
4 私はよく　　部屋でオナニーをします。欲がありよく発情してはオナニーをしてます。
5 もし私が　　アクションスターなら殺陣や闘劇をしています。後のことなんかおかまいなしです。
6 私の母　　温かい人です。いつも笑顔で僕をにこやかにしてくれます。いやしです。
7 もう一度やり直せるなら　　札束を置いたところで自分は頑張ったと認められることがいいです。
8 男　　は積極的で人をけなして強い【不明】が【不明】男性の性器で女性を攻めます。
9 私の眠り　　が深くなかなか起きられないことや眠りが浅く深夜に起きてしまうことがあります。
10 学校では　　喧嘩ばかりしていました。先生にブッ飛ばされたり窓ガラスを割ったりかんしゃくに触れることが多かったです。
11 恋愛　　をしたいです。心が【不明】にあってSEXがしたい。【不明】なんて素晴らしいことなんだろう。
12 もし私の父が　　死んでしまったら，それこそ生活はどうしていけばいいんだろう。芸倒立でしょ

うか。
13 自殺　　　は平気でできます。誰になるか占ってもらって死にます。低度（本当度）が軽いことに気付きます。
14 私が好きなのは　　　女の子にもてはやされることが性的なコミュニケーションのある子と会話したいです。【不明】てることです。
15 私の頭脳　　　は大きいです。知的な思考で巧みな話術をもっています。昔は小顔ブームなんてありましたが何も話せない人【不明】人達ばかりです。
16 金　　　は権利で成り立ちます。小泉総理大臣は知る権利を塩川財務大臣から認めないと申しますが，僕からはお金を渡した方がいいな。福田さんにも。
17 私の野心　　　は不登校の児童らを学がなくて暮らしていけないとそれを訴えていたのが【不明】脅していったものに変わった。
18 妻　　　の存在は心の中で見えるだけで実際はいない人ですよ。喧嘩が多くて怒鳴り合いばかりで女性ってこわい人ですよね。
19 私の気持　　　は惨めで孤独な感。僕より私の方が存在が大きいです。
20 私の健康　　　妊娠すれば心が身体の状態が流れていくようですが変化があっても命に別状はありません。
21 私が残念なのは　　　【不明】が性欲がわずかしかないことです。僕から【不明】求められるようなって頑張りたいです。
22 大部分の時間を　　　TVゲームか趣味の時間に使いました。みんなにとって人生は勉強や働くためのものでアリとキリギリスでは「オク」になりました。
23 結婚　　　は好きなもの同士がするものでそれならSEXライフが充実しています。
24 調子のよい時　　　得意なことをしている時です。できた勉強が女の子のいる前です。
25 どうしても私は　　　魔術で兵士を倒していきたい。僕を殺すためにあの手この手で滅ぼしにやってきます。実は僕もSEXがしたいのです。
26 家の人は　　　物静かで雑音がうるさい。怒鳴り伏せる毎日の【不明】。
27 私が羨ましいのは　　　人の前で素直になれることとコミュニケーションが築ける人。知的な人。笑顔な人。表情豊な人。
28 年をとった時　　　暮らしていけるのが心配。何をしている人だろう。文明についていけるか悩みのたね。
29 私が努力しているのは　　　何も無いです。魔術の勉強をしているそうです。クーラーと学院【不明】。
30 私が忘れられないのは　　　【自分の名前】と私の死。

5) 他テストをふまえたSCTの解釈および患者像

　全体的にまとまりがなく，1つの刺激文内でも内容が反転する。現実世界と非現実世界の境界があいまいな印象を受ける。家族に対するアンビバレントな感情が，妄想とかさね合わせて表現されている。また，性に対するこだわりが強い反応文が続く。抑制のなさがうかがえる。
　「私が心をひかれるのは　武道です」（Ⅰ-23），「私の父は　（中略）審査員をぶっ飛ばしてしまう力の強い人です。」（Ⅰ-9）など，力へのこだわりがうかがえる。金に関する記載も多くみられ権力に対する憧れがあるようだ。「私が羨ましいのは　人の前で素直になれることとコミュニケーションが築ける人。」（Ⅱ-27），「仕事　は長続きしません。みんなの迫が強くていくじなしになります。」（Ⅰ-18）など，人への意識が強い。緊張が高いのかもしれない。「運動　は好きです。（中略）勝利を味わうことができれば幸いです。」（Ⅰ-15）など，闘争心がうかがえる。

外界に阻害され馬鹿にされているといった思いが強く，それにともなう孤独や寂しさが表現されている。しかし，自らの思いを率直に表現できず婉曲した怒りとして爆発している。適切な表出方法がわからないようである。

刺激文を冷静にとらえようとする姿勢はみられるが，自ら記載した文章に刺激され逸脱する。"運動""仕事"など，刺激文にまとまりがある場合には，ある程度対処することが可能である。一方，"死"や"争い"など，本人にとって刺激が強いと感じるものには対応できず，文章が崩れている。また，PartⅠでは反応が崩れた後，刺激文が変化すると立て直しが可能である。一方で，PartⅡでは分離が困難であり混交してしまうようである。このことはロールシャッハ・テストにもみられ，枠のないあいまいな刺激への反応は不安定である。妄想などの病理が人格的，あるいは発達的偏りによってますます活発化し表出している可能性も否めない。

このような検査の結果から，表面的な落ち着きとは裏腹に妄想の活発化にともなう著しい混乱がうかがえる。したがって，新たなプログラムの提案などが患者の精神状態を揺さぶることが危惧された。また，病識の乏しさや認知の歪みをふまえて，心理的教育の導入が検討された。

6）その後

SCT施行時から半年後，閉鎖病棟から開放病棟に転棟するが，逸脱行為に至り長期的な安定を維持することが困難であった。現在，閉鎖病棟と解放病棟の転棟を繰り返す不安定な状態である。一方，退院後の生活について主治医との間で話し合いがなされ，就労支援中心の施設に通所を希望している。依然として被害的内容の妄想は活発であり思考障がいが顕著であるが，今後の生活を考えるようになり，現実的な問題に対する不安をいだくように変化している。

2．NM-6さん

1）概　　要

20歳，男性。2人兄弟の第2子として出生した。幼少時は周囲になじめず一人遊びが多かった。小学校入学時人気があり活発であるかのように振る舞うが，自主的ではなかった。幼少期から気に入った毛布を手放さず現在も所有している。中学生時，いじめがきっかけとなり不登校となる。

200X年他院を受診し，統合失調症の可能性を指摘されるが中断。本人がインターネットで検索しZ薬剤の処方を希望し再度通院を開始するが，母親のみの受診が継続した。徐々にZ薬剤の服用が増加。主治医により処方が中止される。その頃よりZ薬剤に依存的となり，薬を手渡さない家族に対し暴力的となった。

200X＋2年，薬剤依存によりF病院受診。主治医より苛立った症状がZ薬剤によって生じている可能性を指摘すると，一応の理解を示した。しかし，器物破損などの危険行為が出現し，家庭内での対応が困難であったため，Z薬剤中止目的で入院に至った。

SCTは200X＋3年1月，閉鎖病棟入院中に実施した。病室に持ち帰って記述してもらうことにして，数日後患者より回収した。この頃，ほぼ緘黙状態であり，意思表示はうなずく程度であった。他の入院患者との交流も乏しく自室に引きこもって過ごすことが多かった。入院時に呈してい

た衝動行為は減少しており，改善傾向がみられていた。

2) ロールシャッハ・テスト解釈

200X＋3年1月に実施された。形態反応が非常に多く，柔軟に物事をとらえることが難しく，ある一定の枠組みで外界とかかわろうとする傾向が顕著であった。積極的に周囲とかかわらずに自己の内面に引きこもる印象を受けた。対応可能な出来事に対してはかかわりをもつことが可能であるが，対応不可能となり混乱が生じると，外界を自分に向かう攻撃的な対象ととらえる傾向があるように感じられた。

3) SCT事例

200X＋3年1月に実施した。

SCT ケース NM-6 （男性，20歳）

Part Ⅰ
1 子供の頃，私は　　いない。
2 私はよく人から　　私はよく人から，甘えるな。と言われる。
3 家の暮し　　は空虚。
4 私の失敗　　は生まれたこと。
5 家の人は私を　　嫌っている。早く消えて欲しいと思っている，邪魔だと思っている。失望している。
6 私が得意になるのは　　強がること。
7 争い　　【強い線を書きなぐる】
8 私が知りたいことは　　チョッカーでレーティング2100＋（赤色）になれるか。（強くなれるか）
9 私の父　　は存在感が薄くているのかいないのかがわからない。
10 私がきらいなのは　　五月蝿い人。理解できない人。
11 私の服　　装はジーンズに上は黒。
12 死　　ね。
13 人々　　は自分のことをせせら笑う。
14 私のできないことは　　文章を書くこと。人とコミュニケーションをとること（話すこと）
15 運動　　することは割りと好き。得意。
16 将来　　のことはとくに何も考えていない。不安。
17 もし私の母が　　死んだら自分も死ぬしかない。まだ死にたくない。
18 仕事　　には就きたくない。
19 私がひそかに　　包丁を隠し持っている。
20 世の中　　退屈
21 夫　　はいない。
22 時々私は　　発狂する。
23 私が心をひかれるのは　　チェッカー（ボードゲームの一つ），落ち着ける場所。
24 私の不平は　　不平等。
25 私の兄弟（姉妹）　　はいない。
26 職場では　　？無職。
27 私の顔　　醜い。人の視線が気になる。
28 今までは　　【強い線を書きなぐる】

29　女　　　の子は可愛い。
30　私が思いだすのは　　恥を【不明】したこと。

Part Ⅱ

1　家では　　　【強い線を書きなぐる】一日中パソコンをやっていた。
2　私を不安にするのは　　【強い線を書きなぐる】お前ら。
3　友だち　　って何？
4　私はよく　　イライラする。
5　もし私が　　【記載なし】
6　私の母　　は自分自身のことをアホだと言っていた。
7　もう一度やり直せるなら　　二度と生まれない。
8　男　　　の子は可愛い。
9　私の眠り　　，ロヒプノール，レンドルミン。
10　学校では　　いつも緊張していた。こわがった。暇だった。つまらなかった。苦痛だった。死にたかった。
11　恋愛　　には興味がない。
12　もし私の父が　　死んだらお金はどうなる【強い線を書きなぐる】【不明】
13　自殺　　願望。メンヘラ。V系。
14　私が好きなのは　　パソコンのインターネット。チェッカー【不明】オンラインゲーム，寝る，食べる，ペット（動物）
15　私の頭脳　　は死んでいる。【強い線を書きなぐる】
16　金　　Au
17　私の野心　　特になし。
18　妻　　はいない。
19　私の気持　　は強がる弱さ，理想と現実【強い線を書きなぐる】
20　私の健康　　は良好。
21　私が残念なのは　　この世に生まれたこと。
22　大部分の時間を　　寝て過ごしている。
23　結婚　　しない。
24　調子のよい時　　がない。
25　どうしても私は　　【薬剤Z】のことが忘れられない。
26　家の人は　　死ね。殺す。死ね。死ね。死ね。死ね。死ね。死ね。死ね。
27　私が羨ましいのは　　ふつうの人。
28　年をとった時　　？生きていない。
29　私が努力しているのは　　【強い線を書きなぐる】死。
30　私が忘れられないのは　　恥をかいたこと。ショックをうけたこと。

4） 他テストをふまえたSCTの解釈および患者像

　回答欄に入りきらないほどの大きな文字で記載している。途中，自ら記載した文章の上に，紙を突き抜くような筆圧で線を書きなぐる行為がたびたび生じる。自らの考えや思いに混乱している様子である。

　「どうしても私は　【薬剤Z】のことが忘れられない。」（Ⅱ-25），「私の眠り　，ロヒプノール，レンドルミン。」（Ⅱ-9）など，薬物から注意を逸らすことが難しいようだ。根強い執着がうかがえる。また，「私がひそかに　包丁を隠し持っている。」（Ⅰ-19），「時々私は　発狂する。」（Ⅰ-22）

など，何らかの対象に襲われる恐怖と怯えがうかがえる。薬物摂取時に生じる幻覚妄想体験が影響しているのかもしれない。

家族に対して，否定的な感情をいだいている一方，「もし私の母が　死んだら自分も死ぬしかない。」（Ⅰ-17）などの記載がみられ，精神的な依存傾向もうかがえる。アンビバレントな感情が混在し整理することが困難であるようだ。

細やかな性格傾向で劣等感が強いため，周囲からの視線を過度に気にかける傾向が強い。生への後悔と将来への不安が混在しているようだ。現状を冷静に判断し，対応しようという思考が乏しい印象を受ける。

ロールシャッハ・テストでも顕著であるが自ら構築したかたくなな枠があり，枠内に侵入されることにも枠外に進出することにも抵抗が強い。防衛的である。枠が崩壊する危険を感じると冷静に対応することができず暴力的になるのかもしれない。

一方，混乱を示しながら最後までテストに取り組み，教示どおりに実施する姿勢がみられる。現状を変化させたいという意識もうかがえる。括弧書きで追加記載している項目もあり，周囲に自らの思いを伝えたいという欲求もあるようだ。

このケースも単なる薬物依存ではなく，人格的な偏りが強く感じられる。NM-5さんに比べて人格の崩れはやや少ないが，固執性や攻撃性が強い。

このような心理検査の結果を医師より患者へ伝えると，苦笑を浮かべながらも心理検査の結果を積極的に解釈していた。心理検査の結果と診療経過をふまえ，両親との距離を保つことが重要であることを話し合った。その結果，入所に否定的であった引きこもりや精神障がい者が共同生活を行うグループホームの見学を検討するようになり，同世代の人間関係の構築を積極的に試みるよう変化した。

5）　その後

施設入所が決定し数ヶ月経過した時点では，周囲の友人となじむことが困難であり，自室に閉じこもる生活が継続していた。複数人に注意を向けられることに抵抗はあるが，2名程度の交流を保つことは徐々に可能となっている。

3．NM-7さん

1）　概　　　要

44歳，男性。関東地方にて出生。発達の遅れなどはなかった。家族仲は不良であり，父親に対する憎しみをいだいているようだ。兄弟は体が弱く病気がちであった。小学校から高等学校生活において，特に大きなエピソードもなく，ごく一般的な生活をしていた。大学卒業後，サラリーマン生活を開始。結婚後，一子をもうける。200Y年-2年より不調を訴え，来院。うつ病が悪化し，入院となる。200Y年，入院中に心理検査を実施する。

2) 田中ビネー知能検査，ロールシャッハ・テスト解釈

　田中ビネー知能検査では，IQ 98。服薬の影響などで集中力が低下していた可能性があり，発病以前は現在よりも若干高いレベルであった印象を受ける。ロールシャッハ・テストでは，反応数が少なく14個程度。全体反応がやや部分反応を上回った。形態反応が多く，内容に関する説明が十分できなかったが，P反応は3個あった。

SCTケース　NM-7　（男性，44歳）

Part Ⅰ
1　子供の頃，私は　　外で友達と遊ぶことが好きでした。
2　私はよく人から　　慎重な人間だと言われます。
3　家の暮し　　には満足しています。
4　私の失敗　　だったと思うことは，いつも失敗を恐れて，挑戦することをためらって生きてきたことです。
5　家の人は私を　　どうおもっているでしょうか？
6　私が得意になるのは　　特にありません。
7　争い　　事は，したくもないし，そばで見たくもありません。
8　私が知りたいことは　　どのようにして人事異動が決まるかです。
9　私の父　　を今だに憎んでいる部分があります。
10　私がきらいなのは　　ルールを守らない人間，そして優柔不断な私自身です。
11　私の服　　それぞれが決まった場所にないと気がすまない方です。
12　死　　とは全て無くなってしまうものだと思っています。
13　人々　　全てが幸せになれることが究極の理想だと思います。
14　私のできないことは　　思ったことを素直に口にだして話すことです。
15　運動　　をすることは小さいころから好きでした。
16　将来　　のことはまったく想像できません。
17　もし私の母が　　もう少し健康であったならと思います。
18　仕事　　を甘くみていたようです。
19　私がひそかに　　希望していることは，職場が変わることです。
20　世の中　　には，まだまだ知らないことがある。
21　夫　　になり，子供もできて，初めてその責任の重さを感じています。
22　時々私は　　自分が嫌になります。
23　私が心をひかれるのは　　能力があっても，それをひけらかすことなく仕事をしていく人です。
24　私の不平は　　自分の精神面の弱さです。
25　私の兄弟（姉妹）　　は，病気なので，早く直ってくれればと願っています。
26　職場では　　うまく適応できず，日を追うごとに，あせる思いが，つのってしまったようです。
27　私の顔　　は好きではありません。
28　今までは　　気がつかなかったけれど，とても恵まれた職場にいたようです。
29　女　　の人の控目さを好ましく思います。
30　私が思いだすのは　　今までの職場の事です。

Part Ⅱ
1　家では　　リラックスできないこともあります。
2　私を不安にするのは　　新しい職場で自分の仕事が把握できていないことを質問される時です。
3　友だち　　は自分からは，つくらない方です。
4　私はよく　　ひとりで山登りをするのが好きでした。

5 もし私が　　もう少し強い人間だったら妻に心配をかけなかったと思います。
6 私の母　　は父に大部苦労させられたと思います。
7 もう一度やり直せるなら　　中学生からやってみたいと思います。
8 男　　との付き合いには，いつも緊張感を感じます。
9 私の眠り　　は最近浅いようです。
10 学校では　　真剣に勉強はしていませんでした。
11 恋愛　　は，むずかしいものです。
12 もし私の父が　　人の話しに耳をかた向けることができる人間だったら父との付き合い方も違っていたでしょう。
13 自殺　　をしたいと思ったことがあります。
14 私が好きなのは　　一人で山を登ることです。
15 私の頭脳　　はにぶく，答えがでるまでに時間がかかります。
16 金　　に執着したことは今までないと思います。
17 私の野心　　は特にありません。
18 妻　　は良くやってくれていると思います。少し気が強い所もありますが。
19 私の気持　　を素直に出すのは苦手です。
20 私の健康　　は今までで最悪の状態です。
21 私が残念なのは　　現在に至ってしまった自分自身です。
22 大部分の時間を　　現在は無駄にしているようです。
23 結婚　　をするのは簡単ですが生活をしていくのはむずかしいものです。
24 調子のよい時　　は，次の目標のようなものが見えてくるようなきがします。
25 どうしても私は　　父を許すことができません。
26 家の人は　　私に遠慮しているようです。
27 私が羨ましいのは　　能力があり，仕事を正確に処理できる人です。
28 年をとった時　　は，身近な人に迷惑をかけないで，死んでいきたいと思っています。
29 私が努力しているのは　　と言えるものはなく何をどう努力すればいいかわからないでいるところです。
30 私が忘れられないのは　　高校時代の部活動で充実した時を送ったことです。

3) SCT

200Y年に施行したSCTを載せる。

4) 他テストをふまえたSCTの解釈および患者像

　古典的ともいえるうつ状態のケースである。典型的な執着性格で，強迫的。休職した後，さほど悪い職場環境ではなかったと理解した様子であるが，今後も現職場で働くことに不安がある。男性のうつ状態のSCTではよくみられるが，父親を嫌悪し，母親に同情的。適応ができない要因に対人関係が苦手なことがあげられるが，その原因を父への憎しみに転嫁しているようにも感じられる。家庭に安らぎを求めているが，同時に，家族さえ重荷になってきている。以前は身体を動かすことは好きだったようだが，精神的に弱い自分を卑下し，男性性へのあこがれが強い。将来の展望が乏しく，現状や過去への後悔が顕著である。自己否定的であり，どのように振る舞えばよいのか困惑している印象を受ける。

5）その後

検査修了後，段階的に復職が可能となったが，長期的な就労には至らず，ほどなく退職した。

4．NM-8さん

1）概　要

45歳，男性。第2子として出生。姉がいる。発達の遅れはなかった。おとなしいタイプであったが，ある程度の人間関係を維持していた。中学校では，理由もなく数週間の不登校の経験がある。高校卒業後，有名大学に進学。卒業後，システムコンサルタントとなる。

200Z-2年，仕事中に突如不穏状態に至り，緊張感や動悸が生じた。辛うじて仕事を継続していたが，200Z-1年，欠勤回数が増加した。休日に症状が出現することはなく，職場での人間関係も良好であった。200Z年，産業医の勧めもあり，精神科病院を受診。休職となる。服薬を開始するが，良好な変化がみられないため，カウンセリングを希望。心理検査を実施した。

2）ロールシャッハ・テスト解釈

かたくななパーソナリティを有しており，内向的である。周囲に合わせて適切に振る舞うことが苦手であるようだ。何らかの問題が生じた際に，果敢にものごととかかわることが乏しく，逃避的となるのかもしれない。内在化された情動があるが，受身的であるために適切に処理することができない印象を受ける。状況や環境に問題を汎化させ，他責的となる傾向があるのかもしれない。情緒的処理の不適切さ，思考のかたさから，内省が難しい印象を受ける。

3）SCT

SCTは200Z年に施行した。

SCT ケース　NM-8　（男性，45歳）

Part I
1　子供の頃，私は　　良く女の子に間違えられた。
2　私はよく人から　　おとなしいと言われる。
3　家の暮し　　は，1人でいるので気楽だ。
4　私の失敗　　は，良く人の名前を間違えることだ。
5　家の人は私を　　あまり丈夫な人間と思っていない。
6　私が得意になるのは　　人が知らないことも知っていた時だ。
7　争い　　ごとは，できるだけさけたい。
8　私が知りたいことは　　私はなぜ私なのかを知りたい。
9　私の父　　は，やさしい人だったが，少し変わっていた。
10　私がきらいなのは　　人と争うことだ。
11　私の服　　のセンスは良くないと思っている。
12　死　　は，何れ誰にでもおとずれるものだ。
13　人々　　まわりの人のことしか思いうかばない。
14　私のできないことは　　たくさんあって書ききれない。

15 運動　　　した方が良いと人に言われることが多い。
16 将来　　　のことは，良くわからない。
17 もし私の母が　　　死んだとしたら，私は悲しむだろう。
18 仕事　　　には，出来るだけ早く復帰したい。
19 私がひそかに　　　考えていることは，特にない。
20 世の中　　　の人は，自分のことしか考えていないのじゃないかと思うことがある。
21 夫　　　にはなれない。
22 時々私は　　　自分がなぜ自分なのか考えることがある。
23 私が心をひかれるのは　　　新しい製品が売りに出ている時だ。
24 私の不平は　　　心の中にしまっておくことが多い。
25 私の兄弟（姉妹）　　　は，姉が1人います。
26 職場では　　　病気になる迄は，ちゃんと仕事が出来ていたと思う。
27 私の顔　　　は，自分ではあまり好きではない。
28 今までは　　　うまく生きてこられたと思う。
29 女　　　の人は，男とは別の動物だと思う。
30 私が思いだすのは　　　仕事などで失敗した時のことだ。

Part II
1 家では　　　1人おとなしくしています。
2 私を不安にするのは　　　これからの社会情勢がどうなるかということだ。
3 友だち　　　は少ない方だ。
4 私はよく　　　1人で出かける。
5 もし私が　　　死ねば，家族は悲しむだろう。
6 私の母　　　は，本音をズバリ言ってしまう人だ。
7 もう一度やり直せるなら　　　違う職業についてみたい。
8 男　　　らしい人だと言われたい。
9 私の眠り　　　は，浅い方だと思う。
10 学校では　　　ごく普通の目立たない生徒だったと思う。
11 恋愛　　　できるような相手がいれば，良いと思う。
12 もし私の父が　　　生きていたら，今の自分の状況を相談できたのに残念だ。
13 自殺　　　することはない。人はどうせ死ぬのだから。
14 私が好きなのは　　　1人で遊ぶことだ。
15 私の頭脳　　　は，悪いとは思わない。
16 金　　　があれば，たいていのことは解決できる。
17 私の野心　　　など，考えたこともない。
18 妻　　　がいれば，今の状況も変っていただろう。
19 私の気持　　　は，あまりスッキリしていない。
20 私の健康　　　は，あまり良い状態ではない。
21 私が残念なのは　　　父親から，いろいろな話をきけなかったことだ。
22 大部分の時間を　　　今は病気の治療に当てている。
23 結婚　　　出来るなら，してみたい。
24 調子のよい時　　　は，1人で出かけることが多い。
25 どうしても私は　　　物事を悪い方に考えているようだ。
26 家の人は　　　自分がうつ病にかかっていることを知らない。
27 私が羨ましいのは　　　自分に自信をもっている人だ。
28 年をとった時　　　1人で生活することになれば，不安になるだろう。
29 私が努力しているのは　　　人の悪口を言わないようにしていることだ。
30 私が忘れられないのは　　　仕事などで失敗した時のことだ。

4) 他テストをふまえたSCTの解釈および患者像

　知的な能力は標準以上であり，高学歴でもある。ルールの理解や一般常識を理解しており，ある程度の社会適応が可能な基礎的な力はもっているようにもみえる。しかし，人への関心をいだきながらも，どのようにかかわりをもてばよいのかわからず，混乱しているようだ。対人関係の希薄さが顕著である。抑うつ的である現状を考慮しても，元来のコミュニケーション上の問題がうかがえる。

　漠然とした何らかの想いをいだいているものの，周囲に表現することを避け，抑圧する傾向がある。依存性とエネルギーの低さから，現状を積極的に変えようとする意欲は乏しい。

　典型的な「うつ」の患者は，何とか状況を変化させようと悪戦苦闘を繰り返した末に，力尽きるという特徴がある。しかし，本ケースのような「現代型うつ病（非定形うつ病）」と称する一部の患者は，コミュニケーション・スキルの不足やパーソナリティの偏りによって，問題から逃避的となる傾向が見受けられる。古典的うつ病の治療で重要となる「休養を施す」ことが適切な治療法とはならないことも多い。長期的な休職状態に至る可能性が懸念される。適切なタイミングで，カウンセリングの導入や復職トレーニングを行うことが重要である。

5) その後

　服薬を継続し，症状が軽減。1ヶ月に1回のペースでカウンセリングを継続した。自らの内面を適切に言語化する練習を繰り返したことで，対人緊張が徐々に改善された。200Z＋1年，復職に成功する。現在，継続的な就労が可能となっている。

第3節　SCTのさまざまな活用法

1．SCTの利用法

　人格障がい圏や気分障がい・統合失調症などの精神病圏の疾患を有する患者のSCTでは，表面上保たれている患者像とは裏腹に，病的な要素を含んだ内面が表現されることがある。病態が不安定なケースでは，刺激文の適切な理解が困難となる可能性がある。また，他の投影法検査に比べると可能性はそれほど高いものではないが，抑制すべき内面が露呈することもあり，その危険性にも注意すべきであろう。他の検査の結果も考慮し，多角的に患者像を把握する必要性がある。

　一方，typeが「P」で，環境・能力・性格・指向などのカテゴリーに分類することが困難であっても，SCTの活用方法はさまざまである。患者のかかえている内面すべてを入院生活や診察時に把握することは難しい。しかしながら，逸脱的に表現されたSCTを通じて，膨大な不安や混乱を感じ取ることが可能となる。

　SCTは患者へのフィードバックや今後の治療計画策定にも活用される。この際，治療者からの一方的な指導とならないように配慮し，検査結果の容易な理解が可能となるよう解説を加える必要性がある。

また，過去の整理や現状の把握，将来の展望を検討することは治療への動機づけを高めることへとつながる。治療者と患者がSCTを介して意思の疎通を図ることで，良好な治療関係を保つことも可能となる。

2．精神科医療における心理検査の役割

つい20年ほど前の精神科医療では投薬治療が中心となる長期入院の形態が多く，精神科患者の社会復帰は難しいとされてきた。しかしながら，近年早期退院の促進が強調され，長期入院患者は大幅な減少傾向にある。その背景には服薬治療に併行したリハビリテーションの充実と退院後の長期的なサポートの成果があげられる。

このような流れのなか，心理検査の活用方法にも変化が生じているように感じる。治療初期のみならず定期的な心理検査の施行によって，患者像の継続的な把握を試みるようになった結果，そのときどきに変化する症状の流れを推測しながら，介入の内容やタイミングを検討することが可能となった。

本章では精神科医療における複雑なケースへのSCT活用を中心に考察した。今後，アセスメントとしての枠にとどまらず社会復帰の促進や再発予防の資源として心理検査を活用するうえで，SCTは重要な役割を担うと考えられる。

第12章 大学学生相談室における活用
―4年間の縦断研究―

第1節 学生相談におけるSCT活用の意味

　学生相談室において，学生のもっているパーソナリティの問題点，社会的背景を知り，カウンセリングの方向性を見極め，深めていく目的でSCTを使用した事例について述べていく。当該ケースは，その分析結果をクライエント本人にもフィードバックすることで，自己の問題点のみならず，成長・変化していく面をも自覚してもらうことを念頭において，施行したものである。

第2節 H大学学生相談室の概要

　H大学は大都市郊外に位置し，200X年度開学，学生数は約3,000人，教職員数は約150名，文系，2学部，3学科で構成され，2キャンパスに分置されている。

　学生相談室は，開学とともに開室。両キャンパスに，それぞれ相談室と控え室がある。開設当初は臨床心理士の資格をもつカウンセラー1名が，各キャンパスを週2日ずつ担当していた。その後，クライエントの急増にともない，カウンセラー（臨床心理士）は200X＋2年度に2名（授業期間中は両キャンパスで週にのべ6日開室）に，200X＋4年度に3名（同，8日開室）に増員された。

　表12-1にH大学学生相談室の活動記録を載せた。表12-1にある主訴（来室理由）の説明は以下のとおりである。

「学業・履修」　学業上の悩み。勉強に集中できない，成績が上がらない，学習環境をどう整えていくか困っているなどが主訴
　　　　　　　背景に，発達障がいを含め「心身の健康」の問題をかかえているケースも多い。

「進路・将来」　卒業後の進路が具体的に考えられない，理想の仕事と自分の能力とのギャップに悩むなどが主訴
　　　　　　　背景に，「心身の健康」の問題をかかえているケースも多い。

「心身の健康」　すでに医療機関にかかっている学生，高等学校以前にいわゆる「保健室登校」やスクール・カウンセリングを経験している学生，医療機関に紹介する必要のある学生も多い。医療機関受診率は来室者全体の2割程度。人格障がい圏，発達障がい圏が疑われるケースが増加傾向にある。

「　性　格　」　自己の性格についての相談。多くの場合，最初にSCTおよび質問紙法の心理テストを施行し，その結果説明が中心となるので，のべ来室回数は少ないが，主訴とは異なる問題をかかえた学生も多いので，注意を要する。

表 12-1　学生相談室活動記録

年度 主訴（来室理由）	200X＋年度	200X＋1年度	200X＋2年度	200X＋3年度	200X＋4年度	合　計
学業・履修	32(10)	55(5)	98(12)	124(9)	119(24)	490(69)
進路・将来	60(13)	37(6)	97(9)	128(18)	140(4)	531(61)
心身の健康	59(15)	118(21)	186(26)	368(28)	284(29)	1192(134)
性　格	60(25)	133(52)	144(39)	122(36)	92(10)	623(188)
対人関係	67(16)	104(21)	158(10)	161(13)	155(19)	761(96)
その他	17(6)	48(13)	102(18)	96(22)	155(12)	537(95)
合　計	295(85)	495(118)	785(114)	1000(126)	945(98)	4135(643)

※　上記の数字はのべ来室人数，（　）内は新規来室人数。

表 12-2　心理士数・開室日数と学生の来室率

年度 主訴（来室理由）	200X＋年度	200X＋1年度	200X＋2年度	200X＋3年度	200X＋4年度
臨床心理士人数	1	1	2	2	3
のべ開室日数	143	141	159	223	251
来室率（％）	15.9(4.6)	25.4(6.1)	28.0(4.0)	27.4(3.5)	25.9(2.7)

※　来室率：のべ来室者数／在籍者数，（　）内は新規来室者数／在籍者数，
　　在籍者：学生と教職員の総数。

「対人関係」　友人関係の問題が多いが，家族関係や，教員，部活，バイト先など上下関係のある対人関係の構築が難しいなどの相談である。主訴とは別の問題をかかえている学生も多いので，注意を要する。

「その他」　教員が学生の問題で来室するコンサルテーションや，保護者からの学生の問題に関する相談などである。保護者に関しては，電話での相談も例外的に受けつけている。

　新規来室者は200X＋3年度をピークに減少しているが，のべ来室者はだいたい在籍者の25％前後で落ち着いている。来室者そのものは在籍者の7～8％程度である。
　相談は，相談室での個人カウンセリングが中心で，授業のある期間は原則として予約制にしている。教員へのコンサルテーションも徐々に増加している。休学中の学生や，遠方に在住する保護者からの場合には，電話相談にも応じている。多忙のため，集団的なアプローチはできていない。
　心理テストは，各種取りそろえてある。「自分の性格を知りたいので心理テストをやってほしい」

と来室する学生が一定の割合でおり，学生の話を聞いたうえで，適切な心理テストを施行し，説明する。ただし，そうした学生のなかには，実は心理テストは来室のきっかけにすぎず，継続的なカウンセリングを必要とする別な主訴をもつ者が多数いるので，施行前の会話のなかや結果説明の際には，その点に十分留意している。

SCTは，

① 主訴とは異なる問題点が推測でき，見立て，カウンセリングの進め方の見極めに役立つ
② 問題点を学生本人，カウンセラー双方で共有できるため，カウンセリングの内容を深めていける
③ 来室者の現在おかれている状況や背景情報など重要な問題点が把握・推測できる
④ カウンセリングの進行状況（自己の問題や精神的成長）が確認できる

などの理由で用いている。在籍する3名のカウンセラーは全員SCTによるパーソナリティ把握の訓練を受けている。

第3節　対人関係を主訴とするケース

ここでは，H大学学生相談室に，対人関係の問題をもって来室した事例を紹介する。NM-9さん，NM-10さん，NM-11さん，NM-12さんのケースである。いずれも，カウンセリングの内容を深めるためにSCTを実施したケースである。

1．事例：NM-9さん

18歳。男性。大学生1年生。169 cm，65 kg，健康強との自己申告。1年生の春に，「大した問題じゃないんですが，新しい友だちができない，皆の話題に入っていけない，自分が話題の中心になりたいのに，うまくいかない」という訴えで来談して，すぐに施行したSCTである。図12-1に評価結果を載せる。

実際には，3世代同居で，比較的古い文化を残した家庭環境にある。父はサラリーマン。広い田畑をもっている家庭で，長男・跡継ぎとして育っている。日常的な会話の範囲内であれば，1対1で話せる同性の友人は地元を中心に複数おり，親友と思っている友人も1人いる。しかし，大学で新しい友だちの輪の中に入っていこうとしても，自分との価値観や関心のある話題の違いに躊躇してしまうという。後のカウンセリングのなかで，Ⅱ-19にある「親友」も，実はかなり一方的に本人の思いが強い人間関係であることがわかってくる。

産業心理学の分野で，マズローの影響を受けて，アルダファ（Alderfer, C.P., 1969）はERG理論を提唱している。自己実現に至る成長の過程では，まず自分の生存や内面・外面の安定が保証されてはじめて，他者との人間関係が成立し，その後に真の成長がおとずれるという考え方である。

SCT ケース　NM-9　（男性，18歳）

Part I
1 子供の頃，私は　とってもイタズラでした。よくようちえんの先生を困らせていた覚えがあります。
2 私はよく人から　子供っぽいと言われます。自分でも，年下の子とよく遊んだりする気がします。
3 家の暮し　は，一家のだんらんの場だと思います。
4 私の失敗　は，私自身あまり気にしません。そのため他の人にはめいわくしてるかも…。
5 家の人は私を　かほごにしすぎてる気がします。ちっともかまってくれないよりは全然マシですけどね。
6 私が得意になるのは　まわりの人におだてられた時や，気分がノってる時です。目立ちたがりや？
7 争い　のない平和な世界が早く来るといいと思います。
8 私が知りたいことは　教えてくれるまで相手にねばります。それでもダメな時は，しかたないのであきらめます。
9 私の父　は太っているくせにわりと運動神経が良く，見かけによりません。
10 私がきらいなのは　ナマイキな子供です。でも普通の子供は好き。
11 私の服　は黒ばっかです。服はどうも黒色を好むみたいなので…
12 死　んだらどうなっちゃうんでしょうか？ユーレイになってあちこち遊びに行ってみたいですね。
13 人々　がいつか，人種やなんかをこえて，本当の意味で仲良しになれたら良いでしょうね。
14 私のできないことは　やりません。
15 運動　はわりと好きですが，運動神経はありません。
16 将来　私は声を使う仕事につきたいです。やっぱアナウンサーかな？
17 もし私の母が　あと20才若かったら最高でしたね。
18 仕事　をまかされると，それが終わらないかぎり他の仕事をやりたくない私…。
19 私がひそかに　思いを寄せていた高校時代の女の子が，彼氏がいるとわかった上，ひっこしました！あれはショックでしたね〜。
20 世の中　そんなに甘くないと言いますが，けっこう何とかなるモンですよ。
21 夫　の母は，私のしゅうとめ
22 時々私は　マンガを音読します！誰かに見られるとかなり気マズイです。
23 私が心をひかれるのは　髪をそめてない女の子ですね〜。
24 私の不平は　身長があと1cmで170cmになる所!!
25 私の兄弟（姉妹）　は，ケンカもするけど仲良しですよ。
26 職場では　こせいのあるヤツが勝つと思います！
27 私の顔　，変ですか？ヘンですか!?
28 今までは　人にめいわくばかりかけてきました。でも，これからもめいわくはかけ続けるでしょう。それが私ですから。
29 女　の姉妹やイトコしかいない私，だれか男いてよー！
30 私が思いだすのは　父のベッドでアタマをぶつけ切ったコトですかね〜。

Part II
1 家では　フロで歌ったりしちゃいます。
2 私を不安にするのは　金の少ない時の自分のサイフ…
3 友だち　は大事にすべきだと思います。
4 私はよく　マンガの絵を描いたりします。全然へたっぴですけどね。小学生のとき，カービィ128匹描きました
5 もし私が　空を飛べたらなぁ…と子供の頃からよく空想してました。
6 私の母　は，コワイけど，いつも私を心配してくれます。
7 もう一度やり直せるなら　見損ねたあの日のテレビを…！

8 男　　　　友達けっこういます。女友達？聞かないで下さい…
 9 私の眠り　　　をさまたげる者は，何人だろうがゆるしません！
10 学校では　　　明るく元気なヘンな奴で通ってました。
11 恋愛　　　　マンガ大好きです。
12 もし私の父が　　もうちょっとヤセてればねぇ…
13 自殺　　　？考えた事もありませんよ。
14 私が好きなのは　　家のコロッケ！
15 私の頭脳　　　は悪ぢえマシーンと子供の頃よく大人に言われました。
16 金　　　はやっぱ欲しいですね。
17 私の野心　　　「いつか大物になってみかえしてやるー！」
18 妻　　　にするなら，顔よりまず性格を見ますね。
19 私の気持　　　ちをわかってくれる親友！彼はマジでいい人です！
20 私の健康　　　法「よく寝！よく食べ！よく遊ぶ！」
21 私が残念なのは　　下の兄弟がいない事
22 大部分の時間を　　活動についやしてます。
23 結婚　　　するなら洋風より和風で
24 調子のよい時　　は何でもできそうな気になります。
25 どうしても私は　　小さい虫の大群を見るとゾッとします。
26 家の人は　　　なんだかんだ言いながらも私を助けてくれます
27 私が羨ましいのは　　門限のない友人の家…
28 年をとった時　　私はこのままの性格なんでしょうか？
29 私が努力しているのは　　学校を絶対休まないこと！
30 私が忘れられないのは　　子供の頃の思い出です。

環境	両親と姉と同居。兄弟もイトコも，年の近い親戚はみんな女性ばかり。父は太っているが運動神経は見かけによらないという。母は怖いけど，自分のことを心配してくれているという。子供の頃はかなりのいたずらっ子だったようだ。家族仲はよい。母の作るコロッケも大好き。門限があり，やや過保護気味。友人はそれなりにいるように見える。家庭の文化はやや古い。
身体　ener. ～+	169 cm，65 kg。健康状態は良好。あと 1 cm 身長がほしいなど，自分の身体的魅力を気にしている。やや自意識過剰気味。短距離ランナー的かもしれないが，比較的行動的な感じがする。
能力　diff. ±～+	いくつか面白い表現もみられるが，それほど高い知的能力とはいえない。特に，内面性があまり感じられない。判断力や将来に関する見通しなども場当たり的な印象。表現に，カタカナや！が多用されている。ひらがな表現も多い。
性格　type ZIn　G +　H +～　N +　secu. ±	基本は軽くやわらかい。外面指向，現実的，日常的，行動的。対人指向がある。生活態度はもともと明るいものをもっている感じ。未成熟で，幼く，夢想的なところがある。自分のことを認めてほしい反面，自信がなく，あきらめが早く，失敗を避ける傾向がみられる。やや防衛機制的な行動や生活態度もあり（Ⅰ-10,14,20, Ⅱ-19），葛藤状態では，自己中心的な行動や，逃避，合理化，虚勢を張るなどして自分を納得させようとする反応がみられるのではないか。ちょっとしたことで，自己評価が不安定になる傾向がうかがわれる。力動性が，もって生まれた Z のやわらかい傾向をかなり打ち消している感じ。
指向　意欲 ～+	日常生活指向。声を使う仕事や漫画を描くことに関心がある。やや保守的な考え方。まじめに一生懸命生きようとする意欲は高い。学校生活もまじめ。
その他	主訴である対人関係の背景にあるのは，幼く，不全感が強い力動性が問題ではないか。一見楽観的で明るく見えるが，完全主義的で，すべてうまくいかないと満足できない感じ。この年代にしてはかなり古風な考え方。

図 12-1　NM-9 の SCT の評価結果

　NM-9 さんの場合には，主訴は対人関係だが，それよりも本人の性格，特に力動性の問題の方が本質的なものではないのかという見立てをもった。対人関係の前に，他者に認められたいという被認知欲求や未成熟さ，自己中心性が対人関係を阻害し，大勢のなかで安定した関係が築けない性格的要因となっており，その点の自己理解がまず必要なのではないかということである。
　そこで，カウンセリングでは，自己の性格を理解すること，また，人間関係は経験の連続であり，多様な考え方，行動をする人間がおり，そうした人々とさまざまな人間関係のもち方があることを理解することを目標にした。そして，本人が本来話したいが，うまく話せないことをカウンセラーが受けとめ，同時に「他者の話をきちんと聴き，その場の状況に合わせた行動とはどういうことなのか」を理解し，未成熟さを克服していくことを念頭において，継続的に面接することとした。

2．事例：NM-10 さん

20歳。男性。大学生2年生である。170 cm，60 kg，健康強との自己申告。主訴は友人関係の問題である。図12-2に評価結果を載せる。

SCT ケース　NM-10　（男性，20歳）

Part I		
1	子供の頃，私は	落ちつきのない子でした。そしてそれは，今も変わりません。
2	私はよく人から	ヘンな奴だと言われます。
3	家の暮し	は，家族と一緒でいいモンです。
4	私の失敗	そこはかとなく次に生かされている時もあります。
5	家の人は私を	なんだかんだ言っても大切にしてくれます。
6	私が得意になるのは	人からほめられた時です。
7	争い	のない平和な世界で暮らしたいです。
8	私が知りたいことは	女性にモテる方法，これです！
9	私の父	さん，最近めっきり毛がうすくなりました。
10	私がきらいなのは	苦い食べ物です。
11	私の服	，基本的に白か黒。
12	死	神の大ガマって　使いにくそうですよね。
13	人々	よ，私を一度でいいから誉め称えて下さい！
14	私のできないことは	一輪車です。
15	運動	会で，親は私の居場所を一発で見付けられます。私は声が大きかったので…
16	将来	の夢は，声を使った仕事に就くことです！
17	もし私の母が	父と結婚しなければ，私は生まれませんでした。
18	仕事	の合間にちょっと休憩。
19	私がひそかに	想っていたあの娘，今では立派な彼氏付き，チクショー!!
20	世の中	上手くはいかないモンです。
21	夫	は妻を大切にすべきです。少なくとも私ならそうします。
22	時々私は	寝ながら文字を書いていることがあります。できた文章はイミ不明…
23	私が心をひかれるのは	カワイイ女の子！
24	私の不平は	いいかげん彼女が欲しいことです。
25	私の兄弟（姉妹）	は姉が一人です。
26	職場では	トップを目指します！
27	私の顔	，ヘンですか？ヘンですか!?…そうですか
28	今までは	人に譲ってきましたが，最後に笑うのは私です！
29	女	性の友達，もっと増やしたいですね。
30	私が思いだすのは	マヌケな失敗談ばかりです。

Part II		
1	家では	ゆったりまったりすごしています。
2	私を不安にするのは	やっぱり学校のテストですかねぇ。
3	友だち	は大事です。
4	私はよく	眠気に負けることがあります。
5	もし私が	あと5cm背が高ければいいのに，とよく思います。
6	私の母	さん，とっても大切な人です。
7	もう一度やり直せるなら	小学生から人生リトライで！

8 男　　らしさを身につけたいですね。
9 私の眠り　　時間，平均6時間です。
10 学校では　　授業はマジメにうけてますよ。
11 恋愛　　…したいです。
12 もし私の父が　　ハゲたら，息子である私も将来…
13 自殺　　？しませんってば！
14 私が好きなのは　　カレーライス，最近はオムライスも好きですね。
15 私の頭脳　　は常人には理解不能でしょう。
16 金　　のなる木が欲しいです。
17 私の野心　　意外に庶民的です。
18 妻　　を大切にする良き夫になりたいですね。
19 私の気持　　ちいいと感じる時は，休日寝坊できる時！
20 私の健康　　法，よく寝，よく食べ，よく遊ぶ！
21 私が残念なのは　　弟，妹がいないことです。
22 大部分の時間を　　遊びに費やしてました。今年の夏休み2ヶ月間。
23 結婚　　…したいです！
24 調子のよい時　　，たいてい図に乗って失敗します。
25 どうしても私は　　眠気には勝てません。
26 家の人は　　私の大切な家族です。
27 私が羨ましいのは　　自分より背の高い人です！
28 年をとった時　　自分の孫を見たら激甘になりそうです。
29 私が努力しているのは　　絵やイラストの練習です。
30 私が忘れられないのは　　自画像が校内掲示されたことです。

| 環境 | 両親と姉と同居。家族仲が非常によく，自分が大切にされているという実感がある。特に母親にはやや固着的。弟妹が欲しかった。今時の大学生としてはまじめ。試験のことを不安に思っている（Ⅱ-2）。 |

| 身体 | ener. ～+ | 170 cm，60 kg。健康強。平均睡眠時間6時間と言っているが，よく昼寝をし，睡魔には勝てないようだ（Ⅰ-22）。健康に大きな問題はない様子。
父と同じようにハゲることを心配している。身長があと5 cm 欲しい。男らしさを追求している。この年代らしく，女の子にもてたいという気持ちゆえのことだろう。 |

| 能力 | diff. ±～+ | 柔軟性があり，面白い表現も散見されるが，関心の幅は広くなく，それほど高い知的能力とはいえない。内面性はあまりない。カタカナ表現が多い。将来への見通しも，Ⅰ-20のような比較的暗い表現と，それとは逆のⅠ-16,26,28のような夢想的な表現が混在しており，自分のアイデンティティについて考えはじめてはいるが，落ち着くところに至ってはいない。 |

| 性格 | type Zhn | G ～+ | H + | N ～+ | secu. ±～ |
気質的にはやわらかく，開放的な特性をもっている。現実的，日常的，行動的。対人指向がある。学校生活にはまじめに取り組む姿勢をもっている（Ⅱ-10）。やや自分に自信がないところがあり，変な奴といわれる（Ⅰ-2），常人には理解不能（Ⅱ-15）との自己評価。誉めて欲しい，人から認められたいという，被認知欲求が強い（Ⅰ-6 ,13）。未成熟。このSCTからは，家庭内の人間関係は非常に仲がよく，それ以外でも，人間関係は，あまり悪そうにはみえない。

| 指向 | 意欲 ～+ | 声が大きく，声を使った仕事に関心がある。自画像が評価されて，校内掲示されたことがあるという（Ⅱ-30）。授業をまじめにうけている。
現在は，女の子にもてたい，目立つことが最大の関心事。
親から言われたのか，「よく寝，よく食べ，よく遊ぶ」（Ⅱ-20）がモットー。 |

| その他 | 文章はかなり短く，気軽な雰囲気で書かれている。自分が何者かというアイデンティティに関心があるが，やや自信がない。自分のことはかなりストレートに表現できており，幼いが健康的。目下の最大の関心は，異性関係。対人関係が異性関係に収斂しつつある感じ。 |

図12-2　NM-10のSCTの評価結果

よい声をしていて，その点には自信をもっており，声を使った仕事に関心がある。また，Ⅱ-30にあるのは，中学生のとき，自画像が美術の課題で「突っ伏した姿」を書いたユニークな発想の絵が先生に評価され，校長室に長い間掲示された経験だという。

被認知欲求が強く，他者に誉めてもらいたい，認めてほしいが，関心や生き方がドメスティックなので，他者を引きつけるような新奇な話題に乏しく，同時に，ヘンに思われることを恐れて，大胆になれない様子。自分が中心になっていたいが，同世代の人の輪に入ろうとしたとき，能力や保守的・理想主義的な性格や指向性が，それを阻害する要因として働いてしまうようだ。家庭では大事にされており，何事も素直，率直に表現する。

3．事例：NM-11 さん

　21歳。男性。大学生3年生の夏に書かれたものである。170 cm，61 kg，健康強との自己申告。主訴は対人関係，特に就職活動を前に採用担当者に対して，またグループ面接のなかで，自己表現をどのようにうまくしたらよいのか，である。就活セミナーなどで問題意識をもったとのことだ。図12-3に評価結果を載せる。

SCTケース　NM-11　（男性，21歳）

Part I	
1	子供の頃，私は　　落ち着きのないいたずらっ子でした，ジッとしているのが苦手という点では，落ちつきのなさは今も健在です。
2	私はよく人から　　「おもしろい人」又は「変な人」のどちらかで認知されています。
3	家の暮し　　は私にとっての安らぎの時，家庭は私の安息の場所です，やっぱり我が家がいちばん。
4	私の失敗　　は，大抵笑い話として相手に伝えられます。なんというか，「お前，アホだろ？」の一言で片付く程度の失敗ばかりなんですな。
5	家の人は私を　　何だかんだ言っても大切に思ってくれています。
6	私が得意になるのは　　気分がいいときです。譽められたり，おだてられたりすると，すぐ調子に乗っちゃいます。
7	争い　　のない平和な世界がくればいいですね。
8	私が知りたいことは　　知識欲が満たされるまで調べ，知り，覚えます。最近，興味を持ったネタに関する本の立ち読みが多くなりました。
9	私の父　　は気分屋ですが，キメる所はしっかりキメるので，最後はやっぱり頼りになります。
10	私がきらいなのは　　私の思っている価値基準に合っていない人，物，出来事です。（私の中の「不良」の基準に当てはまる人，など）
11	私の服　　は結構シンプルですが，この頃は色の派手なデザインなども着るようになってきてます。
12	死　　…重いテーマです。私も身内が亡くなったことでこの話に対する考えが少し変わった気がします。
13	人々　　を笑わすことこそ私の生き方！
14	私のできないことは　　私のできる事を使って臨機応変に対応しています。
15	運動　　はこの頃あまりしませんが，身体を動かすこと自体は好きです。
16	将来　　の夢，①やさしい嫁さん，②可愛い子ども，③幸せな生活，私の理想の家庭図です。
17	もし私の母が　　困ったことがあったら，私は全力で母親を助けます。
18	仕事　　でどんなに疲れても，嫁さんや子どもの顔を見れば絶対に元気になれる自信があります。
19	私がひそかに　　一発芸を練習，会得していることは，そこはかとなく人にバラしていたりします。
20	世の中　　金よりやっぱり愛でしょ！愛!!
21	夫　　として，男として，妻を大切にしない人は人として駄目です。
22	時々私は　　愉快な行動をしでかすことがあります。
23	私が心をひかれるのは　　フィーリングでグッときた女性です。
24	私の不平は　　女子から「おもしろいから友達としてはいいけど，カッッコ良くはないから彼氏にはしたくないよねー」と言われた事です!!
25	私の兄弟（姉妹）　　は，姉とはケンカも多いですが，大切に思っていますよ。
26	職場では　　私の明るくおしゃべりなキャラクターをウリに活躍していきたいですね。
27	私の顔　　は，黙ってても喋ってても三枚目キャラです。
28	今までは　　笑い話で済ませてきましたが，そろそろ本気で彼女が欲しくなっています。
29	女　　性に対して軽そうなイメージを持たれることがありますが，恋愛観はかなり古風ですよ　私。

30	私が思いだすのは	過去から現在まで，私が残した数々の……アホ伝説です。

Part Ⅱ

1. 家では　　芸人さんのモノマネなどして家族を楽しませています。
2. 私を不安にするのは　　嫁さん以前に彼女できんのか？という気持ちです。
3. 友だち　　は大切です。超個性的な私と付き合えるくらい心の広い方々ですから。
4. 私はよく　　ストレス解消として風呂で歌っています。
5. もし私が　　100％の円グラフだったら，25％がプラス思考，25％がユニーク思考，20％が人情，15％がカレー，15％が煩悩でできています。
6. 私の母　　は，私が大切に思っている人間の1人です。
7. もう一度やり直せるなら　　あのときの自分よ　どうしてもっと考えてから行動しなかったのか，と昔の自分に言ってやりたいです。
8. 男　　性ホルモンが強いと髪の成長が妨げられ，抜け毛の原因になる，とテレビで観たことあります。
9. 私の眠り　　は深いです。本気で寝ると目覚まし時計なぞ効きません。
10. 学校では　　明るくユニークなボケキャラで通ってました。
11. 恋愛　　理想論を語らせたら，このスペースだけではとても書ききれませんね。聞きたい方は，直接私までどうぞ。
12. もし私の父が　　毛がフサフサだったなら，私も将来について悩まなくてよかったんでしょうねー。ハゲるのだけはマジ勘弁。
13. 自殺　　を考える人は弱いです。する人は最弱です。人生楽しく生きなきゃね。私の半分はポジティブでできています。
14. 私が好きなのは　　何といってもカレーライス!!　自分の中での好物ランキング1位は永遠に不動です。カレー万歳!!
15. 私の頭脳　　ごくまれにふだんのアホさからは考えられないくらい革新的なひらめきを叩きだすことがあります。
16. 金　　曜ロードショーでたまにやるスタジオジブリの映画，大好きでいつも観ています。
17. 私の野心　　はあまり強くないかも，自分が満足できる状態であればそこで落ち着くことが多いです。でも，夢は大きく持ってますね。
18. 妻　　ができたら大切にします。超大切にします。
19. 私の気持　　ち，考え方はかなり個性的です。もし，私を受け入れることができた方は，私の良き友達になれるでしょう。
20. 私の健康　　法は，ストレスを適度に発散させることです。好きなことをするのが一番のストレス解消になりますね。歌とか。
21. 私が残念なのは　　実は身長が四捨五入しないと170 cmないことです。プロフィールなどでは170と書いてますゴメンナサイ。
22. 大部分の時間を　　自分のやりたいことに費やす超ゴーイングマイウェイ野郎，それが私。
23. 結婚　　…いい響きです。いつかはしたいですね。ロマンですよ。
24. 調子のよい時　　その場のノリで以外と何でもこなしたりします。
25. どうしても私は　　彼女イコール嫁，というレトロ入った恋愛観を捨てきれずにいます。古いか？古いのか!?
26. 家の人は　　私にあーだこーだ言いつつも私を大切にしてくれています。
27. 私が羨ましいのは　　自分が欲しいと思っている物を持っている人を見つけたとき．
28. 年をとった時　　一緒で良かった，といえる大切な人が隣にいますように…。
29. 私が努力しているのは　　知的好奇心はできるだけ満たすようにしていることです。
30. 私が忘れられないのは　　小学生の時のフラれ体験です。ある意味，現在までトラウマになってます。

環境	両親と姉と同居。家族仲が非常によく，家庭は「安息の場所」と思っている。父は「気分屋」としながら，「最後に頼りになる」と肯定的にとらえている。母をとても大切に思っている。喧嘩をしつつも姉とも良好な関係をもち，「家族の絆」が強い。伝統的な家族観をもつ家に育ったようだ。
身体　ener.　〜＋	170 cm，61 kg。健康強の秘訣はストレスを好きなことで発散させること。父のように髪が薄くなることを心配しているが，「男性ホルモンが強い」（Ⅱ-8）ことと関連づけ，男らしさにつなげている。顔は「三枚目」（Ⅰ-27）と自覚している。
能力　diff.(±)〜＋	柔軟性があり，面白い表現も散見され，ユーモア感覚もあるが，高い知的能力とまではいえない。カタカナ表現が多い。ドメスティックで，内面性に深みはない。今までそれほど大きな挫折がないのか，就活を目前にしても将来への見通しに，楽観的な表現が多い。見通しは甘い方。 自分のアイデンティティについてそれなりに考えている。
性格　type Zh　G ＋　H ＋　N ±〜　secu. ±〜＋	気質的にはやわらかく，開放的。楽観的な特性をもっている。現実的，日常的，行動的でチョコマカと動いている感じ。対人指向が強く「変な奴，ユニークな奴」と自認し，それを肯定的にとらえている。「彼女＝妻」という自分が古風な考えの持ち主であることも自覚している。女友だちはいても，彼女はできない様子。全体的にはまじめで，何事にもきちんと取り組む姿勢をもっているが，やや未成熟で，被認知欲求は強い。このSCTからは人間関係が悪そうにはみえないが，面白い印象を与える行動がイメージ的に「軽い人」となることにはジレンマがありそう。
指向　意欲　〜＋	自分の考えが古風であることを認めているが，他者にそれを押しつけようとはしていない。近い将来家庭をもつことに憧れ，愛妻家になると明言。まずは「彼女」がほしい。 情に厚く，対人指向が強い。自分の内面をユニーク，前向き，情，煩悩（とカレー）ととらえている。深刻なことは避けていたが，身内の死で重いテーマも避けられないと考えはじめた様子。
その他	楽観的で深い内容とはいえないが，文章は長く，しっかり書こうという意欲が強い。さまざまなことを考えていることをほのめかしている。現実の行動は明るく楽しいことへと逃避的ではあるが，直面が必要なことにも気づいてはいる。自分が何者かというアイデンティティに関心があり，自分のことはかなりストレートに表現できている。新しい人間関係がある様子。アルバイトを始めたのか？　学外の活動に参加し始めたのか？

図12-3　NM-11のSCTの評価結果

4．事例：NM-12さん

22歳。男性。大学生4年生。卒業間近の3月に書かれたものである。170 cm，62 kg，健康強との自己申告。主訴は，3年生の後期から就職について悩み，実際に活動に苦戦し採用担当者からさまざまな評価をされて不安になっていたことだったが，このSCTでは，就職活動を乗り越え内定

を得て，自信をつけている。「お礼と報告を兼ねて来ました」と来室したときに記入した。
図12-4に評価結果を載せた。

SCT ケース　NM-12　（男性，22歳）

Part I

1. 子供の頃，私は　　人の話を最後まで聞かずに行動することがありました。現在は，一応の落ち着きは持てているつもりです。
2. 私はよく人から　　おもしろい，又は変な人と言われますが，最近，他者と同じマニュアル通りの行動ではない，独自性があると言われ嬉しくなりました。
3. 家の暮し　　の中で最も重要なのは，家族の絆だと思います。
4. 私の失敗　　は，次ではなく，その時にそのまま「別のもの」へと変化させて活かされます。
5. 家の人は私を　　突拍子もないことをするが根は優しく真面目だ，といってくれます。
6. 私が得意になるのは　　おだてられたときです。
7. 争い　　ではなく，純粋な勝負事を楽しむのが好きです。
8. 私が知りたいことは　　あらゆる方法で調べます。知的好奇心が旺盛だと自負しています。
9. 私の父　　機嫌のいいとき悪いときの差が激しいので，お願いをする際はタイミングが重要です。
10. 私がきらいなのは　　人情無き人間関係です。
11. 私の服　　ようやく色気が出てきました。
12. 死　　を見て涙を流せる人は，確実に，見てない人より優しくなれます。
13. 人々　　みんな，平和に暮らせますように!!
14. 私のできないことは　　無理しません。いずれできるようになっているからです。ですから今はできないムーンウォークも，いつかは……
15. 運動　　会のとき，うちの親は毎年，私がどのあたりにいるか，声ですぐに見つけられたそうです。
16. 将来　　の夢は，一応叶いました。次は，今後の将来の夢を探します。
17. もし私の母が　　母でなければ，現在の私はありません。母さん，ありがとう。
18. 仕事　　への期待と不安，どちらもありますが，これから私は社会人，逆境にめげず，頑張りたいです。
19. 私がひそかに　　憧れる女の子には，いつも既に彼氏がいました。歯がゆいです…
20. 世の中　　やっぱ愛だろ!?愛
21. 夫　　たる者，妻は全力で愛せ！
22. 時々私は　　退屈しのぎにふらりと遠出することがあります。そして，楽しいことを探してきます。
23. 私が心をひかれるのは　　知的好奇心を満たしてくれるものです。
24. 私の不平は　　指が短いことです。ギターが弾きにくい!!
25. 私の兄弟（姉妹）　　が結婚しました。ウェディングドレスの姉は，素直に綺麗でした。
26. 職場では　　あまりテンションを上げすぎて注意されぬよう，気をつけたいです。
27. 私の顔　　は，笑顔が一番多いです。
28. 今までは　　自分を卑下してネタにすることが多かったのですが，これからは，自分のありのままの姿で笑いを取ろうと思います。
29. 女　　を泣かす奴は，男として最低です。
30. 私が思いだすのは　　幼少時代のさまざまな「ユニークな行動」です。

Part II

1. 家では　　意外とおとなしいですが，スイッチが入ると家でもハイテンションになります。自室で「イヤッホォォ!!」とか言っちゃいます。
2. 私を不安にするのは　　色々ありますが，一晩たつとどうでもよくなっているものばかりなので，たいした問題ではありません。
3. 友だち　　より親友を多く持ちたいです。

4 私はよく　　　カラオケに友人と行きます。ストレス解消は歌が一番です。
5 もし私が　　　○○だったら，こういうことをしてみたい，と空想して遊ぶことがよくあります。
6 私の母　　　は，他の誰でもない世界一の母親です。
7 もう一度やり直せるなら　　　今のテンションのまま，子ども時代に戻って，もっと凄い現在の自分になりたいです。
8 男　　　たる者，愛に生きたいです。
9 私の眠り　　　は深いです。二度寝すると数時間ワープとかよくあります。
10 学校では　　　友達ならいいけど，彼氏にはしたくない男として女子から完全なる「三枚目」の称号をいただいたことがあります。
11 恋愛　　　したい気持ちはこの上なくありますが，恋愛するチャンスがありません…マジで。
12 もし私の父が　　　髪ふさふさなら，私もハゲるのを気にせず済んだことでしょう。
13 自殺　　　？あー，ありえないありえない。私は絶対，そんなことしません！
14 私が好きなのは　　　カレーライスです。
15 私の頭脳　　　は何時までも子ども（のように純粋）です。
16 金　　　曜ロードショーのジブリ映画，いいかげん使い回しすぎじゃありません？
17 私の野心　　　は大きいです。目標が大きいほど，やりがいも生まれます。
18 妻　　　を愛し，子を愛すのが，私の理想の家庭像です。
19 私の気持　　　いいと感じる瞬間は，出そうで出なかったクシャミが，思い切り出たときです。
20 私の健康　　　の秘訣は，とにかくよく食べることです。満腹感に応じて，テンションも高まります。
21 私が残念なのは　　　もう少し身長が欲しいと感じていることです。
22 大部分の時間を　　　動き回ってすごしています。ジッとしているのは大嫌い，退屈をまぎらわすために，あちこち飛び回ります。
23 結婚　　　，身内がしたのを目の当たりにして，いよいよ自分もしたくなってきました。
24 調子のよい時　　　私は，当社比1.5倍の性能を発揮します。
25 どうしても私は　　　会話の中で，笑いを取りに走るクセがあるみたいです。
26 家の人は　　　何だかんだ言いつつも，私を大切にしてくれています。
27 私が羨ましいのは　　　自分にないものを持っている人です。そんな人は素直に尊敬します。
28 年をとった時　　　今までの人生がよかった，と感じられるように，今を全力で生きています。
29 私が努力しているのは　　　今のところムーンウォークの練習です。
30 私が忘れられないのは　　　親友の「あなたが一番信頼できるよ」の一言です。これを言われたとき，本当に嬉しかったです。

環境	両親と同居。父は気分の波が大きく、髪が薄い。母には強い感謝の念があり、固着的な感じ。両親や家族との距離は近い。最近の姉の結婚式でのウェディングドレス姿を「綺麗」と表現し、本人の結婚願望が強くなった様子。自分が大事にされて育ったと素直に言い切れる、絆の強い穏やかな家庭のようだ。就職が決まり、安心している状況にある。
身体　ener.　〜+	170 cm，62 kg，健康強。健康には自信があり、快眠。食欲があり、じっとしているのが嫌で、動き回っている。理由は不明だが「ムーンウォーク」に挑戦中。声が特徴的で目立つ。
能力　diff.(±)〜+	誤字も少なく、漢字を多用して長文を最後まできちんと書ききっている。「知的好奇心が旺盛」といっているが、内容は限られており、それほど幅広いとはいえない。若干自己評価が高いところもあるが、就職が決まり、他者から認められた自信のゆえであろう。自分の長所だけではなく、突拍子もない行動などの短所も客観的にとらえようと努力している。

性格	type Zh	G +	H +	N ±〜	secu. ±〜+

開放的で行動的。じっとしているのを嫌い、やることを探して、動き回りたい人。
対人指向が強く、他者と心から打ち解けて信頼されることを強く望んでいる。現実的な考え方で、ドメスティックだが、今の自分の未熟さも率直に認めている。情に厚く、明るく素直な生き方を実践しようとしている。感情にやや波がありそうで、これを書いた時点ではややハイテンションであるようだ。被認知欲求が強いが、就活を通して認められた自信もある様子。

指向　意欲　+	現実的なことが中心。単純明快で、楽しいことが好き。就職が決まったことで、一応の目標を達成したと思ってはいるが、それ以上のものを求める気持ちも出てきている。知的好奇心を広げて、より大きな人間になりたいという上昇指向がうかがえる。
その他	地に足がついてきはじめている感じ。就職先には満足しているようで、そのなかで活躍したいと考えているが、特にそのために何か努力しているわけではない。早く家庭を持ち、安定したい様子。今の家族をはじめ、人間関係ではそれほど苦労をした様子はなく、反抗期もほとんどなく、よい子だったと思われる。思考のユニークさや柔軟さを前提に、自分の能力を高めたいという。考えるより行動の人で、おっちょこちょいな面があるだろう。

図12-4　NM-12のSCTの評価結果

5．まとめ

　ここまで読み進めば，実は，NM-9さん，NM-10さん，NM-11さん，NM-12さんが同一人物であることに気づかれたことと思う。NM-9さん（200X年5月施行）が3歳年をとり，大学生として3年半を過ごし，学生相談室で継続的なカウンセリングを受けた結果が，NM-12さん（200X＋4年3月施行）である。法務省版のMJSCTに関する論文のなかで，間をあけて2回書かせたSCTの分析を行っている長谷川（1976）も述べているが，ある程度の期間をあけて書かれたSCTに現れるパーソナリティ像には，状況の変化や加齢にともなう変動性と同時に，ある程度の安定性

があるようだ。われわれの経験でも，同一人の書いた SCT は 10 年の間隔をおいても，よく似ているという印象が強いことが多い。今回のケースでも，指向・生き方の側面での，4 つの SCT の反応の類似性は目を見張るほどである。

たとえば，NM-9 さんと NM-10 さんの 2 つの SCT を比較しても，Ⅰ-3・7，Ⅱ-3・20 はほぼ完全に同一の表現，Ⅰ-6・11・19・23・26・27，Ⅱ-1・6・13・14・16・26 はかなり似ている表現か同じ心理状態の表現になっている。さらに，NM-9 さんのⅡ-4 と NM-10 さんのⅡ-29，NM-9 さんのⅡ-29 と NM-10 さんのⅡ-10 もほぼ同じ内容といってよい。これらの反応は，家族，身体，指向・生き方の側面の共通性を表している。

身体，能力や気質については，記述の内容にはやや変化がみられるが，当然，その底流にあるものには基本的に差異は感じられない。

家庭を中心とする環境にも大きな変化はみられない。強いていえば，父親に対する見方が侮れない存在から自分の将来の姿へと変貌し，距離をとってみられるようになっている点が，変化といえば変化だろう。

継続的なカウンセリングのなかで，対人関係については，同性の友人との関係は比較的スムーズになってきており，また，それがうまくいかない場合でも，感情を言葉で表現したり，その原因を考え，対応方法を工夫することができるようになってきている。また，自分の長所として考えていた点が，他者に受け入れられない場合があることにも気づき，客観的な視点をもち始め，バランスがよくなってきているように感じられる。実際，面接のなかでも，学業のなかでプレゼンテーションがうまくできたことで自信をもってきていること，笑いをとろうとして陽気に振る舞い，かえって場の雰囲気がぎこちなくなった経験が語られている。そして，就職活動での自己表現を年長者から認められたことはもちろん，逆に否定的なことを言われたときでもそれを受け入れて自分の認知と行動を変化させている自分への気づきが，大きな収穫であったと語っている。「対人関係の問題」の原因が自分の性格や考え方の固さにあることへの気づきが出てきて，万人に受け入れられなくとも，価値観が近く大切だと思える人に「OK」とされれば十分であると考えるようになった。異性関係に関しては，「良い友達なんだけど……」と言われてしまう，自己の言動も客観視できてきている。

指向・生き方に関しては，大学生活という比較的安定し保護された環境のなかで，最初の 2 年間は SCT の内容に大きな変動はみられなかったが，後半になりアルバイトや就職活動を通じて社会を意識し始めたところで，視点の広がりと上昇指向が少しずつ出てきた。

安定した環境のなかで，NM-9 さん→NM-12 さんは，加齢とともに，生き方を変えるのではなく，自己像の認知の仕方を変えることで，環境への対応を改善してきたといえるかもしれない。事実，有能感や自己達成感の獲得というアイデンティティの確立を含む自己の認知像や力動性をみると，防衛機制的な反応は減少し，社会性や自分の負の側面をオープンに語れるようになってきており，一定の適応的変化が現れているといえよう。たとえば，NM-9 さんは身長 169 cm で「あと 1 cm 背が欲しい」（Ⅰ-24）といっているが，NM-10 さんの身長の自己申告は 170 cm になっており「あと 5 cm 背が欲しい」（Ⅱ-5）と望み，NM-11 さんは「実は四捨五入しないと 170 cm ない」

と言っているのが象徴的である。これらは加齢による成長と，カウンセリングによる成長とが相まった適応的な変化であると考えられる。

　3年生の後期となったNM-11さんは，このすぐ後に，就職活動を実際に始めたが，このときには就職活動の成否が今後の成長にかなりの影響を与えることを，本人も意識していた。NM-9さんの頃には，必修科目の試験に失敗したことでかなりの動揺をみせたことがあった。それで，自分が現実以上に「悪く考えてしまう」こともあったことを振り返り，改めて気分の波が大きいことや，否定的評価に敏感になることなどを指摘し，より積極的でオープンな取り組みを勧めた。また，成否にかかわらず結果を受容し，その原因帰属について考える取り組みを行った。その際，自分の考え方や指向の傾向が3年間ほとんど変わっていないことを，SCTをともに読みながら確認し，客観的にとらえる手段としても使用した。

　SCTがトータル・パーソナリティを把握するための有用な道具であり，学生相談において自己理解をうながす役割をも担うものであることを明らかにするために，対人関係を主訴としたクライエントのパーソナリティの約4年にわたる継時的変化を，SCTを用いて確認する作業を試みた。

文　献

Alderfer, C. P.　1969　An empirical test of a new theory of human meeds. Organizational Behavior and Human Performance, **4**, 142-175

長谷川浩　1976　文章完成法による人間の理解　大原健士郎・岡堂哲雄（編）現代のエスプリ別冊　現代人の異常性　第6巻「異常の発見　心理テスト」，131-153

第13章　高等学校における活用
―教師による教育支援―

はじめに

　SCTは，すでに長年にわたり，学校・医療・福祉・司法・企業現場などさまざまな領域で活用されている。一方で，近年急増している児童虐待や家庭内暴力，不登校などの問題に対応するために，現在これらの領域は広く連携して子どもの成長を支援する必要に迫られている。そこで，子どもがかかえる問題の解決のために，関係機関が迅速かつ的確に連携し，情報の共有と共通理解を進めるためのツールとして，SCTは有効と考えられる。それぞれの立場で活用してきたSCTのとらえ方には多少の差異があるものと思われるが，ここでは他機関との連携をふまえながら，高等学校での実践例から，教師による教育支援と生徒理解のために学級経営や学習指導に生かせる今後の教育現場でのSCTの活用法を論じていきたい。

第1節　高等学校の現状

　高校生はさまざまな問題をかかえて生活している。首都圏の県立I高等学校（共学）で2005年に3年生250名（全数）に実施したアンケート結果を，図13-1～4に示す。「現在悩みがある」と回答した生徒は45％であり，相談相手は「友達」が群を抜いて多く，次に多いのが「母親」，その後に「家族」「教師」が続く。「誰にも相談しない」という回答もみられる。また，現在，小学校・中学校・高等学校（以下，高校）に配置されている「スクール・カウンセラーの存在」を知っている生徒は7割を超えるが，相談の場である「相談室の場所」を知っている生徒は3割と，実際に利用されるケースが少ないことがわかる。
　このアンケート結果から，

① 多くの高校生は悩みをもっている
② 大人に対して悩みを相談する高校生は少ない
③ 実際に相談室を活用しているケースは少ない

という，高校生の現状が浮かび上がった。また，実際にスクール・カウンセラーに相談したいと希望しても，月数回程度のスクール・カウンセラーの来校日だけでは迅速な対応が難しいという現状がある。そこで，心理の専門家であるスクール・カウンセラーと連携をとりながら，教師が生徒のかかえる問題に対応するときに大きく役立つと思われるのが，SCTである。
　以下に，SCTを授業・クラス経営に取り入れた実践例を紹介し，その有効性を検討したい。

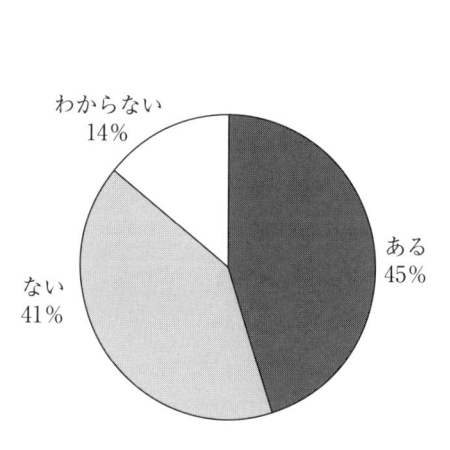

図 13-1　現在の悩み（県立 I 高校 3 年生）

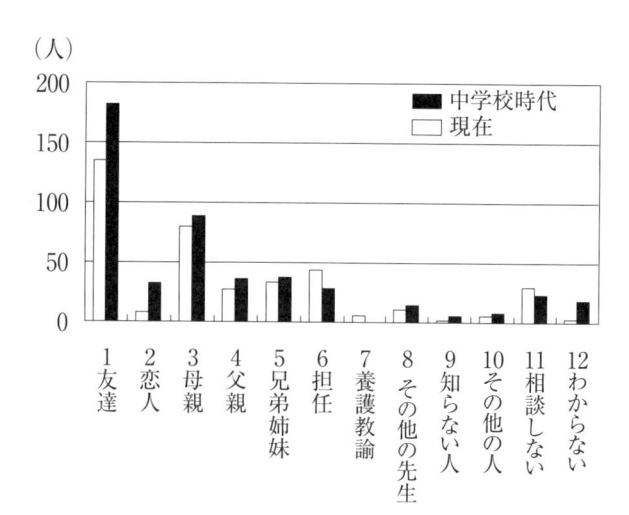

図 13-2　相談相手

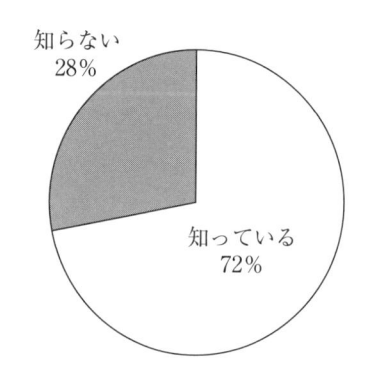

図 13-3　スクール・カウンセラーの存在

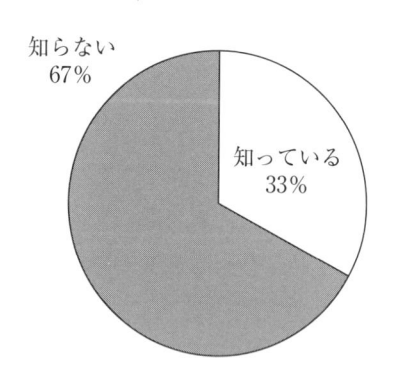

図 13-4　相談室の場所

第 2 節　高等学校における SCT の実践

1．SCT の実施

こうした現状にある高校生には，4 月の早い段階で SCT を実施することが有効である。その主なメリットは次のとおりである。

① 直接会話を行うコミュニケーションではなく，文章による自分自身への問いかけが必要である
② その結果を早めに返す
③ データを蓄積し，その後の在学中の生徒指導に生かす
④ 学級や学年の生徒の傾向を知ることができる

著者は，高校で地歴・公民科教諭として日本史・世界史・現代社会などの教科を担当して生徒にかかわってきた。また，同時に校務分掌では，教育相談部・保健管理部・進路指導部といった分野を担当し，教科以外の側面からも生徒の支援を進めてきた。さらに，生徒へのかかわりがもっとも深いのが，学級担任・学年団としての立場である。高校では，教師は授業担当者として1年間，担任・学年団として3年間のスパンで生徒にかかわることが多い。3年間の生徒の成長を支援し，将来の生活に向けた進路を考えさせ，道筋をつくり，卒業につなげていくことは，ある意味では高校教師としての職務の中心であり，この仕事に携わるエネルギー源ともなる部分である。

　その教育活動のなかで，4月に新しく出会った生徒にまず実施しているのがSCTである。生徒が主体的に地歴・公民科を学習するために最初に必要なことは，まず自分自身を振り返り，みつめ直すことである。授業のオリエンテーションの最初にSCTを実施すると，大方の生徒はこれからの1年間の学習のスタートとして熱心に記述するが，生徒によっては戸惑いを感じることもある。そこで，記述内容は思いついたことをありのままに書くことが大切であり，優劣はなく，評価の対象ではないことをていねいに説明する。ここで生徒それぞれの個性を尊重する教師としての姿勢が生徒に理解されると，生徒のその後の学習への取り組みがスムーズに進むことが多い。

　検査の分析結果は，個人結果シートで返すことを伝えると，自分自身を知りたいと考える生徒は期待して待つことになる。3年生には，特に進路選択の手がかりになることを伝え，遅くとも夏休み前には結果を返却することを約束する。

　さらに，学級担任として担当するクラスの分析結果については，クラス経営に直接生かすことができる。SCTは個人に対する心理検査の1つであるが，クラス全体の結果を総合的に分析することにより，クラスの傾向や支援の必要な生徒の把握が可能になる。あわせて，河村茂雄（2004）のQ-U（学級満足度尺度）を実施することも有効である。この2つをテスト・バッテリーとして組み合わせることにより，個人と集団の両面からアセスメントができることになる。

　SCTはクラスで一斉に実施できるので，学校で利用しやすい検査である。思いついたことを記述すればよいので，事実だけを書かなければいけないというプレッシャーもなく，生徒はのびのびと記述することができる。標準的な所要時間は50分の授業時間で収まるが，記述の速さにも個人差があるので，完成しない生徒は次回の授業で提出すればよいことを伝える。一気に書き上げて，友だちどうしで見せ合ったりする生徒もいるし，人のいないところでじっくり書きたいと持ち帰る生徒もいる。記述の様子を観察するだけでも，生徒の特性やそのクラスの雰囲気をある程度つかむことができる。

　前述のとおり，高校では，教師は授業担当者として1年間，担任・学年団として3年間生徒にかかわることが多いので，追跡調査が可能である。SCTで最初にとらえた生徒の分析結果をベースにその後の生徒指導を進めていくことができるので，個人面談をクラス全員に1回実施したのと同じような効果が得られる。ちなみに，1人10分の個人面談をクラス全員に行うと，朝の始業前，昼休み，放課後を利用しても2～3週間はかかってしまう。そのため，最初にSCTを実施してから個人面談を行うようにすると，個人面談を数回実施したような生徒理解が可能になる。SCTを

体験した生徒の感想を聞くことから面接に入ると，生徒との関係づくりも容易になる。

2．SCTの分析

著者は，高校におけるSCTの分析方法として，ワークシートを自作し，生徒への結果報告のために個人結果連絡票を作成した。これは，SCT実施後，その結果をできるだけ早い時期に生徒本人に返すことを目的としている。4月からスタートする1年間のなかで，日々の高校生の変化は目を見張るものがある。そのスピードに教師が対応するためにも，分析結果はできるだけ早く完成させたい。生徒のなかには，SCTに何を書いたかすっかり忘れてしまう者もいれば，結果はまだかと会うたびに催促する生徒もいる。そのため，まず，おもな特徴を1回目の評価として，個人結果連絡票を作成し，生徒にフィードバックする。その結果について相談したい生徒には，個人面談を受けつける。つまり，ワークシートはスクリーニング的な要素が強い。

さらに気になる生徒については，定式に従った詳細な分析を実施した後に，それらのデータをもとに，担任や養護教諭，スクール・カウンセラーと連携を図ることもできる。

SCTの実施を始めた当初は，符号評価と長文の総合コメントを載せた連絡票を作成していたが，年間150～200名ほどの生徒のデータを早い時期に返却することはできなかった。学年末の3月になってしまう年度もあった。そこで，定式的なパーソナリティ把握法から逸脱することになってしまうが，やむを得ず，本来のSCTの符号評価法をできるだけ踏襲し，生徒の特徴を重視しながら，表計算ソフトを利用して，一覧表を作成することにした。これによって，手書きで作成していた頃とは比べものにならないほどスピードアップすることができ，生徒にも好評である。

ワークシートでは，表13-1のSZEの特徴から当てはまる項目を6つ選び，表13-2のようにSZEのタイプを分類する。生徒に返却する内容なので，表13-1にはあまり悪い表現は準備していない。さらに，傾向として，知的作業能率・意志・自信・気分変化・自己顕示・精神の分化度の6項目を10段階の数値で評価する。個人結果連絡票ではレーダーチャートも示す。図13-5に個人結果連絡票の例を示した。

表13-1　SZEの特徴

Sの特徴
1　友達は深く付き合う友人が数人いて，他の人にはあまり本心をみせない。
2　人の考えに惑わされない強さがある。
3　信念を持って行動できるが，人に押しつけることはしない。
4　感情の波はあまりないが，それが冷たいとか，非情と思われてしまうこともある。
5　客観的にものごとをみることができ，人の気づかないことに気づくことが多い。
6　自分の好き嫌いがはっきりしていて，人の影響を受けない。
7　自分の価値基準を持ち，他人の考えに影響されないところがある。
8　お金は普段あまり使わず，自分の好きなことにぱっと使ってしまうことが多い。
9　感情の波はゆるやかで，怒りが爆発するようなことは滅多にない。
10　考えていることをあまり口に出したりしない方である。
11　内面の世界が豊かで，色々空想したりすることが多い。
12　いろいろ考えると暗くなることがある。

13　自分の興味のないことには，なかなか取り組めない方である．

Zの特徴
21　思っていることが顔に出ることが多い．
22　機嫌がいいか悪いか，友達にすぐ見抜かれてしまう．
23　自分の好きなことにのめり込みやすいが，さめるのもはやい．
24　一つのことをこつこつやるのは性に合わない．
25　よく笑ってはしゃぐ時と，訳もなくしょんぼりする時がある．
26　友達は多い方である．
27　友達と喧嘩をすると，一時的にかっとなるが，後々まで引きずることは少ない．
28　何となくお金がなくなっていくような使い方をする．
29　こだわりがなく，誰とでも，仲良く平和に接することができる．
30　温かい社交性があり，友人をつくるのは得意な方である．
31　感情の波は豊かだが，あとには引きずらない方である．
32　誰かに甘えたいと思うことがよくある．
33　調子のよいときと悪いときの差が大きい．
34　時に一人になりたいと思うが，すぐ寂しくなり，自分から人に働きかけてしまう．
35　柔軟な考え方ができる方である．
36　明るく，周囲の人にも楽しさを与えられるところがある．
37　正直で素直なところがある．

Eの特徴
41　道徳的観念が強く，自分の意志を貫こうとする態度がみられる．
42　ねばり強く一つのことに向かうことができる．
43　人の意見に振り回されずに，始めたことを最後までやり通すことができる．
44　すぐに自分を出すことはできないが，打ち解けると親身になって相談に乗る．
45　人に対する思いやりがあり，困ったときに頼られる所がある．
46　情をはさまず冷たく考えることは好きではない．
47　何かをいやになっても，少したつと気を取り直しもう一度やってみることができる．
48　常識に富んでいて，節度がある．
49　ものごとを落ち着いて，冷静に見つめることができる．
50　こうあるべきだという社会規範を大事にして，自分にも厳しい判断をしてしまう．
51　ものごとを割り切って考えることができず，いろいろ考えてしまい，解決が遅い方である．
52　過去の出来事にいつまでもこだわるところがある．
53　根気強い面があるので，将来に向かって，じっくり考えて行動することができる．
54　積極性を身につけるとより発展できる．
55　何事にも積極的に挑戦することで，自分の世界を広げられる．
56　気配りや配慮性があり，友人からの信頼もあつい．
57　頼りにされると断れないところがある．
58　感情の波はだんだん高くなる方で，尻上がりに熱がこもってくるところがある．
59　エネルギーは旺盛で，一度熱中したものは，休みなく続けてしまう．
60　お金は自分の好きなことにぱっと使ってしまうことが多い．

表 13-2　個人データ一覧表

番号	氏名	特徴1	特徴2	特徴3	特徴4	特徴5	特徴6	知的作業能率	意志	自信	気分変化	自己顕示	精神の分化度	タイプ
1	A	51	56	57	10	58	43	6	6	6	5	6	6	Es
2	B	5	1	32	43	42	11	8	7	6	6	7	8	Es
3	C	22	24	25	31	33	34	5	5	6	7	6	6	Z
4	D	1	2	3	5	10	11	6	6	6	5	6	6	Se
5	E	11	23	33	5	44	8	6	6	6	6	6	7	Ez
6	F	9	13	6	34	32	57	6	6	5	5	6	6	Se
7	G	11	1	3	32	45	41	6	6	5	5	6	7	Se
8	H	7	1	11	51	10	2	7	7	8	4	8	7	Se
9	I	23	31	22	45	34	37	7	7	6	7	6	7	Ez
10	J	42	2	3	5	9	11	7	7	6	5	6	7	Se
11	K	29	45	56	57	32	35	6	5	6	6	6	6	Ez
12	L	1	2	7	10	41	44	5	5	5	5	6	5	Es
13	M	41	50	51	53	57	11	6	6	5	5	6	6	Es
:	:	:	:	:	:	:	:	:	:	:	:	:	:	:

SCT 個人結果連絡票

4月に行ったSCTの個人結果を報告します。遅くなりましたが，何かの参考になればうれしいです。自分の考えることとは全く違う結果がでたと思う人もいるかもしれませんが，自分の気がつかない一面が現れたかもしれませんから読んでみて下さい。もし，わからないことがあれば，聞きに来て下さい。

　　　　　　2番　　氏名　B
あなたの基本的なタイプは　　　　　　Es　　型です。

〈特徴〉
客観的にものごとをみることができ，人の気づかないことに気づくことが多い。
友達は深く付き合う友人が数人いて，他の人にはあまり本心を見せない。
誰かに甘えたいと思うことがよくある。
人の意見に振り回されずに，始めたことを最後までやり通すことができる。
ねばり強く一つのことに向かうことができる。
内面の世界が豊かで，色々空想したりすることが多い。

〈傾向〉

知的作業能率	意志	自信	気分変化	自己顕示	精神の分化度
8	7	6	6	7	8

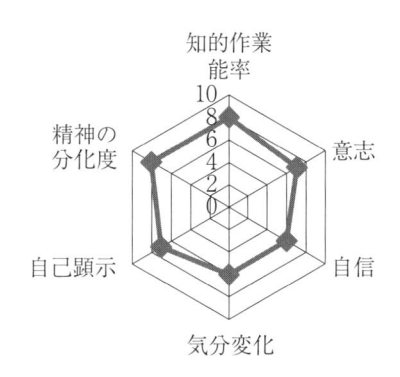

この検査では，人のパーソナリティをS型，Z型，E型の三つのタイプに分類しています。
それぞれの特徴は，また機会を見て説明したいと思います。

図 13-5　個人結果連絡票

第3節　事例：NF-6さん

　ある年度に担当した生徒のタイプ別の結果は，表13-3のとおりである．SZE単独の者は少なく，複合型の者が多い．ここでは，Eに関連する複合型が，総数では127名と9割に達している一方で，単独のEが0という興味深い結果となった．個々の生徒はさまざまなベースをもつが，担当生徒全体をみると高校という集団生活を送るうえで，大部分の生徒がルールを守り，集団を維持していこうとしている傾向が現れたと思われる．

表13-3　タイプ別の人数

タイプ	S	Se	Es	E	Ez	Ze	Z	合　計
人　数	6	40	45	0	8	34	8	141

　ここで，NF-6さん（女性，17歳）の事例（抜粋）を紹介する．

SCTケース　NF-6（女性，17歳）

Part I
1　子供の頃，私は　　よく外で遊ぶ子でした．わりと活発なほうだったかなぁ…
2　私はよく人から　　かわってるとか，おもしろいとか，落ちついているとか言われます．じつは～だね，とか印象・見かけとはちがうとも言われる．
5　家の人は私を　　おバカで，ぬけてるけど，一応やることはちゃんとすると言う．あと，プレッシャーによわく，ちょっと自己中で勝手．
7　争い　　はきらいで，まきこまれたくないと思っている．でも争いごとになった時は言うことは言う．あまり負けたくはない．勝ちたい．
8　私が知りたいことは　　世の中について．今の世間のことや，今から，これからのことなどすべて知りたい．世の中のことは本当1番に知りたい．
9　私の父　　少し頑固だけど，やさしい．行動派でよく外に出たがる．そして，何でもしたがり屋で，何でもやりたがる．めずらしい物好き．
10　私がきらいなのは　　おこる人，こわい人です．おこる人，こわい人は本当にだめで，そういう人の前になると，ひきつって，拒絶反応がおこる．
12　死　　こわい．おそろしいものだと思う．暗い，黒い感じがする．天国というより，地獄のような感じ（イメージ）がする．人がすいこまれる．
15　運動　　は苦手．だけどきらいではなく，何もできないわけではない．得意なものや好きなものもある．だけど，苦手に入る．
16　将来　　は不安だし見えない．すごく不安で想像できない．将来は一応あると思うけれど，今はそれに向かってつきすすんでる感じ．
17　もし私の母が　　いなくなったら私は生きていけないと思う．何もできないと思う．あまり考えられないし，考えたくない．
20　世の中　　はかなりかわってきていると思う．わるくなってきていると思う．若者中心で，新しい物好きで，きたなくて，よごれている感じ．
22　時々私は　　かなしくなる．時々とたんに，さみしくへこんでしまって，いっきにつらい気持ちになることがある．その時は家で泣く．

25	私の兄弟（姉妹）	はお姉ちゃん。年はけっこうはなれてるけれど，よく話すし，合うし，遊ぶ。静かめな性格で，自分で物事をすませる。
28	今までは	私は変わったと思う。性格的にも行動的にも。悪くなったと思う。てきとうになったし，明るさ元気さがなくなったと思う。

Part Ⅱ

2	私を不安にするのは	人間関係。自分は人みしりすごいし，人間関係深いのは苦手なので，不安です。あと虫も。いつでてくるか分からないので！
3	友だち	はとても大切。本当に話せる友だちはかなり大切にしていきたい大事な存在です。いっしょにいると楽しくなれる存在。
5	もし私が	えらくて，幸せ者だったなら，みんなにその幸せ（やさしさ）を分けて，もっとちゃんといい人々だらけにしたい。そして自分自身幸せな日々にしたい。
10	学校では	静かめな方だと思う。仲のいい，気の合う友だちとは，すごくワイワイ盛りあがれる。自分の苦手なこともしなきゃいけない所。
11	恋愛	は，うかれてしまうほど，毎日が，明るくなったように感じさせるものだと思う。同時に不安がつきまとうものだと思います。
13	自殺	しかたないことだと思う。自分自身で決めて，しまったこと。おいつめられて，かなしいこと。悪いことだとは思いません。
16	金	は大切なもの。ないとやっていけないし，お金で決まってくると思うから。だから逆にとてもこわいもの。支配されている感じがする。
21	私が残念なのは	人がうらぎること。うそをつくこと。人がきずつけることです。3つとも関係が深く，似ていて，人の心に最大の傷をつけ，忘れれないから。
22	大部分の時間を	たいしたこともせず，ムダにのんびりすごしている…。分かっていてもつい，だらけてしまいます。でもその時はおちついている。
26	家の人は	みんなあたたかい。ほっとする，ほっとできる人だからだと思う。わりとみんなおちついてて，私は安心できる存在だと思う。
27	私が羨ましいのは	自分というものをしっかりもっていて，最後までやりとげようとがんばる人。すごく，かっこよくて，本当になりたいなと思う。
29	私が努力しているのは	もっとちゃんと自分を内面から強く，しっかりとした自分の意見をもった人になれるようにです。優柔不断なので…。

　NF-6 さんの実際の SCT 評価結果は，図 13-5 にある形でまとめられているが，ここでは，それを文章にして少し詳しく説明してみたい。

　NF-6 さんは，授業中は目立たず，ていねいにノートをとり，黙々と学習する生徒である。成績は比較的優秀で，学習に関しては何の問題もないので，注意を受けることもなく，教師ともあまり話をする機会がない。SCT の実施時にも集中して取り組む様子がうかがえた。

　NF-6 さんの SCT の特徴は，記述量が多いことである。筆跡はしっかりしていて，句読点もすべてに記されている。どの刺激文にもほぼ同じ量の記述があり，何事にも手抜きをせずにきちんと取り組む姿勢とエネルギーが感じられる。ただ，本人はそのパワーを自覚していないようにも思われる。記述には，漢字が少なくひらがなが多いが，漢字の試験などでは高得点を取っており，これは漢字が書けないのではなく本人の好みと思われる。

　「家族関係」については，「**私の父　　少し頑固だけど，やさしい。行動派でよく外に出たがる。そして，何でもしたがり屋で，何でもやりたがる。めずらしい物好き。**」（Ⅰ-9），「**もし私の母が**

いなくなったら私は生きていけないと思う。何もできないと思う。あまり考えられないし，考えたくない。」（Ⅰ-17），「**私の兄弟（姉妹）**　はお姉ちゃん。年はけっこうはなれてるけれど，よく話すし，合うし，遊ぶ。静かめな性格で，自分で物事をすませる。」（Ⅰ-25），「**家の人は**　みんなあたたかい。ほっとする，ほっとできる人だからだと思う。わりとみんなおちついてて，私は安心できる存在だと思う。」（Ⅱ-26）と，落ち着いた良好な関係がうかがえる。NF-6さんにとって，家庭は安心できる場であり，安定した生活の基盤となっている。これを本人が十分自覚していることもSCTから伝わってくる。

「対人関係」については，「**私を不安にするのは**　人間関係。自分は人みしりすごいし，人間関係深いのは苦手なので，不安です。あと虫も。いつでてくるか分からないので！」（Ⅱ-2），「**友だち**　はとても大切。本当に話せる友だちはかなり大切にしていきたい大事な存在です。いっしょにいると楽しくなれる存在。」（Ⅱ-3），「**学校では**　静かめな方だと思う。仲のいい，気の合う友だちとは，すごくワイワイ盛りあがれる。自分の苦手なこともしなきゃいけない所。」（Ⅱ-10）と記述しているように，学校では仲のよい友人とは和気あいあいと語り合うが，SCTに表された豊かな思考を多くの人前で外に出す場面の少ない生徒である。

「能力」は中の上程度と思われる。

「性格」や「指向・生活態度」については，前述したように比較的エネルギーがあり，「**将来は不安だし見えない。すごく不安で想像できない。将来は一応あると思うけれど，今はそれに向かってつきすすんでる感じ。」（Ⅰ-16）と，不安や緊張を意識することも多いが，「**私が羨ましいのは**　自分というものをしっかりもっていて，最後までやりとげようとがんばる人。すごく，かっこよくて，本当になりたいなと思う。」（Ⅱ-27），「**私が努力しているのは**　もっとちゃんと自分を内面から強く，しっかりとした自分の意見をもった人になれるようにです。優柔不断なので…。」（Ⅱ-29）のように，ものごとにしっかりと対処しようとしていて，内に秘めた強さを感じる。このように言語表現より文章表現を得意とする生徒のケースは，面接などからはすぐには把握できない特徴がSCTからみえてくることがよくある。

第4節　生徒の感想から

個人結果連絡票を渡すと，生徒たちはかなり大きな反響を寄せる。SCTの施行時と同様に，1人で結果をそっと確認する者もいれば，大騒ぎで自分の結果を読み上げたり友だちどうしで交換して見せ合う者も多い。そこで，書かれた感想の一部を表13-4に紹介する。

発達段階として高校生は青年期の只中に当たり，内省的になったり他者に対する厳しい評価や社会に対する批判的な態度を示したりすることも多い。「改めて自分の特徴を見直せた」「自分の事を自分で一番わかっていたい」「改めて，自分を理解することができた」という言説から，生徒は自己理解を強く求めており，自分の思いを文章化することにより自己を表現することができるSCTは，自分とは何か深く自分自身に問いかけ自己理解を深める一助として有効であることが示された。

表13-4　生徒の感想より

- すごい当っててビックリしました！！
  特に頼られると断れないあたりがあてはまってました。改めて自分の特徴を見直せたので，とてもよかったです。
- 全部，本当にあたっていてとても驚きました。こういう心理的な授業は初めてだけど，すごく面白いです。またこういうSCTみたいな事をやってほしいです。
- 予想以上にあたっていてビックリしました。とても楽しかったです。ぜひ来年も，このテストは続けていったほうが良いと思います。ありがとうございました。
- ほとんどあたっていて本当におどろきもものきでした。自分の事を自分で一番わかっていたいので，僕もあんな感じで人の事をわかるようにしたいです。
- どういうしくみかしりたい。
- けっこう当たっていると思った。自分の事が文になってでてくるとまた何か見直すというかいい機会でした。
- あってるなと思うトコロもあるし，自分ではそうかな？って思うトコロもあるし…。でも友だちから見るとなかなか合っているらしい　あのテストでこんなことがわかるんだあとびっくりしました　面白いなあと思った　でた結果は悪いコトぢゃなくてどれも良いコトだったので，今の自分がこういうタイプというよりも，こういうタイプになれたらうれしいなと思いました
- SCTの結果は，かなり当たってたのですごいと思いました。改めて，「自分」を理解することができたと思います。

おわりに

　SCTは，生徒一人ひとりの個性を把握し，適切な教育支援を行いたいと考える教師にとって有効なツールである。SCT実施の際には，「どうしても書けない」と，提出しない生徒も出てくる。しかし，クラスでの個人結果の返却の様子をみて，再検査を申し出てくる生徒もいる。追加で分析を行い結果を渡すと，その後の授業への取り組みが積極的に変わる生徒もいる。生徒と教師の信頼関係を築くことの大切さを感じる出来事である。

　また，毎年4月にSCTを実施していると，保護者面談の際に保護者から「いつもSCTの結果を楽しみにしている」といわれることがある。普段文章にまとめることのない自分の子どもの特徴や長所がわかるので，子どもについての書類を書くときに役立つとのことである。毎日顔をあわせている家族にとっても，客観的に子どもをとらえるひとつの機会としてSCTが受け入れられていることがわかる。

　卒業生に会うと，卒業後何年か過ぎていても，よくSCTのことが話題に上る。「授業の内容は覚えていないけれど，占いみたいなのがおもしろかった」と印象に残るようである。これだけのインパクトをもつSCTを通した自己理解が，自己肯定感につながり，さらには，他者理解につながってくれることが，高校現場におけるSCT実施の目標であると思う。

　文部科学省（2003）によると，現在小・中学校の通常学級において，LD・ADHD・高機能自閉症などにより学習や生活の面で特別な教育的支援を必要とする児童生徒は6％を超えている。やがて，これらの子どもたちのほとんどは高校生になる。すでに高校でも，自己表現や他者とのコミュニ

ケーションが苦手という生徒が増えている。その一方で,ネット上で多弁であったり,バーチャルな世界に居心地のよさを感じる生徒も少なくない。そのときに,生徒理解の方法として心理教育的アセスメントが重要になるのはいうまでもない。このような状況のなかで,継続的にSCTの分析トレーニングの研修会を行っている教員の研究会もある。教育の現場でSCTが必要とされ,教育に役立つ場面はまだこれから増えていくと思われる。

文　献

河村茂樹　2004　Q-Uによる学級経営スーパーバイズ・ガイド 高等学校編　図書文化社
文部科学省　特別支援教育のあり方に関する調査研究協力者会議　2003　今後の特別支援教育についてのあり方について（最終報告）

第14章　発達障害者支援センターにおける活用
―発達障がい者の就労支援―

はじめに

　発達障害者支援法（厚生労働省，2005；以下，支援法）を契機に，わが国では発達障がい児・者に対する関心が高まっている。特に，知的能力の遅れはみられないが，コミュニケーション・社会性・想像力などに障がいがある高機能自閉症やアスペルガー症候群などの発達障がい者に対する早期診断，療育などの支援体制の構築が急務となっている。支援法では，発達障がい児・者への処遇について，発達障害者支援センター（以下，支援センター）を全国に設置し，発達障がいの専門機関として中心的な役割を果たすこととされている。また，支援センターには，療育・心理・就労に関する相談員を各1名以上配置することになっており，ライフ・ステージに応じた相談支援を実施することとされている。

　しかし，発達障がい児・者の状態像はきわめて多様であり，それぞれがかかえる生活上の困難さも多岐にわたるため，支援方法の蓄積が難しいのが現状である。また支援法では，支援センターは，地域の療育センターや学校・医療機関や福祉事務所などの関係機関と連携して支援体制を構築することとされているが，地方によってこれらの社会資源の数や機能が異なっている。このため，支援センターの機能は一律ではなく，早期療育に力点をおく機関や，学校訪問を実施し，教員や関係機関への専門的なアドバイスを中心に行う機関など，各地域の特色がみられる。また，支援センターの心理相談も多様であり，すべての支援センターにおいて知能検査や心理検査などの心理アセスメントが実施されているわけではなく，SCTの使用頻度はあまり高くないと思われる。

　本章では，成人期の発達障がい者を中心に相談支援を実施している支援センターにおいて，SCTを活用した事例を紹介し，就労相談における心理アセスメントの重要性について考察する。

第1節　横浜市発達障害者支援センターにおける就労相談と　心理アセスメントについて

　横浜市発達障害者支援センター（以下，横浜市支援センター）は，2002（平成14）年に開設された。横浜市は人口約360万人を超える政令指定都市であり，商業・工業などの企業資本と，住居などの生活地域が交錯する人口密集地域である。横浜市支援センターには，毎年約1,170件の新規来談者があり，来談者の傾向として，全体の7割以上が18歳以上の成人またはその家族，関係者であることが特徴である。成人期の相談主訴は，就労相談がもっとも多く，次いで進路相談，医療機関での診断の希望などである。相談においては，来談者の主訴や生育歴を聞き取り，必要に応じて就労や福祉サービスに関する情報提供を行い，医療機関や福祉機関を紹介し，各関係機関とも連携を図りながら相談支援を実施している。

就労相談では、他の就労支援機関と連携しながら相談支援を実施している。連携先は、障害者就労支援センター（障害者就業・生活支援センター事業）や、2年間の職業前訓練を行う就労移行支援事業所、障害者職業センターなどである。また、ジョブコーチなどの人的支援も活用しながら、就労前からその後のフォローまで各機関が連携して支援を実施する場合がある。たとえば、就労を希望する本人や家族は、まず横浜市支援センターに来談してもらい、これまでの経過や就労に関する希望について聞き取りを行い、主訴を整理する。次に、必要に応じて本人に事務作業や清掃作業などをしてもらい、本人の得手・不得手の特徴、コミュニケーションや対人関係上課題になりそうな点について情報収集を行う。さらに、心理担当がSCTを施行して、本人の思考形態やパーソナリティ傾向を把握する場合もある。横浜市支援センターでは、現在のところWAIS-Rなどの知能検査は実施しておらず、他機関で実施された検査プロフィールとSCTの評価結果を照合して、本人プロフィールを総合的に把握することを試みている。これらの情報をもとに支援方針を決定し、必要に応じて、他機関についての情報、ジョブコーチによる支援についての情報提供を行う。また、すでに就労している場合は、ジョブコーチの派遣や横浜市支援センターの就労担当の職場訪問などについて情報提供を行い、職場での課題に対して直接的に支援できるよう体制構築を図る。

第2節　発達障がい者の職業上の課題

　高機能自閉症やアスペルガー症候群などの発達障がい者は、職業選択や就労において困難を感じる場合が多い。本節では、発達障がい者の就労上の課題についてふれ、就労支援のポイントについて考察する。

1．就職活動における課題

　就職活動における必要な手順は、求人情報の入手・ハローワークの利用・履歴書の記入・会社との電話によるアポイントメント・面接のための会社訪問など、多岐にわたる。発達障がい者にとって、これらの手順をふんでいくことに困難を感じる人は少なくない。しかし、発達障がい者にとって、職業的に自立できるかどうかはきわめて重要な課題である（小川ほか、2007）。発達障がい者の就労が成功するか否かは、「自分に合った仕事に就くこと」すなわちジョブマッチングが鍵を握っており、就職に至るまでの支援がきわめて重要である。来談者にどのような職種や環境が適しているかについて、横浜市支援センターでは、面談による聞き取りを中心に、必要に応じて作業評価やSCT評価を実施し、本人プロフィールの総合的な把握に努めている。それらの情報をふまえて、ハローワークの専門援助部門（専門職員によって障がい特性に配慮した相談が実施されている）や障害者職業センターなどの関係機関・各種サービスについての情報提供を行い、円滑なサービス利用を促す。また、関係機関に対しては発達がい害についての周知を図るため、横浜市支援センターの就労担当が関係機関に出向いて、発達障がいの障がい特性について説明を行っている。このように、求職活動の早い段階で専門家が関与し、本人の職業適性を見極めることで、ジョブマッチングが可能となる。

2．職場適応における課題

発達障がい者の仕事上の課題について，表14-1に示す。大学や高等学校（以下，高校）などの中・高等教育を経た者は，知的能力が高いために一見職務上の課題は少ないと思われがちだが，多くの者が複数の仕事を同時に行うことや，集中力や注意力の振り分けの困難さ，興味の偏りと固執，感覚・知覚・認知の障がい，手先の不器用さなどの課題をかかえている。発達障がい者の職場定着を図るには，仕事内容や職場環境を調整することが重要であり，ジョブコーチなどの直接的な人的支援が有効である。

表14-1　発達障がい者の仕事上の課題（例）（松尾，2005）

作業が雑で「きれいさ」や「丁寧さ」など，作業の質を意識することが苦手。
状況に応じて，作業の質やスピードを判断し変えることが難しい。
金づちで釘を打つ，ドライバーでネジを回すなど，手先を使う作業が苦手。
不良品（汚れや傷）の検査等，判断基準があいまいな作業が苦手。
「○○しながら□□を行う」など，同時に複数の仕事を行うことが難しい。
早く，かつ正確に，もしくは丁寧になど，早さと質の両方を求められることが苦手。
字が丁寧すぎる，少しでも汚れていると気が済まないなど，些細なこだわりがある。
仕事の手順や段取りを自分で考えることが難しい。
完成品を見て，組み立ての手順をイメージすることが難しい。
箱を紙で包んで紐をかけるなど，構成力と手先の器用さが必要な仕事が苦手。

3．コミュニケーションと社会性における課題

発達障がい者がかかえるコミュニケーション上の課題について，表14-2に示す。多くの発達障がい者において，業務指示の理解のみならず，相手の表情や言葉のニュアンスを読み取る，適度な対人距離をとるなどのコミュニケーション全般の課題が見受けられる。また，自分の意志や気持ちを表出することにおいても困難さがあり，これらが障がいからくる課題であることを一般の人が理解することは非常に困難である。よって，支援者が障がい特性を職場に伝え，職場から適切な配慮が受けられるよう本人と職場との橋渡しになり，両者の円滑なコミュニケーションを図ることが重要である。

表14-2 発達障がい者のコミュニケーション上の課題（例）（松尾, 2005）

一度に複数のことを指示されると，混乱しやすい。
分からない時，困っている時などに自ら助けを求められず，作業の手が止まってしまう。
「適当に」「うまくやっておいて」などの抽象的な指示が理解できない。
言われるがままに引き受けてしまい，NOと言えずにストレスをため込むことが多い。
暗黙のルールなど，明文化されていないことが分からない。
お茶くみや片付けなど，当番になっていないことを自分から行おうとしない。
同僚，上司など，立場の違いに応じて敬語の使い分けができない。
ストレートに自己表現しすぎて，同僚や上司と衝突することが多い。
人から注意された時，謝罪する，言い訳をするなどの適切な対応ができない。
注意されると被害的に受け取り，その人が自分のことを嫌いだと思い込む。

第3節　事例：NM-13さん

1．来談経緯

　NM-13さんのプロフィールを表14-3に示す。NM-13さん（男性，25歳）は，小さい頃から頻繁に行方不明になる，物をなくす，友だちとのトラブルが絶えないなどの発達障がいと思われるエピソードが多くみられ，小学校のときに医療機関において「非言語性LD」と診断された。対応に苦慮した家族は，児童相談所や教育相談センター，医療機関など，複数の専門機関に相談し，児童施設入所や高等養護学校進学を検討した経過がある。しかし，NM-13さんに知的能力の遅れがないことから，いずれの機関においても，通常の教育環境で過ごすことをアドバイスされ，本人の希望もあって普通高校に進学した。中学校・高校には，家族が学校側にNM-13さんが学校内で適切に過ごせるよう協力を要請した。これに対して，学校側は理解を示し，中学校では学校ぐるみでNM-13さんの所在を確認し，職員室での個別指導を実施した。さらに高校では，担任が介入することでNM-13さんの対人トラブルを未然に防いだり，NM-13さんに役割を与えてクラス活動に参加しやすくしたりするなどの配慮をしてくれた。その結果，NM-13さんは高校に通えるようになり，学業成績も向上し，高校から推薦を受けて大学夜間部に進学した。しかし，大学においては単位取得やレポート提出などに対する個別指導は実施されず，NM-13さんはこれらの手続きを自ら実行することができないために，しだいに大学に通えなくなり，結局3年次で退学した。その後，NM-13さんはアルバイト就労するが離転職を繰り返し，将来に不安を感じた家族が福祉事務所に経緯や現況を伝えたところ，相談員から横浜市支援センターを紹介された。

表14-3 NM-13さんのプロフィール概略

年齢・性別	NM-13さん（25歳・男性）
最終学歴	高校卒業（四年制大学夜間部中退）
診断名（診断時期・場所）	非言語性LD（小学校高学年・児童精神科） アスペルガー症候群（支援センター来談後・精神科クリニック）
手帳の有無	精神障害者保健福祉手帳3級
IQ（WAIS-R）	FIQ: 105（PIQ: 96　VIQ: 110）
資格などの有無	ヘルパー2級
支援センター来談経緯	福祉事務所からの紹介。進路相談。

2．NM-13さんの職歴

　NM-13さんは，大学在籍中に郵便局で2年間のアルバイト経験があり，中退後は飲食店で調理や接客対応などの業務に従事した。調理方法を間違えたり，客からのオーダーを取り違えるなどの業務上のミスが多く，上司から注意を受けることが多かったが，上司の手順を模倣したり，マニュアルをみたりしながら業務を覚えた。その結果，NM-13さんは職場から評価を得て契約社員に昇進したが，部下に仕事を教えたり業務指示を出したりすることにストレスを感じ，約4年で離職に至った。一般的に，昇進は就労上の成功につながることが多いが，NM-13さんにとって，昇進は業務内容や対人関係が複雑になり，能力以上のことを求められる結果となった。飲食店を退職後，NM-13さんは高齢者施設での介助や，倉庫内作業などに従事するが，対人トラブルや生活リズムの乱れからいずれも半年から1年で離職した。

　このように，NM-13さんの職歴からは，職務遂行や職場でのコミュニケーション・スキルなど，さまざまな課題をかかえていることがうかがえた。

3．横浜市支援センターでの相談概要

　横浜市支援センターでは継続相談を通して，家族に対して生育歴の聞き取りを行い，本人に対して職歴や現況の聞き取り・作業評価・SCTを実施し，進路相談に対する適切な助言を行うための情報源とした。面談での本人の様子は，ていねいな言葉遣いで語彙も豊富であったが，話の内容が冗長になる傾向があり，面談者の質問に対して端的な返答が難しい様子であった。また，対人トラブルについて，他者の言動やそれに対する自らの反応を時系列で詳細に答えることはできたが，「なぜそのようなトラブルになってしまったのか？」や「相手を怒らせてしまう言動が自分にあったのではないか？」などの言及がみられず，NM-13さんにとって原因の振り返りや内省に関する説明が困難であることが示唆された。このように，一見ていねいな印象のあるNM-13さんがどのような内面世界をもち，どのように状況を把握しているのかについて確かめるためにSCTを実施し，NM-13さんのプロフィールの整理を試みた。

4. SCT

NM-13さんのSCTを以下に載せる。

家族構成は，両親・姉・兄・本人の5人兄弟。姉以外の家族は同居している。父親は寡黙な人で，母親と兄がキーパーソンのようである。

正直な表現が多く，記述内容は本人の内面世界をほぼ反映しているものと思われる。

文章能力は高い。アスペルガー症候群によくみられる傾向である。誤字脱字はほとんどなく，文法も適切だが，内容が堅苦しく，回りくどい表現がみられる（Ⅰ-16，Ⅱ-5, 20など）。また，パソコンゲームの用語を多く引用している。

SCT ケース　NM-13　（男性，25歳）

Part Ⅰ		
1	子供の頃，私は	音楽に出会った。それから私は生きる事を選んだ。
2	私はよく人から	いじめに類するものを受けて来た。しかも，それ以上に護られて来た。
3	家の暮し	は苦しいらしい。しかし，私にも可能な支援はあるはずだ
4	私の失敗	は思考が極端に走った場合によくおきる。
5	家の人は私を	理解しようとしている
6	私が得意になるのは	全てが計画通りに進んだ時だ
7	争い	は無益であるならば　したくない
8	私が知りたいことは	私が何事を為せるか，である
9	私の父	は寡黙である
10	私がきらいなのは	『悲惨』の二文字である
11	私の服	のセンスはあまり良くないらしい
12	死	があるから生の尊さが　わかるように思う
13	人々	は何故　争わねばならないのだろうか
14	私のできないことは	助けがあれば出来る事かもしれない
15	運動	は適度にした方が良い
16	将来	私が子を為し，親の恩に報いたならば次は恩師の墓前を訪ねるだろう
17	もし私の母が	許すのならば　時間を問わず仕事をしたい
18	仕事	は社会との接点であり，生活の糧を得る為のものだ
19	私がひそかに	（記述なし）
20	世の中	世知辛いそうだ。それでも強く生きるとしよう
21	夫	と呼ばれるのはかなり先になりそうだ
22	時々私は	パソコンの前から　動きたく無くなる事があった
23	私が心をひかれるのは	人が如何に変わる事が出来るかという可能性である
24	私の不平は	現在PC使用が制限されている点だ
25	私の兄弟（姉妹）	は私に理解がある。しかし，度が過ぎなければ
26	職場では	可もなし不可もなしという過ごし方をして来た
27	私の顔	は端正ではない
28	今までは	将来の不安にかられる事は少なかった
29	女	性の扱いは今いち苦手だ
30	私が思いだすのは	昔　世話になった方々の顔だ
Part Ⅱ		

> 1　家では　　　仕事をしていない為，大人しくせざるを得ない
> 2　私を不安にするのは　　　仕事が決まっていない事だ
> 3　友だち　　　との連絡は今でもとっている
> 4　私はよく　　　先の事の計画を練る事がある
> 5　もし私が　　　何の障害も持たず，金に困る事も無かったならばきっと知る事が無かったものがあるだろう
> 6　私の母　　　は幼い私に絵本を読み聞かせた
> 7　もう一度やり直せるなら　　　高校生あたりからやり直したい。
> 8　男　　　の責任とやらは随分重いらしい
> 9　私の眠り　　　は時に浅く，すぐ目覚める事がある
> 10　学校では　　　色々学べる事があったように思う
> 11　恋愛　　　は人の身体を如何様にも変える
> 12　もし私の父が　　　いわゆる厳しい父であったならば私の未来は変わっていただろう
> 13　自殺　　　はしない。そう誓った人がいた。
> 14　私が好きなのは　　　一人きりの思索の時間だ
> 15　私の頭脳　　　は残念だが聡明とはいかないようだ
> 16　金　　　はさながら空気のようだ。無ければ苦しいが過ぎても苦しい
> 17　私の野心　　　は止むところを知らない
> 18　妻　　　は社会人だ。しかしそれは仮想現実を通した関係だ。
> 19　私の気持　　　は　一般のものとは少しずれているらしい
> 20　私の健康　　　を阻害する恐れがある為，PCの時間は制限せざるを得ない
> 21　私が残念なのは　　　それにより逢えない人がいる事だ
> 22　大部分の時間を　　　PCに割きたい。しかしそれは難しい
> 23　結婚　　　というものは良いものだと聞く，しかし，今は良い理解できない
> 24　調子のよい時　　　は　徹夜をしても尚身体が動く
> 25　どうしても私は　　　『PCのある生活』を求めて止まない
> 26　家の人は　　　それを快とは思わないふしがある。
> 27　私が羨ましいのは　　　書斎というものだ
> 28　年をとった時　　　それを自宅に欲しいものだ
> 29　私が努力しているのは　　　諦めが生む物は何も無いと知った事からだ
> 30　私が忘れられないのは　　　恩師の言葉である。かの人曰く，男性は全て姫君を護る　騎士の如くあるべき，だそうだ

　知的能力は一見高くみえるが，バランスやコントロールの悪さが見受けられる。目前のことに注目するあまり場当たり的な判断となり，将来的な見通しに欠ける面がありそうである。物事への固執が，生活全般に悪影響を及ぼす恐れがある。

　生活環境については，パソコンの記述が多く，固執している印象。本人にある程度の自覚はあるようだが，実際の生活でどの程度自制心が働くかについては，むしろ脆弱そうである。本人が適切な社会生活を送るうえで，パソコン使用のルールや枠組みが必要であることがうかがえる。

　体力面では，「徹夜をしても身体は平気」（Ⅱ-24）ということから，馬力はあるが，パソコンに熱中するあまり，健康を害することもあるようである。

　パソコンなど，1つのことに固執し，その他のことには関心が薄い傾向がある。年齢に比して幼い記述が多く，特に自制心のコントロールが難しいようである。また，過去にいじめを受けたこと

にふれている（Ⅰ-2）が，人に対する不信感はなさそうである。素直な性格の持ち主のようだ。

　本人の関心事は，パソコンゲームが中心。就労できないことを不安に感じているが，パソコンゲームに没頭できる生活にも強く惹かれている。生活リズムの乱れから就労が困難になることも予想される。

5．SCT評価とその他のアセスメント結果について

　面談やSCT評価以外に，NM-13さんには事務作業や清掃作業などを遂行してもらい，作業場面での指示理解能力，作業遂行能力，手先の巧緻性，作業ペース，また質問や報告の方法などについて，アセスメントを実施した。その結果，NM-13さんは作業能力が高く，作業で期待される質や量についての理解も十分可能だが，機会数が増えると指示されたこと以外のことを行ったり，自己流の方法で雑に作業したりする傾向があり，目前の環境刺激に影響を受けやすく，衝動性の高さとセルフコントロールの困難さが見受けられた。

　このような行動傾向は，SCTの反応においても，「私の失敗　は思考が極端に走った場合によくおきる」（Ⅰ-4），「どうしても私は　『PCのある生活』を求めて止まない」（Ⅱ-25）などで見受けられ，ある程度の自覚はあるようである。

　また，現況について，「私を不安にするのは　仕事が決まっていない事だ」（Ⅱ-2）と記述しており，さらに「家の暮らし　は苦しいらしい。しかし，私にも可能な支援はあるはずだ」（Ⅰ-3）と，支援についてポジティブな姿勢が見受けられた。全体的にSCTの記述内容はストレートな表現が多く，本人が素直な性格の持ち主であることがうかがえた。

　このように，作業評価の結果，NM-13さんには作業の質やペースを維持することが課題となり，就労にあたってはジョブコーチによる職場での直接的な支援が有効であることが示唆された。また，SCT評価の結果，NM-13さん自身が単独で衝動性をコントロールすることは困難であり，他者の支援が必要であると想定され，他者からの介入に対する抵抗感は小さく，支援者との信頼関係を構築することは可能であることが示唆された。

6．NM-13さんの今後について

　職業について，NM-13さんはヘルパー2級の資格を所持していたことから，高齢者施設での介護職を希望していた。しかし，支援センターではNM-13さんの過去の職歴と作業評価，SCT評価結果から，対人接触が多い介護より周辺業務の方が向いていると判断し，本人・家族に対して，清掃業務を選択することを勧めた。就労への具体的な手続きとして，精神障害者保健福祉手帳や障がい者雇用枠，ジョブコーチによる支援の活用について情報提供を行い，支援センターが各機関と連絡調整を行い，NM-13さんがスムーズに手続きできるよう支援した。その結果，NM-13さんは高齢者施設での障がい者雇用枠での採用と，ジョブコーチ事業活用に至った。現在，職場での直接的な支援はジョブコーチが行い，家族からの聞き取りや関係機関との連絡調整などの全体的なケース・マネジメントについては，横浜市支援センターが担うなど，関係機関で役割分担を図りながら，NM-13さんへの継続支援を実施している。

おわりに

　発達障がい者の就労上の課題は，職務遂行上から対人関係まで多岐にわたり，それぞれの障がい特性を十分把握したうえで，ジョブマッチングを実施していくことが重要である。面談による生育歴の聞き取りや知能検査によって，障がい者の能力のばらつきなど，プロフィールの輪郭程度の把握は可能であるが，本人の行動やコミュニケーションの傾向については作業評価が，思考形態や対人関係のとらえ方などについては SCT による評価がそれぞれ有効であると考えられる。特に，言語能力の高い高機能自閉症やアスペルガー症候群などの発達障がい者の内面世界を把握することは，面談によるやりとりだけでは限界がある。SCT の反応から，彼らがどのように外界をとらえ，また思考しているかについて分析を行うことは，支援関係を構築するうえでも重要な手がかりとなる。これらの評価結果をまとめることで，本人の職業適性や支援課題について総合的な判断が可能となる。全国の発達障害者支援センターにおける就労相談は実績が少なく，ノウハウが蓄積されていないこと，また SCT 評価ができる心理担当が少ないことなど，まだまだ発展途上の段階にある。発達障がい者のプロフィール把握について，今後 SCT の活用が増えていくことを期待したい。

文　献

小川　浩・柴田珠里・松尾江奈　2007　高機能広汎性発達障害者の職業的自立に向けての支援　LD 研究　15, 312

厚生労働省　2005　厚生労働省 HP「発達障害者支援法」< http://www.mhlw.go.jp/topics/2005/04/tp0412-1b.html >

松尾江奈　2005　発達障害のある人の就労上の課題と就労支援について　日本肢体不自由児協会「はげみ」,（6・7月号），43

第VI部
臨床・教育現場における活用（3）
子どものケース分析

第15章　児童相談所における活用
―SCT小学生用・中学生用の評価方法についての一考察―

はじめに

　近年，児童が犯罪や虐待の被害に遭い，その尊い命を落とすニュースがマスコミをにぎわせている。また，逆に少年犯罪の凶悪化についても深刻な問題として世間の関心を集めている。著者が勤務する児童相談所は児童に関するあらゆる悩みに応じる相談機関であるが，「児童虐待」「非行」という2つの案件は相談の構成比の多くを占めており，業務の中心となっている。特に児童虐待は著者の勤務する埼玉県でも平成16年度にはじめて通告受理件数が2,000件を突破し，今後いっそう対応の充実が求められている問題である。児童虐待の通告を受けた場合，児童相談所は速やかに児童について社会的・心理的・医学的調査を行い，必要に応じて児童福祉施設などに措置をすることになる。

　この調査のうち心理的な調査を児童相談所では心理判定という。これは他領域の現場における心理査定にあたる。心理判定においてSCTは以前から使用頻度が高く，信頼されている検査であった。しかし，実際の使われ方としては，その結果の整理や解釈にあたっては必ずしも定式の使用法とみなされるものはないといってよい状態であった。

　SCT小学生用・中学生用の評価に，成人用のように符号評価を使用しないことに難しさを感じている職員も少なくない。

　児童相談所では，むしろ「紙上インテーク」として使われている場合が多い。長年の蓄積がなされているため，確かに「紙上インテーク」としての使い方でも，心理判定においてSCTは一定の役割を果たしている。しかし，著者が児童相談所に着任して以来，児童に対して行ったSCTを定式に従って整理し，解釈することによって，今まで以上に児童のことを把握することができ，それがその後の児童の処遇に大きく役立ったことが少なくない。そこで，本稿ではおもにSCT小学生用・中学生用を定式に従った方法により整理・解釈するなかで，いかなる部分に注目していくか，事例を通してその活用法について検討していきたい。

　なお，事例は，いくつかのケースを組み合わせた架空の事例であることをご了承いただきたい。

第1節　児童相談所における処遇の流れと心理判定のもつ意味合い

　まずは，児童相談所の業務と，そのなかで心理判定と呼ばれる心理検査がどのような位置づけをもつのかについて説明したい。

　児童相談所において相談が上がった場合，図15-1のようにして処遇が進むことになる。まず，児童相談所に相談がなされると担当者を決定しインテークを行う。その後，受理会議において今後

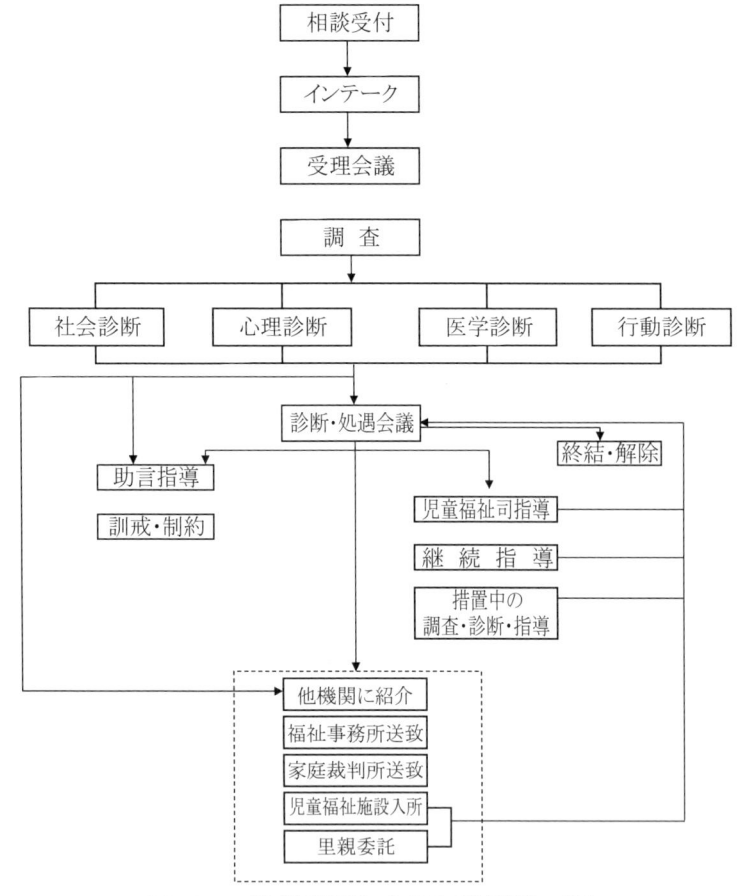

```
                    ┌──────────┐
                    │ 相談受付 │
                    └────┬─────┘
                    ┌────▼─────┐
                    │インテーク│
                    └────┬─────┘
                    ┌────▼─────┐
                    │ 受理会議 │
                    └────┬─────┘
                    ┌────▼─────┐
                    │  調 査   │
                    └────┬─────┘
       ┌────────┬────────┼────────┬────────┐
   ┌───▼───┐┌───▼───┐┌───▼───┐┌───▼───┐
   │社会診断││心理診断││医学診断││行動診断│
   └───────┘└───────┘└───────┘└───────┘
                ┌──────────────┐
                │ 診断・処遇会議│──→ 終結・解除
                └──────┬───────┘
        ┌──────┬──────┴──────┐
   ┌────▼───┐           ┌────▼─────────┐
   │助言指導│           │児童福祉司指導│
   └────────┘           └──────────────┘
   ┌────────┐           ┌──────────────┐
   │訓戒・制約│         │  継 続 指 導 │
   └────────┘           └──────────────┘
                        ┌──────────────┐
                        │   措置中の   │
                        │調査・診断・指導│
                        └──────────────┘
        ┌───────────────┐
        │ 他機関に紹介   │
        │ 福祉事務所送致 │
        │ 家庭裁判所送致 │
        │ 児童福祉施設入所│
        │ 里親委託       │
        └───────────────┘
```

図 15-1 児童相談所における相談処遇の流れ

の取り扱いについて方針決定を行う。ここで心理判定の必要性が議論され，必要であると判断されれば心理判定を実施することが決定する。その後，診断会議で処遇方針を再検討しながら，施設入所・児童福祉司指導など，児童相談所による措置が必要となったケースについては処遇会議で措置を決定することになる（この流れのなかで主訴解消などの理由によりケースを終結する場合もある）。

以上のような流れのなかで，心理判定が，受理会議において必要であると判断された場合，また児童福祉施設入所や里親委託・児童福祉司指導といった行政処分中に必要であると担当児童福祉司が判断し，児童心理司に依頼した場合に，実施される。心理判定においては担当の児童心理司により各種の心理検査や行動観察を行い，どのような処遇やかかわりが児童の健全育成のためにふさわしいか意見を出すことになる。児童福祉司の行う社会的調査が児童の家族・地域・学校など児童の生活している環境がいかなるものか，つまり児童の「外側」について調査するのに対し，心理判定は児童の現在の状態（知的能力，性格傾向など）について，つまり児童の「内側」を調査するものであり，双方がそろってはじめて児童の処遇を考えることができるというのが本来の考え方である。

しかし，実際に現場で処遇を考える際には，児童の内側と外側，双方の情報をもとに処遇を決定

するということは非常に少ない。特に施設入所の場合，県内の児童福祉施設に入所している児童の数は常に総定員の100%近くであり，その児童に合った施設を検討し，最適な施設に入所させることはかなりむずかしい。特に児童虐待などにより早急に家庭から児童を施設へと保護することが必要とされるケースでは，保護が必要と判断された時点でとりあえず定員に空きのある施設に入所させざるを得ないケースが非常に多い。こうなると，児童相談所の業務における心理判定の意味合い，児童心理司に求められる役割というものが変わってくる。本来，心理判定の結果をまとめた所見は処遇意見の1つとして書くものであった。しかし，事実上すでに入所する施設が決まっている児童の心理所見は，その施設のなかでどのようなかかわりが児童に求められるのかまでをも考慮して書くことが求められる。児童心理司の役割は，心理判定を通して児童自身の理解をすることであったのが，県内の各児童福祉施設の形態（大舎制，小舎制），雰囲気，入所している児童の特徴，入所後に通うことになる学校などについてまで意見が求められるように変化している。そのために，判定する児童心理司が日頃から把握しておくべき知識は広範になる。つまり，児童心理司の業務にコミュニティアプローチの視点がより重視されるようになっている。ということは，児童心理司が心理判定を行う際には児童自身についてより詳しくその資質や性格を把握するという「深さ」についての熟練のみならず，児童の現状を取り巻く環境やどのような環境でどのような行動をするのかという「広さ」についても詳しい情報を把握することがより求められるようになったのである。つまり，現在児童相談所における心理判定は従来の処遇を検討するうえでの材料の1つという位置づけから，その後の児童の生活にも深くかかわるものへと，その存在の重要性が増してきている。

では，次に，SCTがこの児童の「深さ」と「広さ」をどのように表すのか，SCTの整理・評価方法を説明しながら述べていきたい。

第2節　児童の感情・情緒分化とSCT

人間は成長に従って，さまざまな感情を認知し，表現しながら社会とかかわりをもつようになる。生まれたばかりの乳児は外部からの刺激に対して快・不快という感情を生じ，その反応として「（快感情に対して）笑う」「（不快感情に対して）泣く」という反応を示すのが活動の中心である。そこには生理的な欲求を満たしてもらおうという意思表示はあっても，自ら欲求を満たそうという行動はほとんどみられないし，対象となる相手を意識することもほとんどない。これが幼児期になり，自らの言動によって欲求が満たされたり，周囲の反応が認知したりできるようになると，人見知りや第1次反抗期の現れなど「自己と他者」の概念，つまり対象を意識した言動をとるようになる。彼らには，従来の「（快感情としての）よい」「（不快感情としての）いや」だけでなく「好き」「嫌い」といった評価をする感情が芽生えてくる。さらに，養育者をはじめとした周囲とのかかわりのなかで「良い」「悪い」といった社会的な評価の概念も獲得することが多い。その後学齢期に入ると，児童の行動半径は徐々に広がりをみせ，さまざまな刺激にふれるなかで，喜怒哀楽の感情やよりあいまいな感情を周囲とのかかわりのなかで経験して，自らの言葉として認知し，表現していくことになる。

このように人間は成長するなかで，周囲とのかかわりによって自他双方に生じる感情や情緒を細やかかつ客観的に認知し，表現できるようになっていくのである。感情や情緒の認知が未分化なまま，快・不快感情のみで，または好悪感情のみで反応するようなやりとりでは，何らかのトラブルが生じ，円滑な社会生活が営めないことが多い。学童期から思春期に及ぶ小・中学生の段階ではこの感情や情緒の認知の分化に差が生じやすく，未分化な状態にある児童は集団のなかで何らかのトラブルをかかえ，適応できないことが多い。

　SCTでは，家庭（家族）・学校・友人・勉強・運動など児童を取り巻くさまざまなもののとらえ方，評価を目にすることになる。周囲に対してどのような評価をしているのか，それがどの程度分化された感情・情緒によって認知されるのかを把握することは，その児童の生活全般を予測することに役立つ。SCTを評価する際には，全般的にどこまで分化した感情・情緒が認知されているのか，それが対象によって偏りがないかを評価用紙（能力・性格・指向欄）に詳しく記述しておくと，その児童を理解する際に貴重な資料となる。

第3節　事　　例

　ここからは実際の事例を通して検討をしていくことにする。

1．NM-14君

1）概　　要

　男子，10歳。父母と本児の3人世帯。父母ともに働いており，幼少時には本児が家に1人残されることも多く，3歳のときには地域を1人で歩いていて児童相談所に通告されたこともある。その後，児童相談所をはじめとした関係機関の働きかけにより保育園に通うことになり，相談は終結していたが，就学直後から学校内では他児に暴力をふるうなどの対人トラブル，地域では万引きや自宅からの金銭持ち出しなどの問題行動が頻発。両親は，当初は暴力や外に締め出すといった対応をしていたが，治まるどころか日に日に頻繁になっていく本児の問題行動に自分たちだけでは対処しきれないと感じ，児童相談所に相談となった。NM-14君のSCTは，以上のような経緯のなかで，通所の形式で心理判定の一部として実施したものである。同時期に実施した知能検査では，WISC-Ⅲで全検査IQ＝85と正常域下位であった。

2）検査中の観察事項

　はじめはニコニコと表情は明るかったが，検査を始めると20分程度で姿勢が崩れ，眉間にしわを寄せるようになる。SCT実施時にはPart-Ⅰの前半を過ぎたあたりからやや投げやりに筆を進める様子が観察された。字は汚く，書き慣れていない印象を受けた。すべて記入後，反応について質問をしたが，「ない」と表現したものは「わからなかったから」とだけ答え，同じ回答をしなければならないものが続くと不機嫌そうに声を荒げる場面もみられた。そのなかで，「**先生は　　ぜったいない！**」（Ⅱ-14）という反応は特に目立った反応だったため詳しく話を聞くと，来所した当日

に担任と口論になり，担任のことを思い出したら「ムカついたので書いた」とのことであった。

SCT ケース（小学生用）　NM-14（男子，10歳）

Part I
1　小さい時，私は　　あかちゃんだった
2　家では　　ゲームをする
3　私の一番ほしいものは　　かね
4　私がいやなのは　　べんきょう
5　私の（兄，姉，弟，妹）は　　ない
6　私の母がもう少し　　やさしかったら
7　私の父がもう少し　　やさしかったら
8　友だちの家庭にくらべて私の家庭は　　わるい
9　大きくなったら私は　　かねもち
10　私がうれしいのは　　ない
11　父は私のいうことを　　ない
12　私のしっぱいは　　ない
13　私はよく　　ゲームをする
14　私が知りたいのは　　ない
15　学校で私はいつも　　あそび
16　私は友だちから　　○○（あだ名）とよばれる
17　先生がもっと私に　　やさしかったら
18　私がとくいなことは　　ない
19　私が努力しているのは　　ない
20　自分でできないことは　　ない
21　母より父の方が私を　　おこる
22　私の父の仕事が　　ない
23　時々気になるのは　　ない
24　家でよくいわれることは　　べんきょうしろ
25　私は学校の成績が　　わるい

Part II
1　もしも私が　　かねもちだったら
2　学校からかえって私は　　ゲーム
3　私の家の人は　　やさしくない
4　私のおじいさん　　ない
　　私のおばあさん　　ない
5　母は私に　　おこる
6　父は私に　　おこる
7　私は（兄，姉，弟，妹）を　　ない
8　私がすきなのは　　ない
9　私がきらいなのは　　ない
10　私がなりたいのは　　かねもち
11　私が叱られるのは　　わるいことをしたとき
12　私がうらやましいと思うのは　　かねもち
13　私は友だちと　　あそぶ
14　先生は　　ぜったいない！
15　私のクラスでは　　ない

```
 16  皆は私のことを        ない
 17  私がはずかしいと思うことは    ない
 18  私は母を       きらい
 19  私のしてもらいたいのは    ない
 20  私が皆より劣っていることは    ない
 21  勉強    わからない
 22  どうしても私は    ない
 23  私がこわいことは    ない
 24  私がくやしかったのは    ない
 25  時々私は    ない
```

3) SCT評価結果とその後

「やさしい（やさしくない）」，「わるい」といった単純な形容詞が評価に用いられているほかは，ほとんどが「ない」と表現されている。施行後質問していくと「わからない」「（無という意味での）ない」「嫌い」といったさまざまな感情をすべて「ない」という言葉で表現しており，能力的に高くなく，著しく情緒的に未分化であることがわかる。「ない」という反応には，検査に対する動機づけの低さだけでなく，本児にとってマイナスの評価をともなう感情が込められていることも推測される。Part-Ⅱの14でみられた「ぜったいない！」という反応は本児なりに強力にマイナスの評価を表現した結果であったことも推測できる。

また，金銭に対する強い執着がうかがわれ，将来に希望を与えてくれるのは「かねもち」になることだけのようである。

「私が叱られるのは　わるいことをしたとき」（Ⅱ-11）と社会規範について保護者から指導を受けたことは頭には入っているようだが，これだけ情緒的に未分化であれば周囲とのトラブルは絶えない。そのトラブルに対して周囲の大人からは叱責や暴力といった対応しか望めず，本児が希望を見出すことができるのは金銭だけであるという現状に変わりがなければ，今後も問題行動が激化していくことが強く推測された。

本児は結果的に，児童自立支援施設へ措置となり，集団生活のなかで「育てなおし」を行うこととなった。

2．NM-15君

SCTケース（小学生用）　NM-15（男子，12歳）

```
Part Ⅰ
 1  小さい時，私は    病気だった
 2  家では    きまりが多い
 3  私の一番ほしいものは    ゲーム
 4  私がいやなのは    家の生活
 5  私の（兄，姉，弟，妹）は    かわいい
 6  私の母がもう少し    楽だったら
 7  私の父がもう少し    たたかなかったら
 8  友だちの家庭にくらべて私の家庭は    いそがしい
```

9 大きくなったら私は　　かぞくを助ける
 10 私がうれしいのは　　もらえた時
 11 父は私のいうことを　　きかない
 12 私のしっぱいは　　まちがえた時
 13 私はよく　　サッカーをする
 14 私が知りたいのは　　お母さん
 15 学校で私はいつも　　あそぶ
 16 私は友だちから　　あそぼといわれる
 17 先生がもっと私に　　わかりやすかったら
 18 私がとくいなことは　　ない
 19 私が努力しているのは　　サッカー
 20 自分でできないことは　　人にやってもらう
 21 母より父の方が私を　　たたく
 22 私の父の仕事が　　いそがしくてかわいそう
 23 時々気になるのは　　お母さん
 24 家でよくいわれることは　　はやくしろ
 25 私は学校の成績が　　けっこういい

Part Ⅱ
  1 もしも私が　　自由だったら
  2 学校からかえって私は　　テレビをみる
  3 私の家の人は　　こわいけど楽しいこともある
  4 私のおじいさん　　ない
    私のおばあさん　　やさしい
  5 母は私に　　やさしくしてくれた
  6 父は私に　　やさしかったこともある
  7 私は（兄，姉，弟，妹）を　　元気でいてほしい
  8 私がすきなのは　　ゲーム
  9 私がきらいなのは　　勉強
 10 私がなりたいのは　　サッカー選手
 11 私が叱られるのは　　しっぱいした時
 12 私がうらやましいと思うのは　　ほかの人の家庭
 13 私は友だちと　　あそぶ
 14 先生は　　こわい
 15 私のクラスでは　　うるさくておこられる
 ⑯ 皆は私のことを
 17 私がはずかしいと思うことは　　歌をうたうこと
 18 私は母を　　だいじにしたい
 19 私のしてもらいたいのは　　ない
 ⑳ 私が皆より劣っていることは
 21 勉強　　はきらい
 22 どうしても私は　　お母さんたちが心配
 23 私がこわいことは　　よる
 24 私がくやしかったのは　　ない
 25 時々私は　　わすれものをする

1) 概　　要

男子，12歳。父母，本児，妹の4人世帯。父が母や本児らに支配的に振る舞う家庭で，特に本児が小学校2年生のときに妹が生まれてからは，本児も家事の一部を担わされ，時間までにできないと暴力を受けてきた。さらに，母の養育能力が乏しく，家事が満足にできないため，徐々に本児の家事負担が増えていった。小学校6年生のある日，家事が終わらなかったことから父に暴力をふるわれ，顔に痣（あざ）を作って登校してきたため，児童相談所に通告。即日一時保護となった。このSCTは一時保護中に今後の処遇について検討するために行った心理判定の一部である。なお，同時期に実施した知能検査ではWISC-Ⅲで全検査IQ＝100と正常域であった。

2) 検査中の観察事項

礼儀正しく，相談室に入る際・退出する際には，必ず「失礼します」とあいさつを欠かさなかった。受け答えもハキハキとしており，しっかりした印象を受けるが，常に緊張が高く，肩に力の入っているような印象を受けた。SCTでは整った筆跡で記述しており，筆圧はかなり強かった。

3) SCT評価結果とその後

まずは，家族に対する記述に注目してほしい。母親に対しては極端に心配し，気遣うような記述が並んでいる。また，父に対しても暴力を受けたことが記述されているが（Ⅰ-7，21），一方で**「私の父の仕事が　　忙しくて，かわいそう」**（Ⅰ-22）とさまざまな感情が入り混じっている。同じ対象のもつ二面性を理解しているという見方もできるものの，評価が両極端であり，本児のなかで評価がうまく統合されていない，混乱した様子がうかがわれた。また，**「私が知りたいのは　　お母さん」**（Ⅰ-14），**「時々気になるのは　　お母さん」**（Ⅰ-23），**「どうしても私は　　お母さんたちが心配」**（Ⅱ-22）と自分のいなくなったあとの母や妹を心配している。また，**「私がいやなのは　　家の生活」**（Ⅰ-4），**「私がうらやましいと思うのは　　ほかの人の家庭」**（Ⅱ-12）と記述していながらも，**「大きくなったら私は　　かぞくを助ける」**（Ⅰ-9），**「私は母を　　だいじにしたい」**（Ⅱ-18）と理想とする家族像と現実世界で距離を置こうとしている家族像とが混同されている。

NM-14君に比べれば情緒的には分化している様子がうかがわれるが，父による支配的な家族関係のなかに取り込まれた結果，著しく認知にゆがみが生じている状態であった。家庭引き取りとすると本児の身の安全が保障されないだけでなく，力による支配的な関係性をこれ以上学習することは対人関係において著しい困難をもたらすことが危惧されたため，家庭からの分離が必要という結論に達した。

本児は児童養護施設に措置となり，安心安全な環境のもとで生活をすることとなった。一時は施設内で年少児に対して威圧的な言動をみせることもあったが，施設職員が根気強く本児に向き合い，暴力をともなわない人間関係構築をめざしていった結果，少しずつではあるが改善の兆しをみせつつある。

3．NM-16君

1）概　　要

　男子，14歳の中学校3年生。父母，本児，妹2人の5人世帯。中学校入学直後から不良交友が目立ち，深夜徘徊，喫煙などにより補導歴多数。中学校3年生のときに友人と万引きをしてつかまった際に，本児だけは両親が引き取りを拒否したため，児童相談所へ身柄つきの通告となった。その後，児童相談所からの呼び出しに両親が応じ，本児の度重なる問題行動に困り果てていると訴えたため，受理となった。このSCTは通所にて実施した心理判定の一部として実施したものである。なお，同時期に実施した知能検査ではWISC-IIIで全検査IQ＝79と境界線級の知能であるが，これは下記のとおり本児の実態を表していないことも推測される。

2）検査中の観察事項

　初回にSCTを実施した際には表情もよく，検査者の質問にもよく答えていた。しかし，次の来所日までに両親と喧嘩をし，来所を渋るようになる。2回のキャンセルの後来所した際に実施したWISC-IIIではため息も多く，投げやりな回答が目立ち，検査が終わると検査者を置いて勝手に建物から退出してしまった。

3）SCT評価結果とその後

　「すき」（I-6），「悪い」（I-11），「うるさい」（I-16），「きらい」（I-19，II-3，10，24）と評価にかかわる語彙は少なく，情緒的には好悪感情を中心とした，中学生としては著しく未分化な状態にある。「**大人に　　早くなりたい**」（I-24），「**大きくなったら私は　　はたらく**」（I-25），「**働くこと　　早くしたい**」（II-4）と大人になって働くことに意欲がみられるようにもみえるが，本児の話では「勉強が嫌いだし，働けば自分で自由にお金が使えるから」とひどく短絡的な考えにもとづいている。権利は主張するものの，その裏に生じる義務についてはまったくといってよいほど認識がない。規範意識についても「**私が叱られるのは　　わるいことをしたから**」（II-22）とは記述しているが，「**私の失敗は　　万引きがばれたこと**」（I-13），「**私がひそかに　　わるいことをしている**」（I-21）と反省の色はみられない。また，野球に対して興味・関心があるような記述がみられる（I-12，18，20，II-11）が，実際には野球部所属ではなく，小学校時代に少年野球の経験もないとのことであり，現実感に乏しい。

　本事例は本児が来所を拒否し，保護者も「3回来所している間も問題行動が治まらないことから，来所の意義を見出せなくなった」ということで来所が途切れてしまっており，将来の自立までには相当な困難が予想される児童であった。

SCT ケース（中学生用）　NM-16（男子，14歳）

Part I
1　小さい時，私は　　遊んでいた
2　御飯のとき　　はいただきます
3　弟は　　いない
　　妹は　　なまいき
4　学校から帰って私は　　サイフをもっとでかける
5　どうしても私は　　がまんできない
6　運動　　すき
7　私がきらいなのは　　親
8　私の空想　　ない
⑨　私がはずかしいと思うことは
10　私の服　　黒が多い。
11　学校の成績　　悪い
12　もしも私が　　プロになれたら
13　私の失敗は　　万引きがばれたこと
14　お父さん　　うるさい
15　私のできないことは　　ない
16　友だちの家庭にくらべて私の家庭は　　うるさい
17　男の友だち　　はいる
　　女の友だち　　はいる
18　私が知りたいと思うことは　　どうやったら野球がうまくなれるか
19　けんか　　はきらい
20　私が好きなのは　　野球
21　私がひそかに　　わるいことをしている
22　私が皆より劣っていることは　　勉強
23　私のしてもらいたいのは　　金がほしい
24　大人　　に早くなりたい
25　大きくなったら私は　　はたらく

Part II
1　家の人は　　うるさい
2　私はよく　　あそぶ
3　先生は　　きらい
4　働くこと　　早くしたい
5　私がこわいのは　　ない
6　お兄さんは　　いない
　　お姉さんは　　いない
7　私がうらやましいと思うのは　　大人
8　本　　はよく読む
9　時々私は　　キレる
10　お母さん　　きらい
11　私がなりたいのは　　プロ野球選手
⑫　うれしかったとき
13　家では　　ねてる
14　私の不平は　　ない
15　お金　　をかせぎたい
16　時々気になるのは　　ない

```
17  友だち      はいる
18  私がくやしかったのは      ない
19  学校では      ねてる
20  私を苦しめるのは      家族
21  私の父の仕事      ○○（企業名）につとめている
22  私が叱られるのは      わるいことをしたから
23  私が自慢したいことは      ない
24  勉強      きらい
25  家でよくいわれることは      しっかりしろ
```

第4節　SCT小学生用・中学生用を整理・解釈するにあたり有効と思われる視点

　以上，事例を通して感情や情緒の分化，社会的事象に対する評価の客観性を中心に検討してきた。
　実際には，その他にもSCTを評価する際に有効な視点がいくつかある。それらについても紹介しておきたい。

1．知的能力とSCTの記述の関係

　著者が研修会などでSCTの事例を提出すると，日頃SCT小学生用・中学生用にふれる機会の少ない参加者からは字が汚いことを理由に「知的な能力が低い」という解釈が出ることがある。実際には，これは必ずしも当てはまるものではない。字の汚さは検査に対する動機づけや学習機会，器質的な要因（書字障がい）の影響を受けることもあるからである。逆に字がきれいであった場合は，一定以上の知的能力を有することを推測しうるが，これも学習機会の多さに起因する場合もあり，必ずしも正確に知的能力を反映しているとはいいがたい。
　では，SCTの記述から知的能力を推測するのに有効な視点は何か。これは，成人用のSCTでdiff.を判断する際に用いる，内容の客観性や言葉の深さ，鋭さといった点である。
　一般に，知能が正常域下位以下では文章として成立しないか，成立したとしても単なる事実の報告だけであり，せいぜい好悪感情などの簡単な評価が述べられているだけである。それがIQ＝100前後になると徐々に好悪感情よりも，より分化したさまざまなバリエーションの評価や，被検査者自身の考えなどが述べられるようになってくる。また，エピソードも検査者が読んで容易に想像できる内容・表現が多くなってくる。さらに高くなると「光る記述」といわれるような，よく考えられた，気のきいた言い回しがみられるものである。

2．発達障がいの鑑別とSCT

　SCTの反応は被検査者の「書く」という行為によってなされるものである。実は，数多く存在する心理検査のなかでも実際に「書く」という行為によって回答する検査は少ない。著者は「自らとその周囲にあるものについてどのようにとらえているのかを，文章を『書く』という表現方法によって回答する」というSCTの特性から，近年その理解と支援の必要性が訴えられている発達障

がいの鑑別に用いることはできないかと検討を重ねているが，現時点で著者自身が実践に用いている視点を紹介しておくこととする。

以下の内容は著者の仮説の域を出ていない。しかし，そのような記述に出会った場合，行動観察や他の心理検査の結果などと照らし合わせて，改めて発達障がいの可能性を検討することは，鑑別の精度を上げていくことにつながるのではないかと考えている。

1) 学習障がい（特に書字障がい）

学習障がい，特に書字障がいについては前述のようなSCTの特性からもっともその鑑別に資する可能性が高いものである。著者の実践から得られている視点としては，「字そのものの汚さではなく，字のバランスの悪さに注目する」ことが有効である。濁点や拗音，促音など，1つの文章のなかでも，大きさや他の字とのバランスに気をつけて書く必要のあるものがある。このバランスが崩れ，「が」の濁点が大きく「かい」にみえるような記述がみられるときには全体の記述内容をもう一度整理して読み直すことが重要である。文章の乱れが一定以上のうえ，上記のような書字のバランスの悪さが現れている場合，書字障がいを一応疑ってみることが有効である。

2) 広汎性発達障がい

広汎性発達障がいの場合，内容全体のバランス（統合性・一致度）を検討することが重要である。SCT全体を読んでいて「おや？」と思わせるような奇妙さ，矛盾が見つかる場合がある。また，特定の対象にだけ詳細な記述がある，関心のない対象への記述の極端な減少がみられる，刺激文の取り違え，奇妙な言い回しによる浮いた表現がある，といった記述全体の統合性を損なうような記述が目立つ場合，広汎性発達障がいの可能性を疑ってみることが有効である場合が多い。

3．被虐待児・非行児にみられるSCTの特徴

事例にもあげたが，非行児や被虐待児もSCTにおいて特徴的な反応を示すことがある。これらは一部重複する部分もあるため併記する。

【共通する点】

ものごと全般に対する不信感や，過度に理想化した，または被害的なとらえ方。

【非行児】

金銭に対する執着，力や性に対する強い関心や，逆に過度に避けようとする様子など，問題とされている行動に関連した対象と適切な距離感のとれていない記述がみられる。

【被虐待児】

同一（または類似した）対象への評価の不安定さ。両面的，両価的なとらえ方をしていて，非現実的なほどの非難を向けたかと思えば，別の記述では過度に理想化した評価になるなど，両極端を往復するような記述がみられる。

おわりに

　職場の同僚から「SCT はよくとるが，どのように結果を読んで，評価用紙に何を書けばよいかがわからない」という声を聞く。わからないために，「SCT に繰り返し出てくる内容から児童の傾向を把握しようとしていた」「SCT に書いた内容について面接を行い，その面接の結果を評価結果としていた」ようなこともよくあるようである。確かに，そのような使い方でも十分に意味のある結果を提供してくれる。SCT の適切な読み方の一片を表してもいる。しかし，実際に評価用紙にまとめるために SCT を何度も読んでみれば，さっと眺めただけのときとはまた違った一面が垣間見られるものである。本章では，著者の実践経験から児童の感情・情緒の分化という視点を中心に，SCT から児童にとっての社会がいかなる環境であるのかを推測する 1 つの方法を提示してみた。「○○な反応があったので～」という How To のようなものは記されておらず，がっかりされた方もおられるかもしれない。しかし，投影法という検査自体が本来あいまいな刺激に対して被検査者の発した生の反応をもとに，心理臨床家がその人らしさを適切に読み取ることが重要であり，過度の記号化や数値化はかえって投影法のもつ長所を消してしまいかねない危険なものなのである。

　SCT の解釈は初学者，特に臨床経験自体の浅い心理臨床家にはとっつきにくさを感じさせるかもしれない。しかし，SCT を実施した際に，その結果が最大限に被検査者の将来に生かされるように，多くの心理臨床家が正しい方法を学ぶ機会をもつことを願っている。

第16章　中学校における活用
―スクール・カウンセラーによる支援困難な中学生への適用―

はじめに

　教育・福祉現場でのSCT活用は，一般には，「こころの専門家」と呼ばれる臨床心理士や，名称は異なるが学校心理士・教育相談員・認定心理士・産業カウンセラーといった心理相談を行う人々によることが多いといっても過言ではないであろう。

　本章は，臨床心理士であり学校現場のスクール・カウンセラー（以下，SC）としての立場から，「不登校あるいは登校しづらい中学生」にSCTを活用してきた報告を行う。また，事例として発達に問題があると疑われながら，各関係相談機関につなげても「支援困難なケース」について，SCTから得た結果から本人をどのように理解し，その後の援助の具体的方策を考案していったのか，プロセスを紹介し，SCTの果たした役割を検討してみたい。

第1節　学校現場の臨床心理士と心理テスト

1．臨床心理士とは

　まず，臨床心理士とは，①臨床心理検査，②臨床心理面接・心理療法，③臨床心理地域援助，および④それらの調査・研究といった，おもに4つの仕事に従事する人々のことをいう（日本臨床心理士会（編），2003）。教育の場では，小学校・中学校・高等学校のSCや教育センター（都道府県や政令指定都市に設けられている）の相談員などを担っている。公立学校のSCは，1995（平成7）年度から文部省（現在の文部科学省）の研究委託事業として配置されるようになり，2000（平成12）年度までに，中学校を中心に全国で2,250校に配置された。さらに，都道府県区市などの独自事業として配置されているところも増え，2001（平成13）年から文部科学省の正規事業として5ヶ年計画により，2006（平成18）年度までには小規模校を除く全国約1万校の公立中学校に配置された。臨床心理士の立場からは，約5,800人の小・中学校への臨床心理士派遣が実施されている。

1）SCの仕事内容

　SCの仕事は，上記の臨床心理士の仕事からいうと，②と③を重ねあわせたものといえる。具体的には，①児童・生徒のカウンセリング，②保護者からの相談やカウンセリング，③教職員へのコンサルテーション，④関係機関との連携（社会福祉資源の情報提供）などがある。臨床心理士の仕事の①は特に含まれず，むしろ心理検査は歓迎されていないようである。著者の所属していた教育委員会においても，「心理検査は，原則行わない」という指導があった。これはSCを守ることが

目的でもあり，その点では納得せざるを得ない。しかしながら，心理検査を大きな1つの武器とする臨床心理士であれば，当該児童・生徒の問題を見立てて，その人物の全体像を総合理解する際に，いくつかの心理検査が併用できれば，と感じることは多々あるはずである。

2） 教育現場での心理検査

心理検査は大きく分けて知能検査と性格検査の2つに分けられる。いずれにしても，学校教育場面ではプライバシーの保護などデリケートな問題が多くあり，必要な場合には医療や福祉などの関係相談機関に個々でつなげればよいという考え方があると思う。確かに，SCは児童・生徒の情報を家族・担任をはじめ学校関係者から集めることができる。たとえ本人に会えない場合（SCに相談するのを拒否するなど）でも，集めた情報からその児童・生徒の見立てをし，問題解決に向けた支援方法を想定するであろう。そうであればなおさら，著者などは「せめてSCTだけでも入手することはできないであろうか」との考えに及ぶ。それほど，SCTは本人理解の助けになる道具であると実感しているからである。

同様のことを，松原達哉は「ただ，学校カウンセラーの中には，大学時代心理テストの学習をしなかったために，心理テストにどんな種類があり，どのように活用をするか知らないために用いない人もかなりいる。そういうカウンセラーは，医学でいう新しい診断方法（例，CTスキャンとかMRI診断等）や新薬を知らなかったために使用しないで，治る病気も治療できずに終わらせるようなものである」（松原，2004）と学校教育場面での心理検査の有効性を主張している。

しかしながら，わが国のSC（特に公立）は欧米諸国で細分化されているいくつかの専門性をあわせもっているのであるが，米国のようなスクール・サイコロジストという立場はなく，「心理検査を依頼されて評価する」という明文はみたことがない。私たち自身も職責の安全を守るために，心理検査の類を施行することは原則避けなければならない現状である。

3） 学校現場でのSCT施行の留意点と工夫

第13章では，高等学校での教諭によるSCTの取り組みが紹介されているが，ここでは公立中学校におけるSCとしての立場から，SCTを含め心理検査の施行の際に留意していた事項と，活用の工夫を述べることにする。

著者は，首都圏に近い県立中学校においてSC（年間35週の勤務）をしていたが，心理検査は「登校しづらい，あるいは不登校」の生徒本人が来談してきたときに限って，必要最小限施行することを試みてきた。その心理検査とは投影法であるが，生徒とラポールをつけるための描画法（バウムや風景構成法など）と，生徒の自己観を把握するためのSCTである。学校場面に適するように，退行促進要素の少ないソフトな刺激のものにしている（馬場，2003）。

SC制度の導入が大きく「不登校」や「いじめ」対策からであったように，著者の受ける相談内容（9つに分類されている）は，生徒，保護者および教職員の3者から共通して「長期欠席」という項目が圧倒的に多い。もちろん，「不登校」と一くくりにしても，それには心因性のもの，いじめや暴力行為などに起因するものや，怠学・非行による不登校など，その状況と課題はさまざまで

ある。さらに，不登校の要因や背景も多様化・複雑化している。

その多様な彼らに対して，共通の刺激をもって得られる反応から，縦（一個人の重層的理解）と横（当事者間の共通性と差異）を照合することは，彼らの「登校しづらさ」への理解を著者に与えてくれている（表16-1）。また，その結果，すなわち1枚の描画や1部のSCTをみることは「百聞は一見にしかず」である。

生徒自身に，場合によって保護者や担任など学校関係者も含まれるが，結果をみせつつフィードバックすることで，本人理解が進むことが多い。

高校生ともなると，自分の性格特徴を知りたいという本人から，直接SCに「性格検査」をやってほしいというオーダーがしばしばある。

しかしながら，中学生はアドレッセンス（思春期，青年期あるいは青春期）の前半にあたり，まだまだアイデンティティの確立がなされているとはいえ，著者は中学生に「あなたの性格はこういうタイプです」というような自己理解の目的でSCTを使用することには抵抗感がある。それよりも，「今，あなたは学校へ行きづらいという現状に困っていますね。その解決をするために，私はもっとあなたのことが知りたいのです。SCTというあなた自身のことについて書くものがあるので，よかったらやってみませんか？ その後で，書いてもらったものを一緒にみていき，そのことについて詳しく聞きますね」と，本人の困ったことを援助する目的を伝え，あくまで本人の意思を確認してからSCTを施行する。はじめは「困っていません」という生徒もいるが，互いのコミュニケーションが深まると「こういう面では困っている」と認めることができる。

また，「これで何がわかりますか？」と懐疑的な態度をとる生徒もいる。それはしごく当然のことである。「これは，書く前には説明できないものなので，後で一緒にみながら説明をするというやり方でよいですか？」とこちらが伝えて，拒否されたことはない。SCTを開始して，書きたくない内容については「書かなくてかまわない」し，「いつでも途中でやめてよい」と保証をしておくことが肝心である。先にも述べたが，SCTには退行促進要素は少ない（特に精研式SCTでは刺激の強い言葉や表現は避けている）が，逆に気軽に書いてみてから「どのように評価されるか」という不安をもたせることも十分に考えられる。「家族」の項目も多く，また「死」について書くことで動揺する者もいるであろう。そのフォローが必要なことがあるかもしれないことを承知しておく。

また，どの検査者においても，所属の機関（自分自身が管理者であるとしても）の内規やしばりを受けている。「学校文化」とか「学校風土」ということがいわれることもある。著者は，まず担任に了解を得ている。本人の了承に加えて，15歳以下の中学生ということを常に考慮しておくべきであろう。本人と保護者の面接があればいちばんよいが，かなわないときには保護者に「ご本人理解のために，少し絵を描いていただくことや，文章を書いていただきますが，かまいませんか？」と電話なりにて伝えておく方がよいであろう。その結果は，本人の了解を得たうえで，担任や保護者にみてもらう。さらには，所属職能団体があれば，その倫理綱領を遵守することも重要であろう。

著者は校内の教育相談会議のメンバーであったが，集団守秘義務のもと，その席上で心理検査を

表 16-1　不登校生とのSCT中学生用の反応文（抜粋）

刺激文	女子（13歳）不登校	女子（14歳）別室登校	女子（13歳）問題行動	女子（13歳）別室登校
小さい時，私は	だれでも話しができた。	明るい性格だったと思います。	（親族名称）に育ててくださった	けっこういじっぱりでした。よく泣いておこっていました。
私がきらいなのは	学校	〈空白〉	にがうり	虫です。
学校の成績は	悪かった	はすごく悪いです。	悪い	ものすごく悪いです。
私のできないことは	話ができない	たくさんあります。	べんきょう	テストです。
友だちの家庭にくらべて私の家庭は	わからない	楽しいです。	悲しい	悪いです。
私が好きなのは	昔の歌 60〜70'Sの	〈空白〉	昔（親族名称）2人とき	（キャラクター名）です。家族です。ゲームセンターです。
私が皆より劣っていることは	数学，話しができない	勉強とか…いろいろです。	すぐぼうりょく	頭が悪いことです。
大人	は，なにもわかってくれない人が多い	に早くなりたいです。けど。まだなりたくないっていう気持ちもあります。	にはまだなっていないと思う。	になったら●●の先生になりたいです。
先生は	わすれっぽい	好きではないです。	よく，自分のことを知ってくれてる	私のことをよくわかってくれています
お金	はない	はほしいですね。	がほしい。	は，けっこうあります。
友だち	は学校にはいない	は何でも話せる友達だけでいいです。	ともけんかするときもある。	やさしいです。
私がくやしかったのは	かおが●●いと言われたこと	学校でなにもいいかえすことができない時とか。	●●が置いてった事	教室にいけないこと
私を苦しめるのは	学校	今と過去です。	あくま	友達です。
学校では	いつ私が何を言われてるかと思うとこわかった。	ほとんどなにも喋らない無口で静かなこです。	べんきょうとかドリルを別室でやる。	学習室にいます。

注) ●は本人特定につながるのを避けるため伏せる

施行している事実とその目的と対象範囲などについて説明を行った。校長には，表16-1のような不登校生徒のSCT抜粋の一覧表を提示した。相談室という密室でSCが心理検査を用いている事実を開示し，SCTという技法の目的や対象を解説することで，校長にその有効性についての認知を得るためである。

一人ひとりの全体像の理解が基本であり，そこから同じような現象に対しての差異や共通性を見出そうという試みに，校長から「SCTはたいへん興味深い」という感想を得たのである。やはり実際の検査用紙を目にしてもらうのが，ひいてはSCT研究への協力にもつながることになる。

2．スクール・カウンセラーによる学校現場におけるSCTの施行

1．で述べたことから，学校現場でのSCTの施行の留意点と工夫についてまとめると，以下のとおりである。

① SCの所属する教育委員会で心理検査の施行が許されていることを確認する
② SCの勤務する学校で心理検査が受け入れられるように，学校全体に理解・協力を求めることが望ましい。あくまで本人の援助に役立つものであることを伝える
③ 実施には，検査の目的を話し，内容については影響のない程度で事前説明を行い，インフォームド・コンセントを得てから実施する。保護者および担任に了解を得ることが必要であろう
④ 被検査者に安心感を与える検査のやり方で行う。本人と十分ラポールをつけてからが望ましい。著者はそのためにも，描画をSCTより先行している
⑤ 記入した結果は，本人と一緒に読み直し，ときにはわからぬことを問い，被検査者の書いたときの気持ちや反応内容についてきちんと本人と話し合い，また，結果を可能な範囲でフィードバックする
⑥ 保護者や担任に評価結果を報告するが，SCTの原本をみせることは本人の了解を得てからと考えている

現在，著者はSCとしては直接生徒にSCTを施行できない立場であるが，関係機関において著者のかかわっている生徒のSCTを施行した情報が得られた場合，保護者の了解が得られれば，情報を共有することは可能と考えている。その際には，当該機関とSCの連携が原則であり，そのためには日頃から連絡を密にしていることが肝要である。また，当然のことながら，施行者の立場でなくなっても，研修会などに参加するなどして，SCT判読のスキルを磨くことを忘れないようにしたいものである。

第2節　不登校生徒の事例：NM-17君のケース

　次に，不登校生徒対象のSCT活用例の1つとして，発達に問題があるとの疑いがもたれた事例を紹介する。医療での精密な検査をともなう診断には至らず，SCである著者が，本人とその家族（特に母親）に向けて学校や関係機関と連携し，支援方策を何度となく練るが，度重なる頓挫に援助職のプロたちもさじを投げそうになったが，わずかの情報ともみえるSCTのなかからヒントを拾い上げて，支援につなげたケースについて述べる。施行までの経緯が長いが，事例の特殊性を知ってもらうため，ご容赦いただきたい。

1．NM-17君の紹介

　NM-17君は中学校3年生（14歳）である。SCとはじめて会ったときから3年後にSCTを施行する。その経緯と理由については，以下のとおりである。

1）来談経緯

　200X年6月，著者の勤務するJ中学校の生徒は，おもに学区内の3つの小学校から入学してくるが，そのうちの1つの小学校の6年生の男子生徒のことで担任のC教諭からSCへ相談の依頼がある。担任は，本人が小学校2年生で父親の転勤にともない転校してきたときにも担当したことがあり，ベテラン女性教師である。その当時から情緒不安の傾向があり，学習意欲があまりなく，小学校3年生からは担任が代わり，席に座っていることができず，友人へのちょっかいが目立っていた。特別支援学級との併用をするが，パニックをよく起こし，母親の話では学校へ始終呼ばれていたという。母親の健康状態も悪く，母親の具合が悪くなると本人は母親が心配で学校を休むというパターンができあがっていた。後にSCは母親からNM-17君の生育歴の聞き取りをするが，母親の病歴に関する資料（父親がA4判にびっしりとPCで書いたもの）も含まれており，NM-17君が小学校6年生までに7回入院し，9つの病名や症状が書かれていた。このような状況で，当然ながら母子分離も遅延していたと思われる。担任は母親にSCのカウンセリングを勧めたところ，「長年の医療不信が募ってはいるが，学校にいる専門家ということで会う気になった」とのことであった。

2）NM-17君のプロフィール

① 200X年　小学校6年生時　担任C教諭からの情報

　学習面では，読書が好きで語彙は豊富。漢字はほとんど書かない。作文を書くのは苦手であるが，話すのは好き。記憶力・理解力があり，耳で聞きながら覚える。図工と理科が好き。音楽は好きではない。運動もあまりしない。ボール運動などのチームプレイは不得意である。授業中，教科書・ノートは出さないで，好きな工作や描画をしている。

　生活面では，整理整頓が苦手で，グループ活動ができず，どこかへ行ってしまうこともある。教

師のお手伝いは喜んでやる。人から注意をされたり，指摘されたりすると，かっとなりやすい。いったん怒ると，なかなか収まらないことも多い。

② 200X年　SCからみたパーソナリティ像

著者は6月に授業参観をして，本人の観察をした。休み時間に，母親とはじめて会うが，体調不良で廊下のベンチに横たわったままでのあいさつであった。母子ともに背丈は低めでやや肥満の印象であった。特に，本人は年齢よりかなり幼くみえた。授業は「ディベート」で質の高いものであったが，きちんと発表をしていた。担任の話では，母親がみているとできることが多いそうである。途中まで集中していたが，飽きたのか図書室へ行ってしまい，残りの時間は1人で読書をしていた。人なつっこい感じがした。8月に担任と家庭訪問をした。母親，担任と3人で話をしている横で1人でスナックを食べており，少し会話するとすぐ2階の自室へ上がってしまった。

TVゲームが好きで，特に子ども向けのキャラクターに夢中である。そのキャラクターや電車を，よく紙細工で作成する。担任の勧めで飼った犬をとても可愛がっている様子であった。

③ 200X年6月～200X+1年3月　支援の困難さ

本人が小学校6年生の間にSCは本人と2回会ってみて，知的に問題はないが，生育歴からも発達にやや問題がある印象を得た。C教諭とSCは，今後母親とのカウンセリングを続けることで，SCと信頼関係を築き，本人を医療につなげ，発達障がいの有無について診断を受け，その結果いかんで中学校以降から将来の対応についての可能性を探ることを目標と定めた。

［連携先(1)　公的教育相談機関］

200X年11月

母親の希望で，NM-17君の幼少時からのこころの問題について公的相談機関の臨床心理士へ相談の依頼をする。後日，受諾。

200X年12月

初回面接　本人担当の相談員（後に変更），母親担当D相談員

SCはD相談員（臨床心理士）と適宜何度も情報交換と支援の調整を図る。

200X+1年　春休み

J中学校の1学年主任と特別支援学級の担当教諭が家庭訪問をする。両親は中学校への期待が大きかった。

200X+1年4月（中学校1年生）

母親は，かねてから医療事務の勉強を始めており，近所のクリニックに就職する（12月に退職）。NM-17君は入学後すぐに特別支援学級での対応となり，間もなく上級生から階段から突き飛ばされそうになるなど「いじめ」を受けたと不登校になる。学校側はその事実を確認できず。両親は，教育委員会に相談に行き，そこで適応指導教室を希望する。

［連携先(2)　適応指導教室（E主査）　教育研究所（F相談員，臨床心理士）］

200X+1年10月

正式入室に時間がかかった。他の生徒との関係があまりよくなかったようである。

［連携先(3)　△クリニック（児童精神科）］

　この頃NM-17君は夜尿がひどくなり，SCは医療につなげる必要を感じた。本人も母親も相当困っていたため，その相談ということで，公的教育相談機関からの紹介により受診する。薬は母親が拒否し，服薬させなかった。父親も付き添い，2回受診するが主治医に不信感をもち，中断する。
200X＋2年

　適応指導教室において対人トラブルが多く，衝動行為に対して職員不足で対応が困難であると，参加は「1週間に決まった曜日に2時間のみ」という限定枠になった。本人も両親もこの処遇に不満をいだいていた。そこから，適応指導教室へ行く気持ちが低下する。完全不登校状態になる。

［連携先(4)　教育研究所の家庭訪問指導員（以下，SNN）］

　SCとほぼ同年代の女性であるSNNのG氏と密接な連携を組むことになる。SNNは家庭訪問をするが，NM-17君を外へ連れ出すことも始める。

　この頃になると，両親もNM-17君を「LD（学習障がい）傾向がある」と表現するようになる。E主査，SCから両親へ医療ではない私設の「発達相談機関」へ相談することを勧める。SCの紹介で，本人，両親はすんなりと従った。

［連携先(5)　私設発達相談機関（NPO）］

　WISC施行。テスター（臨床心理士）の見立ては，たぶんアスペルガー症候群であろうと，専門医を紹介する。しかしながら，母親は遠方であることや経済的理由から受診が実現できないと伝えてきた。

　WISCの結果からは，知覚統合が高く，注意記憶が低く，下位検査の13のうち，できのよさの差が大きく，知能のバランスの悪さが明瞭であった。
200X＋3年

　公的教育相談機関の母子面接は，キャンセルが頻回のため先方から断りがある。両親もそこの対応に不満な点をSCに伝える。SCとしては，今後の支援のためにも医療につなげるのをあきらめず，経済的なこともあるので，公的な子どもの専門医療機関を紹介する。しかし，数回予約をキャンセルし，結局行かないことになった。母親は，「精神科ということで，うちのNM-17ちゃんにもプライドがあるから」とも言う。

　しかし，進路のこともあり，高校進学が希望ということで，新しい適応指導教室主査，担任H教諭，SNNとSCは，「NM-17君プロジェクト」を発足させる。彼に合った学校選びに，養護学校も視野に入れることになった。

［連携先(6)　▲市養護学校・I教諭］

　母親と面談し，母子で養護学校を見学した。本人は「自分の行くところではない」とのこと。母

親も同意見。

　次に，SNNとSCは家庭訪問をし，本人と両親の5人で進路について話し合う。テレビを見ていたNM-17君は，母にテレビを消すように言われて，渋っていた。他人ごとのようであったが，一応進学の意志はある。

　「最低高校は卒業する。だっていい仕事に就けない。ニートになったら，お金が入らない。家を建てるなんてこと，言語道断！」と彼特有の抑揚で言う。母親は仕事とカラオケ教室が忙しいという。SCは，あきらめずに支えることをSNNとともに再確認する。

［連携先(7)　□クリニック］

　近隣の専修学校を見学するなどと並行して，「本人の特性を診断することにより，学校選びにヒントを得たら」と受診の意思を問う。I教諭の勧めた「▲クリニック」を受診することになる。SCも受診に付き添う。医師はNM-17君と2人きりで少し会話して，即座に母親へ「アスペルガーですね」と診断を伝えた。医師は進学の際に，そのように学校へ伝えた方がよいとも助言する。母親は，そのときはあっさり受け入れたにみえたが，診断があまりに簡単なのでしばらくしてその医師に疑問をもつ。二度と通院はしなかった。

　NM-17君の発言は表面上，つまり言葉だけはしっかりしているところもあるが，確かに幼稚な考えも多い。しかしながら，彼の心理的な面や力動について客観的な物差しがない。知能検査の数値結果と，関係者による彼との会話から推測された認知や行動観察はあるが，不登校のため作文の機会もない。彼が自分のことについて言語表現がどのくらいできるのか，また幼い面があるとはいえ，思春期心性の存在はどうなっているのか，SCT施行を試みることにした。

2．NM-17君のSCT

1）　検査時の様子

施行時：200X＋3年6月，場所：学習室，所要時間：25分
検査者：SNN（家庭訪問指導員）。著者の代行であるがNM-17君の直接支援者
検査態度：おおむね良好に取り組んだ。ちょっとした刺激に反応するが，検査者が声をかけるとも
　　　　　とに戻るのも早く，かなり集中していた（検査者の報告より）。

2）　結　　果

　SCTの内容と評価結果を記す。原本を提示することができないので残念であるが，乱雑な書き方というのではなく，著者にいわせると，きわめてめずらしい視覚的な記述であった。つまり，NM-17君の物言いがそのまま表されているようなのである。つまり，自分自身の声の大きさに合わせたような文字の大きさの変化である。マンガの吹き出しに使用されているようで，マンガやTVゲーム好きな彼にありうるかもしれないが，そのような中学生のSCTは，ほとんどみた経験がない（顔文字は今後多くみられるかもしれないが）。女子高校生に多い丸文字や表現方法ともニュアンスが違う。文字を書き慣れていないためか，ひらがなによっては正確な形が書けていなかった。

空白は１つもなく，書くことがないと，「，，，」と記入してあり，何かは書かないといけないということなのか，いずれにしてもすべて反応は短文か単語である。

SCT ケース（中学生用）　NM-17　（男子，14歳）

Part Ⅰ	
1	小さい時，私は　　●●（地名）にすんでいました
2	御飯のとき　　，かならずやさいジュースをのむように心がけています
3	弟は　　いません
	妹は　　犬です
4	学校から帰って私は　　つーか学校行ってないし…（顔文字）
5	どうしても私は　　母におこられる…
6	運動　　はにがて
7	私がきらいなのは　　虫！スズメバチ，ゴキなど．
8	私の空想　　はめちゃくちゃです
9	私がはずかしいと思うことは　　…って！かけるわけがない！
10	私の服　　はすこし大きめ…
11	学校の成績　　はオール０（そくていふのうなため）
12	もしも私が　　マンガのせかいにいけたら…
13	私の失敗は　　ラブの失敗（え
14	お父さん　　食堂でいつもゴミたべる
15	私のできないことは　　…，バックてん…，
16	友だちの家庭にくらべて私の家庭は　　とくしゅです
17	男の友だち　　２人くらい…
	女の友だち　　０人
18	私が知りたいと思うことは　　，とくにない！（え
19	けんか　　は好きじゃないけど…
20	私が好きなのは　　，食！とくにからあげ
21	私がひそかに　　HP もっているということはナイショ！
	http://ふりぃけっとアドレス/（解読不能）//star.
	（アルファベット４文字）.html　とても rich なへやからリンク OK！
22	私が皆より劣っていることは　　，うんどうしんけい
23	私のしてもらいたいのは　　，やきにく！
24	大人　　はずるい
25	大きくなったら私は　　，，，とくに何もかんがえてない！

Part Ⅱ	
1	家の人は，…………
2	私はよく　　肉をたべます
3	先生は　，……，ん～　…かくことがな～い
4	働くこと　　それは金をかせぐこと
5	私がこわいのは　，　母！＋父も本気でおこったらネ…
6	お兄さんは　　いない
	お姉さんは　　いない
7	私がうらやましいと思うのは　　，，なし
8	本　　がたくさん！
9	時々私は　，　キレることがある

```
10  お母さん     は鬼です
11  私がなりたいのは     ，．．．．なし
12  うれしかったとき    ，クリスマスかな．．
13  家では        ，．．．
14  私の不平は     なし
15  お金    がな～い 金欠です
16  時々気になるのは    なし
17  友だち     …ねえ．．．
18  私がくやしかったのは     ，白カブのかりねが 500 いじょう上ったのにカブがなかったこと．
19  学校では      ．．．．．．
20  私を苦しめるのは    ，，，，ないぞうしぼう
21  私の父の仕事は    ，，，金父かんけー
22  私が叱られるのは     なんでだろう～なんでだろう～（古！）
23  私が自慢したいことは    ・・・
24  勉強    はにがて パソコン好き
25  家でよくいわれることは    ，宿だいやれ！って母に言われる
```

　短い反応時間のなかで，著者の予想よりも，文章での反応が多かった．防衛的というよりは，関心のないことや経験の少ないことにはコメントせず，正直に反応していたと思われる．家族に関しては，**「妹は　　犬です」**（Ⅰ-3）は，一人っ子の彼が，飼い犬をそう実感しているところもあり，SCとの質疑でもまじめに答えている．ユーモアととらえてよいかは不明である．いちばん親密な母親を「鬼」と呼び，いつも「おこられている」が，しかられる原因はⅡ-22で「なんでだろう～なんでだろう（古！）」とちゃかしているのか，わからないと開き直ってしまう．父親に対しては，本気で怒ればこわいと一目は置いている．**「お父さん　　食堂でいつもゴミたべる」**（Ⅰ-14）と書くが，これは「ゴミのようなもの」と本人が説明をしている．しかしながら，**「友だちの家庭にくらべて私の家庭は　　とくしゅです」**（Ⅰ-16）という真意は聞いていないが，NM-17君は他の家族と自分の家族とを比較できることがわかる．

　NM-17君が自分自身をどのように認知しているかは，健康に気をつけていること，苦しめるものは「ないぞうしぼう」（Ⅱ-20）」と自分の身体に関して気にかけている．これは，思春期の身体像の変化を意識する自意識とつながっているようにも思われる．

　運動が苦手で，運動神経が皆より劣っていること，成績はオール0，勉強苦手でパソコン好きなど，劣等感も感じながら，しかし深刻さがない．知りたいこと，大きくなったらという将来への希望も特に考えていない．

　ただ，ある面で客観性もあり，「私の空想　　はめちゃくちゃです」（Ⅰ-8）や，「もし私がマンガのせかいにいけたら」（Ⅰ-12）と自分の世界（ファンタジーの世界）を大事にはしているが，そこが虚構であることを認識はしている．完全不登校のときでも，太りすぎて学校へ歩いていくのが億劫であるだけで，気のあった数少ない友人といっしょにマンガを読んだり，ゲームをすることは望んでいたことである．ただ，「私がくやしかったのは　　，白カブのかりねが 500 いじょう云々」（Ⅱ-18）というのは，NM-17君のゲームの世界での話題であり，著者もそうであるが，一般には理解不能であろう．

社会性についてみると，自分の家庭と友だちの家庭を比較することができ，パソコンで自身のHPももっているという。ここでも対人交流がある。そして，Ⅰ-24で大人は「ずるい」と批判的な目も育ってきて，思春期の始まりが感じられる。

著者がやや驚いたのは，「働くこと　それは金をかせぐこと」（Ⅱ-4）と理解していることである。その辺のアンバランスが問題なのであろうか。

以上がSCTからみてとれたNM-17君の内界を含む家族，友人や社会に対する志向や認知である。面接での対話からはわからなかった一面が引き出せたと考える。

NM-17君本人は，問題を掘り起こすことに関心はないが，自分を少しでも理解してもらえたという気持ちはあった。本人の了解のもとに，母親にも同時にみてもらってフィードバックしたが，あまりNM-17君をがみがみ叱るのは反省したようである。また，NM-17君の劣等感などについても，以前よりも理解できた。NM-17君の書いたものを実際にみて，WISCのIQ数値そのものではなく，われわれのいうdiff.の低さを実感したと思う。それが，進路への一助になっていった。

3．考　　察

SCの立場からみたNM-17君は，面接場面ではけっして「キレる」ことがなく，よくおしゃべりをし，ときにあまりに幼い発想でため息の出ることもあったが，ユーモラスで，描画も楽しい内容のものであった。しかしながら，学校現場でのNM-17君は，多人数は不得意で，特別支援学級では間違ったプライドから，級友をバカにする発言が出てしまう。そのようなNM-17君の親を「教育が悪い」と，教師の方も批判しがちである。また，集団力動のなかで，NM-17君のような子どもは敬遠されてしまうことがある。特にNM-17君の生育歴は，母親の異常分娩から繰り返された入退院などで，確かにアタッチメント（愛着）の問題もあるであろう。本人の障がいの有無に関係なく，そのために2次，3次障がいが派生してきたと考えられる。両親も学校や相談機関への不信が大きくなり，被害感がつのってくるという悪循環になるのは了解できる。

SCのような役割の者が，少しでも本人や家族に対する理解を周囲に知らせる資料として，またSNNの地域支援と担任らによる学校システムの教育支援とをつなぎ，具体的支援策を構想するのに，この事例にはSCTは有効であった。SCT施行のあと，自宅から少しでも学校へ登校するのを支援し，また教育研究所で適応指導教室の生徒たちと一緒にゲームができるようにするなど，少数集団のなかで落ち着いて遊べる機会をつくっていった。もちろん，NM-17君自身の心身の成長もみられ，彼をかかえる家族も親としての成長がみられた。

中学での不登校は，時間を費やせば次のステップへと歩みだすケースが多い。SCTが少しでもその時間を縮小できるとよいと考える。

おわりに（NM-18君）

このたびの出版に際し，NM-17君と両親にケース提供の了承を得るために，著者は本人と母親に再会することになった。当時の気持ちを，NM-17君は「学校へ行けないで，もがいていた」と表現した。なぜなら「同級生に会えないし，テストはできない。つらくて，つまずいても何の手助

けもなかった」と話してくれた。サポート校のJ校の卒業時に書いた中学校へのお礼の作文のなかに，「3年の担任であったI先生とSCへ，J校を勧めてくれた」ということで感謝の言葉を述べていたが，中学校3年生のときと比較できないような，しっかりとした作文を書いていた。

　しかしながら，著者は当時のSCTを検証するに，表面的に一読してしまえば，NM-17君は，未分化の自我を何も悩まず，毎日を過ごしている不登校の男子中学生と受け取ってしまう恐れがあったと思われる。NM-17君が「，，，」と表現に戸惑っている箇所，また思春期の少年らしい部分など，NM-17君の日常の会話ではけっして出てくることのない彼自身の表現をSCTによって引き出せたことがらが，現在のNM-17君がそうあることを少なくとも言い当てていると感じている。それだからこそ，著者はNM-17君の母親にいつも「NM-17さんのこと，私は決して諦めませんから，希望をもちましょう」と勇気づけることができたと思う。

　NM-17君母子へのインタビューにおいて，NM-17君は通学で10kg以上，また母親は歌唱のレッスンによる腹式呼吸で20kg以上体重が減って，健康的になったことを知った。著者もNM-17君の予想以上の成長ぶりを目の当たりにしたが，最後に読者にその実感を，14歳から数年経たSCT（ケースNM-18）を読むことで感じていただこう。彼の知的分化が相当進んだと思われることであろう。「百聞は一見にしかず」である。

謝　辞

　ケース提供を快諾してくださったNM-17君とご両親に，深く御礼を申し上げます。また，NM-17君の直接支援者であり，常に著者を励まし続けてくださった堀恭子氏に，心より感謝いたします。

SCT ケース　NM-18　（男性，17歳）

Part I
1　子供の頃，私は　　一人で遊んでいた
2　私はよく人から　　才能があると言われている
3　家の暮し　　は楽しいです。
4　私の失敗　　は，急ぐ余り捻挫してしまった事です。
5　家の人は私を　　気にかけてくれている。
6　私が　絵を　得意になるのは　もっと先です。
7　争い　　は仕方ない事です。
8　私が知りたいことは　　色々です。
9　私の父　　は楽しいです
10　私がきらいなのは　　他人を考えないことです
11　私の服　　は余り多くない
12　死　　ぬ前にやりたい事はある
13　人々　　人それぞれ
14　私のできないことは　　道を極めることです
15　運動　　は　特意ではない
16　将来　　エンジニアになりたい
17　もし私の母が　　もっと厳しかったら，きっとここまで来なかっただろう

18　仕事　　をしてみたい
19　私がひそかに　　楽しみにしているのは，新作ゲームの情報である。
20　世の中　　やっぱり金である。
21　夫　　になるつもりはない
22　時々私は　　自分が何なのかわからなくなる。
23　私が心をひかれるのは　　，幻想である。
24　私の不平は　　ない
25　私の兄弟（姉妹）　　はいない
26　職場では　　，というか職すらない
27　私の顔　　はそれ程でもない。
28　今までは　　学校を休みがちだった。
29　女　　性には興味ない
30　私が思いだすのは　　，昔の学校生活である。

| Part Ⅱ |
| 1　家では　　色々な事をしている。
| 2　私を不安にするのは　　就活と単位である
| 3　友だち　　は多くは要らない
| 4　私はよく　　漢字を間違える。
| 5　もし私が　　人間に生まれていなかったら，それはそれで面白いかもしれない
| 6　私の母　　は太陽だ。
| 7　もう一度やり直せるなら　　，と思った事は少ししかない
| 8　男　　らしくはない
| 9　私の眠り　　に付く時間は，割と遅い。
| 10　学校では　　難しい授業が沢山ある。
| 11　恋愛　　に興味はない
| 12　もし私の父が　　仕事をしなかったら，ここにはいなかったかもしれない。
| 13　自殺　　は痛いからしない主義。
| 14　私が好きなのは　　，絵を描くことです。
| 15　私の頭脳　　はあまり良くはありません
| 16　金　　は偉大である。
| 17　私の野心　　は特にない
| 18　妻　　なんてない
| 19　私の気持　　は不安定だ
| 20　私の健康　　は紙一重だ
| 21　私が残念なのは　　，頭です
| 22　大部分の時間を　　PC で過ごす。
| 23　結婚　　は考えていない
| 24　調子のよい時　　はそんなにない
| 25　どうしても私は　　勉強が苦手だ
| 26　家の人は
| 27　私が羨ましいのは
| 28　年をとった時　　のことなって考えていない
| 29　私が努力をしているのは　　資格の取得です
| 30　私が忘れられないのは　　犬を飼い始めた時の事です。

文　献

馬場禮子　2003　投影法―どう理解しどう使うか―　臨床心理学,16, 447-453
松原達哉（編著）　2004　心理テスト法入門 第4版　日本文化科学社
日本臨床心理士会（編）　2003　臨床心理士に出会うには［第2版］　創元社

第17章　教育相談所における活用
―発達障がいのある子どもの療育―

はじめに

本章では，公立の教育相談所や教育相談センター，教育相談室において，SCTがどのように活用されているのかを紹介する。内容は下記の3点である。

① 教育相談所とはどんな機関で，なにをしているのか
② どのようにSCTなどの検査が活用されているのか，実施に当たっての注意点は何か
③ 事例の紹介

第1節　教育相談所とは

1．教育相談所の位置づけ

　文部科学省発行の生徒指導提要には，教育相談とは「児童生徒それぞれの発達に即して，好ましい人間関係を育て，生活によく適応させ，自己理解を深めさせ，人格の成長への援助を図るもの」（文部科学省，2010）とある。こういった目的を実現するためには，学校内で教育相談体制を整えることが大切となる。実際に，担任だけでなく教育相談担当教員や養護教諭，スクール・カウンセラー，スクール・ソーシャルワーカーといったさまざまな立場の人間が，校内で連携・協力しながら対応にあたっている。

　校内で教育相談をする場合，相談をしながらときには問題に対する指導が必要なこともあり，同じ人間が相談と指導という相反する対応をしなければならないといった難しさが生じることがある。また児童・生徒のかかえている悩みの内容や背景も多様化しており，校内で子どもと相談をしているだけでは解決につながらない場合も多い。そのため，学校だけでは対応しきれない児童・生徒の問題をサポートするために，外部の専門機関と連携を図ることの重要性が強調されている。

　外部の専門機関には，医療機関や児童相談所，保健所や保健センター，警察，NPOなどさまざまな機関がある。そのなかで，都道府県や市町村の教育委員会に設置されている教育相談に関する専門機関が教育相談所である。

　名称は自治体によって異なり，「教育センター」，「教育研究所」，「教育相談所」，「教育相談室」などさまざまである。すべての自治体に設置されているわけではなく，その規模や相談システムなどもそれぞれの自治体によって異なる。また，所属している相談員も多様で，指導主事や退職校長・退職教員などの教員経験者，臨床心理士などの心理系資格保有者や大学等で心理や社会福祉な

どを学んできた者，教育相談の実務経験者など，異なる専門性をもった相談員が勤めている。

教育相談所は，学校外の機関であるとともに，異なる専門性を生かして，学校の教育相談体制を補完する機能をもっている機関と位置づけることもできる。

2．相談の対象と主訴

相談の対象は，子どもおよびその保護者，教員などである。対象となる子どもの年齢は，各相談所によって異なっている。義務教育期間中の児童・生徒のみが対象の教育相談所もあれば，就学前の幼児も対象にしている相談所，義務教育終了後の教育機関に在学している生徒・学生も対象とする相談所もある。

教育相談所の場合，子どもとのかかわり方について，保護者や教員が相談に来ることも多い。なかには，精神疾患や障がいなどが疑われるケースについて保護者や教員が相談に来る場合もあるが，そういった場合には医療機関などを紹介していく。教育相談所では，子どものことに的を絞って，相談を進めていく。

相談の主訴も幅広い。不登校やいじめといった問題以外にも，学業や進路に関する相談・子どもの発達面に関する相談・家庭内暴力・夜尿・チック・リストカットなど，さまざまである。

3．相談の形態

上述のように，教育相談所の相談システムは各自治体によって異なるため，相談活動のすべてを説明することは難しい。それでも，多くの教育相談所に共通している相談形態として，下記の5つを挙げることができる。

① 電話相談
② 個別面接（カウンセリング，プレイセラピー）
③ 教育支援センター（適応指導教室）
④ コンサルテーション
⑤ 研修会

1）電話相談

電話相談は，教育相談所に足を運ぶ必要がないので，気軽に相談しやすい。専属の電話相談員がいる機関もあれば，個別面接を行う相談員が電話を受ける機関もある。手軽ではあるが，継続的な相談や学校などと協力しながら解決を図るといったことは難しい。そのため，電話相談から個別面接相談につながることも多い。

2）個別面接（カウンセリング，プレイセラピー）

保護者や子どもが来所して，相談員と直接相談をする形態である。相談の主訴や子どもの年齢をみながら，カウンセリングやプレイセラピーを行っている。必要に応じて各種心理検査も行ってお

り，SCTも個別面接のなかで実施されることが多い。

　守秘義務があるため，基本的には相談内容を外部の人間に伝えることはない。しかし，相談の内容によっては，学校などと連携をした方が解決につながることもある。その場合，保護者や子どもの了承が得られた場合にかぎり，他機関と連携を図って問題解決をめざすことがある。

3）　教育支援センター（適応指導教室）

　不登校の子どもを対象に，小集団活動を通して学校復帰を目標に運営している教室である。不登校の子どもにもさまざまなタイプがおり，どのようなタイプの子どもが入級の対象になるかということについては，各自治体によって基準が異なっている。

4）　コンサルテーション

　在籍する子どものことについて，学校教職員と相談をする形態である。来所している子どものことについて，保護者や子どもの了承を得たうえで，学校教職員と相談をする場合もある。また，来所していない子どものことについて，学校側からの依頼を受けて，教員の対応の仕方について相談を受けることもある。

5）　研修会

　教育相談や生徒指導，不登校や発達障がいなどについて，教育センターや教育研究所が主催となって行う研修会，各学校の校内研修会などが行われている。教職員を対象とするものだけではなく，一般公開の研修会を開くこともある。

第2節　教育相談所におけるSCTの活用

1．どのようなときに検査を実施するか

　教育相談所は医療機関ではないため，診断のみを目的として検査を実施することはない（教育相談所で施行された検査が医療機関での診断の際に資料として用いられることはあるが）。自分のことを知りたいという子ども自身のニーズによって検査を実施することもあるが，子どものことを理解したい，もしくは理解してもらいたいという保護者や教員，相談員のニーズによって実施することが多い。

　学校側の希望があって検査を実施する場合，保護者や本人がそのことについてどのように考えているかを確かめる必要がある。保護者や本人が検査の必要性を感じている場合は問題ない。しかし，保護者も本人も，検査の実施，ときには来所そのものを望んではおらず，学校からいわれてしぶしぶ来所している場合もある。この場合，検査の実施を急がず，学校と保護者や本人との関係調整を図る。そして，保護者や本人が必要性を感じるようになれば，検査を実施する。

2. 教育相談所で行う心理検査の種類

どのような検査を実施するかは、相談の主訴に合わせて検討する。所属している相談員の専門性にもよるが、表17-1にあるような心理検査が実施されている。最近は、子どもの発達面に関する相談も増えており、パーソナリティ面の評価だけではなく、発達面の評価を行うことも多い。教育相談所で行った検査を持って、医療機関を受診するケースも少なくない。

発達相談を進めるにあたって気をつけなければならない点は、子どものもっている能力の特徴を把握することは、子どものもつ一側面を理解するにすぎないということである。発達のバランスや強み弱みを把握するだけではなく、子どもがどのように感じ取り、何を大切にしているか、好きなことや嫌いなことは何か、といったことも、同時に理解していくことが大切である。相談の主訴にもよるが、発達面の評価だけではなく、パーソナリティ面の評価も同時に行えると、子どもの理解がより深まるといえる。

表17-1 教育相談所で行う心理検査の種類

発達面の評価	知的発達水準、認知処理過程の評価	WISC-Ⅳ知能検査、WPPSI知能診断検査、田中ビネー知能検査V、K-ABC心理・教育アセスメントバッテリー、DN-CAS認知評価システムなど
	言語面の評価	新版 構音検査、PVT-R絵画語い発達検査、ITPA言語学習能力診断検査など
パーソナリティ面の評価	質問紙	TEG（東大式エゴグラム）、YG性格検査など
	投影法	SCT（文章完成法テスト）、TAT（絵画統覚検査）、PFスタディ（絵画欲求不満検査）、HTP（House-Tree-Person Test）、バウムテストなど

3. SCTを実施することのメリット

SCTは、50もの刺激文（成人用は60）を読んで、感じたこと、考えたことをそのまま文章に書き起こす検査である。何を考えているか、感じているかといったことを、子どもが自分自身の言葉で表現してくれるのである。そのため、SCTを実施するだけで、かなり多くの情報を得ることができる。

もちろん、面接のなかで子どもから語られることもある。しかしながら、SCTの刺激文がカバーする領域はかなり広いため、面接のなかで取り扱ってこなかった側面についても知ることができる。また、SCTに記述されたことについて質問すると、そこから話が広がることも多い。本人の考えていることを知るだけでなく、面接をさらに深めるきっかけにもなりうる。

また、他の検査と組み合わせて行うことで、子どもを多面的に理解することができる。たとえば、知的能力は高いがSCTではゲームのことばかり書いていて興味・関心の幅が狭い子ども、逆に知的能力は境界域程度であっても、SCTでは家族のことや友だちのこと、将来の夢などを幅広く書いている子ども、というように、バッテリーを組むことでみえてくる子どもの姿もある。

4．教育相談における SCT の活用

以下に，教育相談において SCT を施行し解釈する際の具体的な注意点についていくつか述べる。

1） 施行上の注意点
① 対　　象

SCT 小学生用の対象年齢はおもに 3 年生から 6 年生までの小学生，中学生用は中学生となっている。しかし，年齢については柔軟に考えてよい。適当だと思えば小学生に中学生用の SCT を施行することもできるし，その逆も可能である。成人用を用いることさえできる。原則として，教示が理解でき，文章が書ければ小学校 1 年生にも就学前の幼児にも施行可能である。

② 教　　示

相談室で内容を記入してもらってもよいし，自宅で書いたものを持ってきてもらってもよい。検査者の前で記入してもらう場合，「何を書けばいいの？」とか「どう書いたらいいの？」などと尋ねられることがしばしばあるが，これに対しては「思ったように（好きなように）書いてください」と答えればよい。「合っている，間違っている」はないことを強調し，例は示さない。ナイーヴな反応を乱さないためである。持ち帰って書いてきてもらう場合には，誰とも相談しないで書くように伝える。このことはできれば保護者にも伝える。この種の配慮は大人の場合以上に重要である。

③ 刺激文についての質問に対して

文章の意味について聞かれた場合は直接それには答えず，自分の思うように文意をとってよいことを伝える。そのような質問がなされるのは，刺激文が複数の意味に解釈されたからかもしれないし，そもそも語句の意味がわからなかったからかもしれない。前者の場合には，どちらの意味をとるかにいわゆる「投影」が働き，後者の場合には知的能力の問題が反映されている。いずれもトータル・パーソナリティの把握のための資料となるので，検査者の示唆によってみすみすそれを失ってしまうようなことは避けるべきである。また，たび重なる質問は確信のなさや強迫性の現れでもあるので，メモを残し，解釈の際には留意する必要がある。

④ 子どもがいだく懸念

他人（多くは保護者である）が自分の書いたものを見ることに対する懸念を，子どもが口にすることがある。これについては正直に対応するのがよい。見せる場合は見せると伝えるし，文章そのものは見せないまでもどのようなことが書いてあったかを伝える場合はそのようにすると伝える。ただし，そのような質問があったことは行動観察として記録しておき，解釈の際の材料とする。

⑤ 質　　疑

記入がすんだら，1 文 1 文について是非とも質疑を行うべきである。子どもの場合，刺激文の誤解や語の独特の使用があることが多いのでそれを確かめなくてはいけない。単純に字が汚くて何を書いてあるのかわからない場合もある。自ら語ることについて警戒的であったり，拒絶的であったりする子どもも，自分が書いた内容に対する質問であれば割合よく答えてくれる。これは大人と同様である。

2） 子どものSCTの解釈上の注意点
① 書字の問題
　誤字や脱字，字の汚さから能力を判断する場合は，大人の場合よりさらに基準を下げる必要がある（大人の場合であっても，経験上それらはあまり知的能力のサインとはならない）。これらは，IQの高い子にあってさえ，しばしば認められるからである（特に男子の場合）。それよりも，文章の不具合や，語彙の種類や複文の使用の有無などの方が能力を測るうえで利用価値が高い。もちろん，書字障がい的特徴については，常に留意しておく必要があるだろう。

② 未記入の箇所
　子どものSCTは，大人のそれよりも未記入の項目が多くなる傾向がある。それは理解力や内省力，想像力の不足といった知的能力に関する原因に由来することもあるし，抵抗とも考えられる。書かれていない項目についてもどのような理由で書けなかったのか，施行後一応質疑して確認しておくことが有益である。学年が低い場合は50項目すべて書けていることが逆に注目すべきポイントともなる。なお，抵抗を感じながらも，核心をさらりと回避する文章が書けていることは自我の強さや成熟度を判断する際の材料となる。

③ 記述量
　これも大人の場合と同様であるが，記述量の乏しさが必ずしも内的世界の乏しさを意味しているわけではない。一つひとつの文章を吟味する必要がある。この点でも質疑が重要になってくる。

④ 小児性の問題
　子どもの場合，実際に小児であるのでimmatureは常態である。判断が厳しくなりすぎないように，補正する必要がある。これについては，ある程度量を読み，子どもの小児性の標準を知っておくことが必要である。

⑤ 裏をとること
　子どもの場合，情報の客観性に乏しいので，解釈をまとめ，所見を作成するにあたっては，保護者や教師の話，他の検査などの周辺情報によって裏をとる必要がある。

⑥ 符号評価
　符号評価については行わなくてもよい（子どもの場合，パーソナリティの形成途上にあるため，正確に判断することは困難でもある）。その代わり，その子のトータル・パーソナリティと，その子がおかれている状況，今必要としている情報をわかりやすく書く。その子の全体像が生き生きと浮かび上がり，読み手の理解が深まる所見がよい。「そう！そう！」とうなずかせ，その子に対して読み手が感じていた「なぜ」に答える所見が理想的である。

⑦ パーソナリティの均衡・調和
　トータル・パーソナリティは環境，身体，能力，性格，指向からなるが，これらの羅列だけではトータル・パーソナリティの記述にはならない。有機的な連関を欠いた情報の断片を前にしても，読み手は「それで，結局…」と困惑することになるだろう。ここで大事になるのがAllportがよい評価者の条件の1つとしてあげている「対象の構造における均衡・調和に関心を持つ態度」である（槙田，2001）。所見を書くにあたって「パーソナリティの均衡と調和」の観点からその子の全体像

第3節　事例：NM-19君

　NM-19君は小学校1年生の男子である。アスペルガー症候群の診断を受けており，就学前から現在に至るまで社会性や生活面のスキルを伸ばすため，療育を受けている。本検査は，本児の自己評価（自分のことが好きかどうか）を知りたいとの母親の希望により施行された。

　本児は検査時に6歳であったが，以前にとった知能検査（WISC-Ⅲ）の全検査IQは139と高く，SCTの施行は可能であると判断された（動作性IQと言語性IQの間にも，各群指数間にも有意な差はない。言語性下位検査，動作性下位検査ともに評価点間のばらつきはほとんどない。ただ「理解」の評価点だけが9点と，平均域にはあるものの顕著に落ち込んでいた）。

　SCTは小学生用を用い，所要時間は20分であった。
　以下，本児の本人のSCTと所見である。

1．SCT

SCTケース（小学生用）　NM-19　（男子，6歳）

Part I
1　小さい時，私は　　おおなわをしました。
2　家では　　ゲームをやっています
3　私の一番ほしいものは　　Wiiフィットです
4　私がいやなのは　　いろえんぴつ
5　私の（兄，姉，弟，妹）は　　するめににています
6　私の母がもう少し　　やせてください
7　私の父がもう少し　　あまえんぼうをやめてください
8　友だちの家庭にくらべて私の家庭は　　ちょっとビビります
9　大きくなったら私は　　げいのうじんになりたいです
10　私がうれしいのは　　しゅくだいがおわったときです。
11　父は私のいうことを　　信じています
12　私のしっぱいは　　ねることです
13　私はよく　　ほしいものをなんでもかいます。
14　私がしりたいのは　　ちずマークです。
15　学校で私はいつも　　なにをすればいいのかわかんなくなってしまいます。
16　私は友だちから　　へんなじょうほうをききます。
17　先生がもっと私に　　うけとめてください
18　私がとくいなことは　　きょうりゅうをあんきすることです。
19　私が努力しているのは　　二十とびです
20　自分でできないことは　　あかレンガをくみたてることです
21　母より父の方が私を　　せっぱつまっているよといわれることです。
22　私の父の仕事が　　やばいと思います
23　時々気になるのは　　エベレストのひょうこうがなんmかです。
24　家でよくいわれることは　　ぼくがすけているです。
25　私は学校の成績が　　ほとんど100点です。

Part Ⅱ

1. もしも私が　　じぶんでトイレの回すうをへらすことです
2. 学校からかえって私は　　グータラしています
3. 私の家の人は　　よく仕ごとをさぼります。
4. 私のおじいさん　　はよくきもだめしをしています。
   私のおばあさん　　はかえったとき 10 円もらいます。
5. 母は私に　　よくしかられています。
6. 父は私に　　コチョコチョをされています。
7. 私は（兄，姉，弟，妹）を　　プロポーズしてあげたいです
8. 私がすきなのは　　キーボードです
9. 私がきらいなのは　　トライアングルです
10. 私がなりたいのは　　あおむしのまねをする人になりたいです。
11. 私が叱られるのは　　おやつをかってにとることです。
12. 私がうらやましいと思うのは　　やんばるくいなをかん字でかける人です。
13. 私は友だちと　　よくしんだフリをしています。
14. 先生は　　きついことばをいいます。
15. 私のクラスでは　　くうきのチェックをしています
16. 皆は私のことを　　きもいといわれています
17. 私がはずかしいと思うことは　　じしんたいさくです。
18. 私は母を　　トおんきごうにしたいです
19. 私のしてもらいたいのは　　モップでそうじをすることです。
20. 私が皆より劣っていることは　　べんきょです。
21. 勉強　　はきついです。
22. どうしても私は　　なわとびのまえとび 10 回ができません。
23. 私がこわいことは　　いろえんぴつを見ることです
24. 私がくやしかったのは　　りょこうのゆめをみたときです。
25. 時々私は　　真よなかのデパートにいくときです

2. 所　見

1）環　境

父，母，姉，本児の四人家族。母親に対してはやせて欲しいと思っている（Ⅰ-6）。父親は「あまえんぼう」（Ⅰ-7）であるとのこと。「プロポーズしてあげたい」（Ⅱ-7）と書くくらいだから姉のことは好きなようだ。

上から目線のところが多少気になるが，家族に関する記述は全体的にポジティブであり情緒的な交流がうかがわれる。家族のことは好きであり，彼も家族から愛されているようだ。大きな不満は感じられない。家は彼にとってゲームなどをしてグータラできる安住の場所である（Ⅱ-2）。のびのびと振る舞っている様子がみてとれる。頻度はそれほど多くないが祖父母との交流もあるようだ（Ⅱ-4）。

他方，学校に関する記述からは緊張のニュアンスが感じられる。Ⅰ-15 では学校では「なにをすればいいのかわかんなくなってしまいます」と書いている。先生は本人に対してだけではないかも

しれないがきつい言葉を使うらしい。もっとうけとめてほしいと思っている（Ⅰ-17）。また，友人はいないわけでないが，Ⅱ-16に「**皆は私のことを　　きもい**といわれています」とあるのが気になる。対人・社会的な適応が懸念される。

2）　身　　体

学校から帰ってくると「グータラ」して過ごすそうなので，外遊びが好きな子どもではなさそうだ。ただ，縄跳びに関する記述が3つある（Ⅰ-1，19，Ⅱ-22）ので，運動そのものが嫌いなエネルギーの少ないタイプではない気がする。

モップでそうじしてもらいたい（Ⅱ-19）とあるのは匂いに敏感だからだろうか。これについては聞き取りが必要である。

3）　その他の所見

誤字や脱字，主述のつながりのおかしさ，繰り返し読んでも意味の取れない文章は多くあるが，1年生という年齢を考えれば許容範囲内であろう。そもそも本検査の全項目を20分という短時間で記入できているから，知的能力は高いといえる。SCT全体に1年生があまり使わないであろう，「じょうほう」（Ⅰ-16）や「ひょうこう」（Ⅰ-23）のような漢語，固有名詞（Ⅰ-23，Ⅱ-12），英語（Ⅱ-7），アルファベット（Ⅰ-3，23）などの使用が多くみられる。語彙は豊富である。知的好奇心が強く，覚えることは得意である。

実際，学校の成績は「ほとんど100点」（Ⅰ-25）とのこと。しかし，なぜかⅡ-20では「**私が皆より劣っていることは　　べんきょ**です」とあり，アンバランスさがうかがえる。自分の能力を客観的に理解しにくいのかもしれない。完璧主義であったり，自分に要求するところが大きかったりする可能性もある。興味のあることが限定され，それ以外のことをするのが苦痛なのかもしれない。低学年のカリキュラムの少なからぬ部分をルーティンや機械的な反復学習が占めるが，それは彼にとって知的な刺激に乏しく退屈なのかもしれない。何か他の好きなことに没頭して，授業に参加できていないことも考えられる。先生との関係が勉強に対する態度に影響を与えている可能性もある。いずれにせよ，これらは確認が必要である。

家族に対する記述は割合客観的である。これは自己に関する記述にもある程度当てはまる。あくまでこの年齢にしてはであるが，認知は比較的正確であり，内省能力もある。

しかし，WISC-Ⅲのプロフィールにおける「理解」の評価点の落ち込み（といっても平均域にはあるが）と，前述した対人・社会面での問題が存在する可能性を考慮に入れると，持てる能力・知識を現実場面で活用する力に関しては相対的な弱さが推測される。「せっぱつまる」ことがあるようだから（Ⅰ-21），余裕をなくし，視野と見通し，ならびに自己コントロールが制限されて，能力・知識を十分に発揮できないこともあるのかもしれない。

「環境」のところですでにふれたように，学校では多少うまくいっていないところがあるようだ。SCTには面白い表現が多くみられ，独特の考え方をするユニークな個性の持ち主であることがうかがわれるが，社会的な判断やスキル面での弱さが問題の一因となっている可能性も示唆される。

しかしながら，対人・社会面での問題によって自尊感情や自己評価に深刻なダメージを受けている様子は，少なくともこの検査からは見受けられない。気持のおもむくまま，自分の好きなことをしている様子がうかがわれる。

好きなものは，他の子どもたちと同様ゲームである。Ⅰ-3では「一番ほしいものは　Wiiフィットです」と書いている。コンピュータも好きである。

「ちずマーク」(Ⅰ-14)，「きょうりゅう」(Ⅰ-18)，「エベレストのひょうこう」(Ⅰ-23)，「やんばるくいな」(Ⅱ-12)，「じしんたいさく」(Ⅱ-17)など，一面では，旺盛な知識欲をもっている。友だちとのかかわりについての記述においても「じょうほう」の獲得について書かれている(Ⅰ-16)。ただし，社会的な常識や慣習，ルール，適切な振る舞い方などについては，あまり関心が向かないようでもある。

夢は「げいのうじん」(Ⅰ-9)である。Ⅱ-10とあわせて考えるとお笑い芸人志望かもしれない。

Ⅰ-4や5，Ⅱ-9, 18, 23などの記述から判断すると，独特の感性の持ち主であるようだ。「じしんたいさく」(Ⅱ-17)や「モップでそうじ」(Ⅱ-19)からは「こうでなくてはいけない」という，彼なりの規範意識もしくはこだわりらしきものもうかがえる。

4) 総合評価

知的能力は高く，ユニークな子どもである。人生に対する姿勢はポジティブであり，家庭でもおおむね幸せに生活している。好奇心が強く，知識欲は旺盛，意欲もあり，好きなことには没頭するタイプである。

しかし，対人・社会面では少々案じられるところがある。学校では緊張を感じている。固執性もある。知的能力の高さが対人・社会面では十分に生かされていないようだ。とはいえ，不適応感がいっそう増して，自尊心やのびのびとした彼の長所がひどく損なわれる事態には現在のところ陥ってはいない。

それでも，何らかの援助が必要であろう。予防的な意味合いを考えると，どうやら対人・社会面で必要とされる事柄に対しては関心が薄く，放っておいても自然に覚えていくというわけにはいかないようであるから，意図的にそれらに関心を向けさせ，教えることが必要であろう。また，今後の適応のことを考えると，本人の自己理解を促進する働きかけも有益であろう。

さらに，本児の特徴を周囲（特に先生）に知っておいてもらい，彼の長所が損なわれないように配慮してもらうことも大切である。

文　献

Allport, G. W.　1937　*Personality: a psychological interpretation*. New York: Holt, Reinhart & Winston.
　（詫間武俊・青木孝悦・近藤由起子・堀　正訳　1982　パーソナリティ：心理学的解釈　新曜社）
文部科学省　2010　生徒指導提要，98-134

SCT 文献

ここでは，通例とは異なり，編年式で，以下の文献について，順次リストを紹介していくことにする。
　《精研式 SCT の手引・事例集・テスト用紙》
　《精研式 SCT による筆跡研究》
　《精研式 SCT を用いたパーソナリティ把握の研究》
　《SCT 関連文献》

《精研式 SCT の手引・事例集・テスト用紙》

1. 佐野勝男・槇田　仁　1960　SCT テスト用紙（成人用）　金子書房
2. 佐野勝男・槇田　仁　1960　精研式文章完成法テスト解説—成人用　金子書房
3. 佐野勝男・槇田　仁　1961　SCT テスト用紙（中学生用）　金子書房
4. 佐野勝男・槇田　仁　1961　SCT テスト用紙（小学生用）　金子書房
5. 佐野勝男・槇田　仁・坂村裕美　1961　精研式文章完成法テスト解説—小・中学生用　金子書房
6. 佐野勝男・槇田　仁　1968　精研式文章完成法テスト事例集 成人男性篇　金子書房
7. 佐野勝男・槇田　仁　1968　精研式文章完成法テスト事例集 成人女性篇　金子書房
8. 佐野勝男・槇田　仁　1968　精研式文章完成法テスト事例集 中学生用　金子書房
9. 佐野勝男・槇田　仁　1969　精研式文章完成法テスト事例集 小学生用　金子書房
10. 東京電力　1971　SCT セミナー標準手引書
11. 佐野勝男・槇田　仁　1972　精研式文章完成法テスト解説—成人用 改訂版　金子書房
12. SCT 研究会（佐野勝男・槇田　仁）　1986　SCT 入門テキスト　金子書房
13. 槇田　仁（編著）・伊藤隆一・岩熊史朗・菅野陽子・西村麻由美　1995　パーソナリティの診断 II 実践篇　金子書房
14. 慶應義塾大学産業研究所　1995 より継続的に改訂　文章完成法テスト（SCT）セミナー 入門コース パンフレット
15. 槇田　仁・小林ポオル・岩熊史朗　1997　文章完成法（SCT）によるパーソナリティの診断　手引　金子書房
16. 槇田　仁（編著）・伊藤隆一・岩熊史朗・菅野陽子・西村麻由美　1999　精研式文章完成法テスト（SCT）新・事例集　金子書房
17. 槇田パーソナリティ研究所　2000　自習用 精研式文章完成法 事例集（成人用）　槇田パーソナリティ研究所
　　……『精研式文章完成法テスト事例集（成人男性篇・女性篇）』を再編集したもの
18. 槇田パーソナリティ研究所　2000 より継続的に改訂　槇田パーソナリティ研究所　ホームページ（http://homepage1.nifty.com/makita-personality/）
19. 槇田　仁（編著）・伊藤隆一・岩熊史朗・小林ポオル・菅野陽子・西村麻由美・櫃田紋子　2001　パーソナリティの診断 総説 手引　金子書房
20. 伊藤隆一・伯井隆義・田邊満彦・櫃田紋子・菅野陽子・川島　眞・小林和久・神木直子・伊藤ひろみ・槇田　仁　2004　SCT ノート⑴　法政大学「小金井論集」，創刊号，85-108
21. 伊藤隆一・田邊満彦・三浦有紀・小林和久・伊藤ひろみ　2005　SCT ノート⑵　法政大学「小金井論

集」, **2**, 121-150
22. 伊藤隆一・伊藤ひろみ・久保寺美佐・三枝将史・柴田崇浩・田邊満彦・三浦有紀　2006　SCTノート(3)　法政大学「小金井論集」, **3**, 127-170
23. 伊藤隆一・小林和久・松尾江奈・田名網尚・川島　眞・藤原真一・林　敦子・田邊満彦・久保寺美佐・三枝将史・伊藤ひろみ　2007　SCTノート(4)　法政大学「小金井論集」, **4**, 107-138
24. 伊藤隆一・菅野陽子・河村裕之・田名網尚・松尾江奈・小林和久・三枝将史・藤原真一・保阪玲子・鰺坂登志雄・伊藤ひろみ　2008　SCTノート(5)　法政大学「小金井論集」, **5**, 71-106
25. 伊藤隆一　2008　SCT（文章完成法検査）；松原達哉・木村　周・桐村晋治・平木典子・楡木満生・小澤康司（編）, 産業カウンセリング辞典, 31-33, 金子書房
26. 伊藤隆一・鰺坂登志雄・伊藤ひろみ・森　美栄子・和泉博明・河村裕之・菅野陽子・田邊満彦・三枝将史　2009　SCTノート(6)　法政大学「小金井論集」, **6**, 21-74
27. 伊藤隆一・三枝将史　2011　SCT 小学生用, 児童心理（金子書房）, 65, 18（2011年12月号臨時増刊）, 107-111
28. 伊藤隆一・伊藤ひろみ・鰺坂登志雄・荒田芳幸　2011　人事アセスメントノート—人事アセスメントの4つのレベル—　法政大学「小金井論集」, **8**, 35-52

《精研式SCTによる筆跡研究》

1. 槇田　仁　1982　SCT 筆跡による性格の診断　金子書房
2. 槇田　仁・小林ポオル・兼高聖雄　1992　筆跡性格学入門　金子書房
3. 槇田　仁　1997　筆跡から性格がわかる　講談社（ブルーバックス）
4. 槇田　仁・兼高聖雄　1999　パーソナリティの基礎的研究：表出行動の研究, 川村　幹（企画）「現代心理学基礎論文集」535-573. 神保出版

《精研式SCTを用いたパーソナリティ把握の研究》

1. 槇田　仁　1963　文章完成法テスト（SCT）, 井村恒郎（監修）「臨床心理検査法」259-273. 医学書院
2. 槇田　仁　1969　SCT, 片口安史・秋山誠一郎・空井健三（編）臨床心理学講座(2)「人格診断」168-190. 誠信書房
3. 馬場礼子　1969　投影法における投影水準と現実行動との対応, 片口安史・秋山誠一郎・空井健三（編）臨床心理学講座(2)「人格診断」119-136. 誠信書房
4. 槇田　仁・櫃田紋子　1970　パーソナリティと対人認知 1—顔写真を刺激とした場合—　日本心理学会第34回大会論文集, 419
5. 槇田　仁・櫃田紋子　1970　パーソナリティと対人認知 2—顔写真を刺激とした場合—　日本心理学会第34回大会論文集, 420
6. 槇田　仁・櫃田紋子　1971　パーソナリティと対人認知 3—顔写真を刺激とした場合—　日本心理学会第35回大会論文集, 447-450
7. 曾野佐紀子　1971　他者のパーソナリティ把握における判断現象の分析—文章完成法テスト（SCT）を用いての Person Perception の一研究, 心理学研究, **42**, 185-196
8. 米良哲美　1985　文章完成法の臨床　精神科 Mook, **10**, 66-76
9. 佐野勝男・槇田　仁・関本昌秀　1987　新・管理能力の発見と評価　金子書房
10. 深津千賀子　1990　TAT による家族力動の理解（家族認知テストとしての TAT と SCT）, 本明　寛・依田　明・福島　章・安香　宏・原野広太郎・星野　命　性格心理学新講座 4「性格の理解」259-274. 金子書房
11. 槇田　仁　1990　性格は顔で分かる　講談社

12. 槇田 仁・櫃田紋子　1991　文章完成法検査，児童心理（金子書房），1991年10月号臨時増刊，97-102
13. 槇田 仁・小林ポオル・渡辺秀樹・岩熊史朗・西村麻由美　1993　現代日本人の生き方―生活観の構造と変容 その２―　組織行動研究（慶應義塾大学産業研究所），**23**, 3-170.（モノグラフシリーズ No.32）
14. 槇田 仁・菅野陽子　1993　パーソナリティ診断に於けるKO式テスト・バッテリーの作成　組織行動研究（慶應義塾大学産業研究所），**25**, 3-22.（モノグラフ・シリーズ No.34）
15. 槇田 仁・伊藤隆一　1993　精研式文章完成法テスト（SCT）評価と評価者のパーソナリティの関係について　組織行動研究（慶應義塾大学産業研究所），**25**, 73-96.（モノグラフ・シリーズ No.37）
16. 槇田 仁（編著）・伊藤隆一・岩熊史朗・小林ポオル・菅野陽子・西村麻由美・櫃田紋子　1995　パーソナリティの診断 I 理論篇　金子書房
17. 槇田 仁　1995　文章完成法テスト（SCT）（成人用，中学生用，小学生用），松原達哉（編著）「最新心理テスト法入門」163-167．日本文化科学社
18. 生熊穰二・稲松信雄　2001　文章完成法，上里一郎（監修）「心理アセスメントハンドブック第2版」232-246．西村書店
19. 馬場禮子　2003　投影法，臨床心理学，**3**，447-453
20. 小林和久・川島 眞　2005　病院実習に求められる心理特性に関する研究(3)―文章完成法テスト（SCT）を使った試み―　日本心理学会第69回大会発表論文集，1290
21. 熊野道子　2006　自己開示傾向の高低による文章完成法での反応の相違，心理学研究，**77**，360-365
22. 伊藤ひろみ・伊藤隆一・原 裕視　2009　A社における早期離職者のパーソナリティ特性の研究，日本心理学会第73回大会論文集，1299

《SCT関連文献》

1. 本明 寛　1953　SCT，心理学講座 第7巻「性格診断法 I」40-48．中山書房
　　……SCTがわが国に最初に紹介された文献
2. 宮城音弥　1960　性格　岩波書店（岩波新書）
3. 片口安史　1962　SCT，片口安史・大山 正（編）「医学のための心理学」178-187．誠信書房
　　……フォーラー式
4. 大伴公馬　1964　文章完成テスト，「人格診断法（増補版）」345-402．黎明書房
5. 神 高雄　1964　非行性の早期発見法―文章完成法による　黎明書房
　　……サックス式
6. 法務省矯正局（編）　1965　法務省式文章完成法解釈手引
　　……MJSCT
7. 辻 悟・藤井久和・吉田 優　1966　SCT，井村恒郎・懸田克躬・島崎俊樹・村上 仁（編）異常心理学講座 第2巻「心理テスト」311-344．みすず書房
　　……サックス式
8. 長谷川 浩　1976　文章完成法による人間の理解，大原健士郎・岡堂哲雄（編）現代のエスプリ別冊 現代人の異常性 6 「異常の発見 心理テスト」131-153
　　……MJSCT
9. 片口安史・早川幸夫　1989　構成的文章完成法（K-SCT）解説　日本総合教育研究会（千葉テストセンター）
10. 村瀬孝雄　1992　SCT，安香 宏・大塚義孝・村瀬孝雄（編）臨床心理学大系 6 「人格の理解②」229-246．金子書房

……おもに，フォーラー式や構成的文章完成法
11. 長谷川　浩　1993　言語連想検査・文章完成法検査，岡堂哲雄（編）「心理検査学―臨床心理査定の基本　増補新版」369-394．垣内出版
12. 若林明雄　1994　3気質類型・複合構造モデルとパーソナリティのフラクタル性―パーソナリティ統合理論構築の試み―　性格心理学研究，2，2-22
13. 小川俊樹・田辺　肇・伊藤宗親　1997　わが国における臨床心理検査の現状　日本心理臨床学会第16回大会論文集，116-117
14. 三浦公一・玉井　寛　2005　自己認知からの適応力の把握　日本応用心理学会第72回発表論文集
15. 玉井　寛・三浦公一　2005　自己認知からの適応力の把握　福島学院大学研究紀要第37集
　　……SCT，N-SCT
16. 玉井　寛・三浦公一・沢田正康　2006　自己認知からの適応力の把握2　福島学院大学研究紀要第38集
　　……SCT，N-SCT
17. 玉井　寛・三浦公一・沢田正康　2007　自己認知からの適応力の把握3―新しい文章完成法テストの開発を目指して―　福島学院大学研究紀要第39集
　　……SCT，N-SCT
18. 小林哲郎　2007　文章完成法を応用したテストSCT-Bに関する研究　風間書房
　　……SCT-B，阪大式SCT
19. 高橋雄介・山形伸二・星野崇宏　2011　パーソナリティ特性研究の新展開と経済学・疫学など他領域への貢献の可能性　心理学研究，82，63-76
20. 小川俊樹　絵画と臨床心理学　2011　心理学ワールド（日本心理学会），54，9-12

あとがき

　残念なことに，2010年に槇田仁先生が亡くなりました。先生には，第1章のもととなる紀要論文に目を通していただき，多くのご意見を頂戴し，ラスト・オーサーとしてお名前を載せることをお許しいただきました。また，最後にお会いしたときには，本書の概要をお話しすることができました。改めて，ご冥福をお祈り致します。

　本書は，構想から完成まで10年ちかくの年月を要しました。「あれが足りない，これを足そう」と言っているうちに，あっという間に年月がたってしまった印象です。「まえがき」にも記しましたが，本書を，産業・心理臨床・福祉・教育現場での活用をめざして子どもから大人まで包括するSCTの解説書・活用ガイドにするためには，たくさんの人手が必要でした。著者の多くは「槇田パーソナリティ研究所」「SCTフォローアップ研修会」の所員・会員です。彼らのさまざまな経験と知識が，本書の内容を豊かに包括的にしてくれたと思います。研究所所員や研修会会員は，SCTに対して同じ心と姿勢を共有する仲間たちです。そして皆が一致協力して本書をつくり上げました。

　SCTは，質問紙とは異なり，流れ作業のようには評価ができません。また，SCTは個人情報のかたまりですから，個人情報を適切に取り扱い，倫理規定を遵守することが重要です。単にSCTを書いてもらうことをおもしろがるような，あるいは，施行者・評価者のみが利益や楽しみを得るような施行方法は厳に慎まなければなりません。評価者には，評価能力のほか，書き手の人生を追体験し，背負い込むエネルギーと胆力が必要です。実際，一度に多数のSCT評価をこなすのはかなり重い作業です。しかしそれでも，われわれは，SCTはパーソナリティの把握に非常に役に立つ技法であると確信しています。

　私たちは，今後もSCTに関連した仕事を続けていく所存です。

　槇田パーソナリティ研究所は，1997年に開設されました。おもな事業内容は，(1)心理臨床・福祉・教育に携わっている方をおもな対象とする「SCTセミナーK」（年1回開催，土曜日，5.5時間×7日間）の企画・運営，(2)慶應義塾大学産業研究所主催の企業人事担当者をおもな対象とする「SCTセミナーJ」（年1回開催，金曜日，6時間×7日間）の企画・運営，(3)企業からのSCT判定の受注，(4)本書の執筆のような心理学に関する教育・啓蒙活動などです。(3)のSCT受注は，規約によって，組織内にSCTに関する教育を受けた方がおられることを前提としており，個人からの受注は行っていません。

　SCTフォローアップ研修会は，2003年に開設されました。SCTセミナーなどでSCTに関する一定の教育を受けた方を対象に，隔月1回土曜日に集まって，SCT評価能力をさらに高めるために研鑽を積む活動をしています。

金子書房によると，これまでのSCT用紙の販売数は，成人用・中学生用・小学生用を合わせると膨大な部数になるとのことです。しかし，そのなかで私どもが使用を把握している数は僅かなものかと思われます。どのような方が用紙を購入され，どのような方法で評価・査定をしておられるのでしょうか。大変興味ある問題です。

　本書が今後長い間，SCTの標準テキストとして巷間に広まることを切に願っています。

　SCTに興味のある方々が集う場がますます広がることを切に願っています。

　みなさま，今後ともどうぞよろしくお願い申し上げます。

2012年5月

伊藤　隆一

※追記

　私どもは，2015年4月に槇田パーソナリティ研究所，SCTフォローアップ研修会，資格認定組織，年報刊行組織を包含する組織である「一般社団法人　日本SCT学会」（http://jscta.tokyo/）を設立しました。今後は，SCTに関連する事業を，金子書房や関係組織の皆様のお力をお借りしながら，すべて学会名で行っていく所存です。

●執筆者紹介

*【　】：執筆担当章，⑴：一般社団法人　日本SCT学会

鯵坂　登志雄（あじさか　としお）　【2章】
　　横浜国立大学卒業，⑴会員，産業カウンセラー

和泉　博明（いずみ　ひろあき）　【3章】
　　早稲田大学卒業，企業人事担当管理職

伊藤　ひろみ（いとう　ひろみ）　【3章・12章】
　　慶應義塾大学卒業，目白大学大学院（修士課程）修了，法政大学理工学部講師，⑴会員，臨床心理士

伊藤　隆一（いとう　りゅういち）　【1章・3章・5章・6章・12章】
　　編　者

大林　純子（おおばやし　じゅんこ）　【4章】
　　慶應義塾大学卒業，（有）カタリスト代表，（財）日本生産性本部認定経営コンサルタント，2000-2011日本経営品質賞審査員，⑴会員

河村　裕之（かわむら　ひろゆき）　【3章・8章】
　　中央大学卒業，慶應義塾大学大学院（修士課程）修了，企業人事担当管理職，⑴会員

久保寺　美佐（くぼでら　みさ）　【13章】
　　慶應義塾大学卒業，神奈川県立高等学校教諭，上級教育カウンセラー

小林　和久（こばやし　かずひさ）　【9章】
　　慶應義塾大学卒業，慶應義塾大学大学院（博士課程）満期退学，尚美学園大学総合政策学部教授，⑴会員，産業カウンセラー

三枝　将史（さえぐさ　まさし）　【15章】
　　立教大学卒業，立教大学大学院（博士前期課程）修了
　　埼玉県所沢児童相談所心理・相談援助担当主任，⑴会員，臨床心理士

森 美栄子（もり みえこ）　【11章】
　　川村学園女子大学卒業，川村学園女子大学大学院（修士課程）修了，医療法人清和会浅井病院心理科主任，臨床心理士

菅野 陽子（すがの ようこ）　【16章】
　　慶應義塾大学卒業，慶應義塾大学大学院（修士課程）修了，浦和大学こども学部教授，臨床心理士

田名網 尚（たなあみ ひさし）　【7章】
　　慶應義塾大学卒業，筑波大学大学院（修士課程）修了，企業人事部担当役員，法政大学理工学部講師，(1) 会員

田邊 満彦（たなべ みつひこ）　【6章】
　　東京教育大学卒業，元 野村證券人事研修担当管理職（2011年没）

中村 智成（なかむら ともしげ）　【17章】
　　青山学院大学卒業，明星大学大学院（修士課程）修了，東京都町田市子ども発達センターすみれ教室臨床心理士，(1) 会員，臨床心理士，臨床発達心理士

原 裕視（はら ひろみ）　【3章】
　　千葉大学卒業，国際基督教大学大学院（博士後期課程）修了，目白大学人間学部心理カウンセリング学科教授，臨床心理士

藤原 真一（ふじわら しんいち）　【17章】
　　明治学院大学卒業，学習院大学大学院（博士前期課程）修了，多摩市立教育センター相談室相談員，東京都スクールカウンセラー，(1) 会員，臨床心理士

松尾 江奈（まつお えな）　【14章】
　　早稲田大学卒業，明星大学大学院（修士課程）修了，社会福祉法人横浜やまびこの里支援員，臨床心理士

三浦 有紀（みうら ゆき）　【10章】
　　千葉大学卒業，昭和女子大学大学院（修士課程）修了，慶應義塾大学病院精神・神経科臨床心理士，臨床心理士

● 編者紹介

伊藤 隆一（いとう　りゅういち）

　1953年東京生まれ。慶應義塾大学卒業，慶應義塾大学大学院（博士課程）満期退学，法政大学理工学部創生科学科教授。社会学博士，慶應義塾大学産業研究所客員研究員，一般社団法人 日本SCT学会代表理事。臨床心理士。
　主な著書に『パーソナリティの診断 総説 手引』，『パーソナリティの診断Ⅰ：理論篇』，『パーソナリティの診断Ⅱ：実践篇』，『精研式文章完成法テスト（SCT）新・事例集』，『絵画空想法入門』，『絵画空想法（PRT）手引』，『現代の心理学』，『産業カウンセリング辞典』，『管理能力開発のためのインバスケット・ゲーム（改訂版）』（すべて共著，金子書房），『運動表現療法の実際』（共編著，星和書店）ほか。

SCT（精研式 文章完成法テスト）活用ガイド
産業・心理臨床・福祉・教育の包括的手引

2012年 5 月31日　初版第 1 刷発行　　　　　　　　　　　　　〔検印省略〕
2023年 2 月10日　初版第 6 刷発行

編　者　伊藤隆一
発行者　金子紀子
発行所　株式会社　金子書房
　　　　〒112-0012　東京都文京区大塚3-3-7
　　　　TEL03(3941)0111(代)　FAX03(3941)0163
　　　　URL https://www.kanekoshobo.co.jp
　　　　振替 00180－9－103376
印刷 藤原印刷株式会社　　製本 島田製本株式会社

©Ryuichi Ito et al.　2012　Printed in Japan
ISBN 978-4-7608-2166-2　C3011

金子書房の関連図書

槇田　仁編著
精研式
文章完成テスト（SCT）
新・事例集

年齢は10代から30代までの男女各29事例計58事例を収載。多様な事例が含まれるように，能力や性格等も考慮し，一般的なものだけでなく，特殊事例も含まれる。
主要内容　構成・評価項目・事例一覧／M（男性）の事例／F（女性）の事例

B5判並製226P

槇田　仁編著
パーソナリティの診断
総説　手引

パーソナリティはどのように診断できるか。本書は40年にわたる編者の「パーソナリティ研究」の成果を集大成した。投影法のSCT，WAI，PRTと質問紙法のINV，Dosefuの理論と実際を詳述。パーソナリティ研究・心理検査の基礎・基本を知りたい人の恰好の入門書。

B5判並製224p

佐野勝男・槇田　仁共著
精研式文章完成法
　　　　　　（SCT）

短い刺激文に応じた短文を書かせ，個人の性格をほぼ全領域にわたり診断する。パートⅠ・Ⅱ各30，合計60の刺激文から成る。
解説書：成人用，小・中学生用
用紙：成人（高校生以上）・中学生用・小学生用

槇田　仁・伊藤隆一・小林和久共著
管理能力開発のための
インバスケット・ゲーム
（改訂版）

低成長期の人材活用とりわけ管理能力開発のノウハウをパーソナリティ・アセスメントとして詳述。
主要内容　パーソナリティ／管理能力の発見と開発／インバス技法とは／技法の特徴と活用法の検討／インバス・ゲームの作成法と活用法／研修の進め方／他

B5判上製198p